日本における保育カリキュラム

歴史と課題

宍戸健夫

新読書社

はじめに

日本の幼稚園・保育所は、戦後、学校教育法、児童福祉法のもとで、量においても、質においても大きく発展してきている。しかし、なお十分ではない。今日、待機児童問題にみられるように、その数においても、その条件整備においても、働く母親たちの要望にこたえているとはいいがたい。

そのなかでも、量より質が問題ではないかという意見も大きくなっていることも、みのがすことはできない。日本の未来を背おう子どもたちである。一人ひとりが、りっぱに育ってほしいと思う。保育・教育の質を規定するのは、保育条件であることは、言うまでもないが、同時に保育カリキュラムの問題でもある。

保育カリキュラムは、子ども一人ひとりが、その生活や発達に即して、将来にむけて健やかに成長していくことを願い、とりくむ、保育活動の全体的な計画である。それは「絵にかいた餅」のように飾っておけばいいというものではなく、保育実践の指針となるものであり、保育実践の質を左右するものである。

保育カリキュラムの作成には、どの園も毎年、全職員の総力をあげている。「幼稚園教育要領」や「保育所保育指針」を参考としつつも、昨年度の年間の保育実践の全体をふりかえり、その反省のうえに新しい保育カリキュラムはつくられている。

そうした保育カリキュラムの作成においても、歴史に学ぶことも有効ではないか。歴史を学ぶということは、私たち先輩たちの保育カリキュラムに学ぶということである。先輩たちが、どのようなカリキュラムを作成し、どのように実践したのかということである。その探究力、創造力、実践力に学ぶということである。

本書は日本の保育カリキュラムの歴史と今日の課題について語るものであるが、本書が各園でのカリキュラムの作成において、少しでも参考となり、保育の質を向上することに役立てていただければ幸いである。また、保育の基本を学ぼうとする保育学生の参考書にもなれば嬉しい。

本書ができあがるまでには、たくさんの先輩、友人たちの協力があった。また、編集では、伊集院郁夫さん、元村妙子さんの力を借りることができた。厚く、お礼を申しあげたい。

二〇一七年五月

宍戸健夫

日本における保育カリキュラム

——歴史と課題——

目次

〈付記〉

読みやすくするため引用文献にもできるだけ次のような修正を加えていることをおことわりしておきたい。

①旧漢字は、常用漢字に改めるようにした。）保姆→保母、遊嬉→遊戯）

②読みにくい漢字にはふりがなを加えた。（恰好→恰好《かっこう》）

③一部の漢字をひらがなにした。（斯う→こう、乍ら→ながら、云う→いう）

④旧かなづかいは、現代かなづかいに変えた。

⑤句点（。）、読点（、）、濁点を補っている。

⑥読みやすくするため一部を改行にしている。

⑦引用文中の（　）は引用者の注記。明らかな誤りは訂正し、不明の場合は、（ママ）と傍注した。

序章　日本における保育カリキュラム

一　歴史的研究と実践的研究
――「作業仮説」としての保育カリキュラム

今、私の手もとに『保育学の進歩』（日本保育学会編、１９７７年）がある。この中に城戸幡太郎による「保育の科学的研究」という論稿があり、これは、私の保育学を考える上で一つの手がかりになるものである。

城戸は、一つは保育の歴史的研究についての重要性を、もう一つは保育の実践的研究の重要性の二つのポイントを指摘している。

保育の歴史的研究については――

「（保育の科学的研究は）現実の保育がどうして行われるようになったのかの理由を社会的歴史的現実として解明することだけではなく、保育する実践の立場からは保育はこれでよいのかの保育の現状を歴史的に反省することによって将来の保育はどうあるべきかを考えなければならない[1]」――と述べている。

以上のように城戸は、「保育する実践」の立場からも、歴史的研究は「将来の保育」への展望を拓くために必要だと言っている。私も歴史的研究をしてきている一人として、この主張に同感している。

もう一つは、保育の実践的研究についてである。

城戸は実践的研究とは問題解決のための科学的研究でなければならない、として次のように述べている。

「保育、一般には教育の科学的研究は解決を必要とする問題の所在を明らかにすることによって、それを解決するに必要な科学的方法を総合して研究しなければならない。そして、その問題が科学的に解決されたとすれば、それに類似する問題の解決にはその研究法を適用する可能性があるので、そこに問題解決を可能にする特殊な法則性が発見されることになるのである[2]」。

以上のような問題解決のための保育実践は、「教育的実験」であり、それが「実験」であるからには、一般の「科学的実験法」が適用されるもので、そのためには「作業仮説」が不可欠である。「教育的実験」における「作業仮説」とは「問題解決のためにはどのような教育計画をたてなければならないであろうと考える」ことである。つまり。教育計画なり、保育計画なりは、いわば「実験的計画」にほかならない。また、「実験的計画」である保育計画は実践によって批判され、再構想されることでなければならない。すなわち、保育計画（作業仮説）に基づいた保育実践によってその保育効果が確かめられていくことで保育が科学となっていくのであって、現実の保育実践とは無縁な権威主義によって保育学がつくられていくのものではない。そして、「日本の保育にとっては保育者による自主的、自立的な保育計画を科学的に研究することが大切である[3]」と城戸は述べている。

（1）城戸幡太郎「保育の科学的研究」日本保育学会編『保育学の進歩』フレーベル館、1977年、129頁。
（2）同右、132頁。
（3）同右、133頁。

以上が城戸のいう保育計画を手がかりとする保育の実践的な研究のあり方である。「欧米の学問や学者に権威を認める傾向」(城戸)のもとで、借り物の理論だけを頼りにするのではなく、日本の保育者の自主的自立的な保育実践を土台とした保育の科学的研究のための提案なのである。

このように保育の実践的研究と保育の歴史的研究とはどちらも重要だと思うが、両者はどのようにかかわりあうのだろうか。

私は、同じ『保育学の進歩』の中で「保育学の歴史的研究」という小論を書いている。そのなかで、勝田守一から学びながら、保育研究の二つのタイプ─実証的研究(城戸の言う実践的研究)方法と歴史的研究方法の二つをあげて、次のように述べている。

「(実証的研究方法は)現実の一つ一つの問題に実証的に取り組み、その科学的研究を進めることであり、保育学の基礎的研究という性格をもっているものである。しかし、これだけに偏向すると『木を見て森を見ない』誤りに陥ることがある。歴史的研究方法は、歴史的社会的な仕事である保育をダイナミックな観点から把握し、保育の望ましいあり方を考えようとする。しかし、これも偏向すると観念的・思弁的な発想に陥りやすい。両者の研究が協力しあうことで、全体的な保育学の建設がなしとげられるのであろう。[4]」と私は述べている。

この私の考えは今も変わっていない。

ここでの「実証的研究」と城戸の言う実践的研究─「解決の必要に迫られている実際問題を解決するための研究」とは共通するものがあると考えておきたい。とすると、城戸の歴史的研究と実践的研究も「森」と「木」の関係にあると考えることができるであろう。両者の協力の中で、保育学の建設が目指されなければならないと思う。

(4) 宍戸健夫「保育学の歴史的研究」前掲『保育学の進歩』254頁。

二　保育カリキュラムとは何か

私は、城戸の「作業仮説」としての「保育計画」、つまり、保育カリキュラムの研究の重要性ということを改めて考えされられている。

そこで、保育カリキュラム（保育計画、教育課程、指導計画などを含む）とは何かということを考えてみたい。

保育カリキュラムは、子ども（主として乳幼児を指す）の生活と発達をふまえ、子どもの潜在的な諸能力を人間としての望ましい方向に伸ばしていくために保育者が構想する全体的な計画である―ということができる。しかし、これでは、あまりにも抽象的である。もう少し、どのような具体的な内容を含むのかということになると、次のような項目がかんがえられるであろう。

① 教育基本法の「教育の目的」や学校教育法にある幼稚園の「目的」「目標」などをふまえて、どういう子どもに育てたいのかという保育目的・目標がある。

② 子ども一人ひとりを自立させるために基本的生活習慣を養うことについての配慮がされている。

③ 子どもの主要な活動である遊びがどのように位置づけられ、その充実にむけてどのように計画されているかが、わかるものでなければならない。

④ 子どもの興味をひくような遊具、教材、教具がどれだけ用意されており、それらが子どものからだ、ことば、造形など基礎的な知識・技能をのばすために活用されている。

⑤　年間を通して行事、飼育・栽培、園外保育などのプロジェクト活動が、子どもたちとの「話しあい」のもとに計画され、それらが一定の教育効果をあげることをめざしている。

⑥　子どもたちの基本的生活習慣が自立するだけでなく、集団生活において、クラス運営上の自治的活動（仕事）が組織され、社会的能力の基礎を形成しようとしている。

⑦　保育者と子ども、子どもと子どもの相互の「話しあい」「伝えあい」が、たえずおこなわれ、相互理解のもと、人間関係が豊かに発展させられ、その中で、一人ひとりの社会性が育てられようとしている。

⑧　保育実践が記録され、それが保育者集団によって討議され、評価され、保育計画が見なおされ、保育実践の質を向上しようとしている。

⑨　保育実践の結果にもとづく、新しい保育カリキュラムの編成が保育者集団の民主的な話しあいですすめられている。

⑩　保育カリキュラムについての理解と協力をえるための父母たちとの連絡・交流や会合が計画されている。

——以上のように保育カリキュラムは、多彩な内容を含むものなのである。

保育カリキュラムとは何か、その作成や実践過程、評価などについての研究が多くの研究者・実践者によって行われており、さまざまな保育カリキュラム案が提起されている。いずれも貴重な研究であるが、これまで、こうでなければならないという定説が生まれていないのが現状ではないか、と思う。

保育カリキュラムは、その時代の社会状況と研究の進歩を反映させつつも、その園（保育所、幼稚園）ごとにそれぞれの特色がある。園が創立されたときの理念やまわりの社会環境を含めた保育条件によってそれらは左右されている。それればかりでなく、国の保育内容政策（「幼稚園教育要領」「保育所保育指針」など）に影響されることも大きい。

また、それぞれの園が保育実践の歴史をもっていて、保育実践が年間の各時期にどういう内容に重点を置いてきたかということでは、それぞれの独自の見解がある。このため、保育カリキュラムを一般化するのはなかなか容易ではない。

しかし、保育の歴史を研究しているなかで、いくつかの保育カリキュラムのタイプが見えてきている。次に、私なりにその歴史的考察をしてみたい。城戸や勝田のいう歴史的研究ということである。

三　保育カリキュラムの三つの歴史的潮流

これまでの保育の歴史を振り返ると、保育カリキュラムには大きく三つの潮流を指摘することができる。

1　課業活動（設定保育）を軸とするカリキュラム(注)

日本では19世紀末にアメリカから学んで幼稚園が創立されたときから、恩物使用の課業活動が重視されてきた。その後、恩物批判がうまれ、幼稚園令で、保育5項目（遊戯、唱歌、観察、談話、手技）となり、戦後には保育6領域となる。そして、用語についても「課業」という名称ばかりではなく、「設定保育」「領域別活動」「課題活動」など、さまざまな用語が使用されるようになってきている。それらは、子どもたちの自由な遊び活動を重視するなかで、なお、幼児に適した教材・教具を使って、意図的に、からだ、ことば、音楽、造形などの知識・技能の基礎を習得させようとするものであり、それは、遊び活動を発展させるためにも必要な教育活動なのである。そう考えると課業活動の潮流が、今日でも受けつがれてきていると言ってよいであろう。このことについては、保育活動の構造化をめぐる問題として、Ⅳ章で述べることとしたい。

(注) 課業とは「学校などで課する学科や作業」(『広辞苑』岩波書店)のことである。この課業ということばが幼児教育用語として登場するのは、明治期のはじめ、1874(明治7)年の『文部省雑誌』第27号に掲載された「幼穉園ノ説」(アメリカの報告書の翻訳紹介)には「冬季ノ課業」「夏季ノ課業」というように「課業」が出てくる。この原文はoccupationである(湯川嘉津美『日本幼稚園成立史の研究』125頁)。桑田親五訳『幼稚園』(明治9年)の最後にも、ある歌をあげて「一の課業より他の課業に転ずるとき謡うなり」とある。この時の課業の原文はexercisesである。「恩物」を「課業」と呼ぶのはふさわしくないという意見もあったが、1884(明治17)年の東京女子師範学校附属幼稚園の改正規則では、「保育の課」は、恩物を主とする20課に整理され、その一つ一つが「課」「課目」といわれ、その後の保育関係書にも「課業」という用語が使われるようになる。明治後半には「幼児心力の発達は遊ぶことに因って達せられる可きもので、決して大きな子供の様に一定の課業を厳重に律することに因って達せられるべきものではない」(中村・和田『幼児教育法』明治41年)との課業批判も出てきている。しかし、その後、幼稚園令(大正15)では保育5項目として、遊戯、唱歌、観察、談話、手技などが登場する。倉橋惣三らの『系統的保育案の実際』(昭和10年)では、こ

れらを「練習を主とする方面」として、「課程保育」と名づけ、「保育案」のなかに位置づけている。

課業活動というと、明治時代には、主として恩物による手技などが主であったが、昭和時代になると、教材・教具も、幼児が興味をもつ音楽や体育、ことば、造形など多くの範囲にわたるようになる。そして、それらが順序だてて使われ、子どもたちが基礎的な知識・技能を習得することをめざす教育的な営みとなっており、その方法も、教科書を使う学校の授業とは異なり、遊びに近い楽しいものに変わってきている。

2　遊びとその発展を軸とするカリキュラム

明治期後期から大正期にかけて、それまでの恩物中心のカリキュラムを批判しつつ、子どものあそびとその発展を軸としてカリキュラムが構想されるようになる。その先駆者は和田実（1876～1954）である。彼は日本の「幼児の遊びの種類には、どんなものがあるだろうか」と考え、それぞれの種類の遊びが「如何に発達していくか」ということをあきらかにした最初の人であった。東京女子高等師範学校において和田の後を受け継いだ倉橋惣三（1882～1955）は、1920年代にアメリカに留学し、そこでの「新教育」とプロジェクト法を学び、帰国して附属幼稚園の教師たちとの共同研究をもとに「誘導保育」を主軸とする『系統的保育案の実際』（1935年）を完成させた。（第一章参照）

この成果は、戦後のコア・カリキュラム運動へとつながっていく。この研究運動のなかから、久保田浩編著『幼児教育の計画—構造とその展開』（1970年）のような戦後を代表する保育カリキュラム論が生れた。（第三章参照）

3　集団生活の発展を軸とするカリキュラム

倉橋は早くから幼稚園が「相互生活」の場であることに着目していた人であるが、さらに城戸幡太郎（1893〜1985）は、その『幼児教育論』（1939年）において「社会協力」による技術的能力の形成の重要性を主張した。城戸を会長とする保育問題研究会は現場の保育者と研究者とが共同して「保育案」の研究にとりくみ、その研究は戦後に受け継がれ、三木安正編著『年間保育計画』（1959年）に結実させることになる。これは、子ども一人ひとりのパーソナリティは、集団生活の中で形成されるものであり、集団生活を変えていくことが、一人ひとりの発達を考えるうえでも重要であると考えるカリキュラムである。（第四章参照）

以上の三つの保育カリキュラムの潮流についてその一つ一つをもう少しくわしく検討することが、これからの保育カリキュラムのあり方を解明するために必要であろう。

四　もう一つの新しい潮流―プロジェクト型保育カリキュラム

2008（平成20）年、文科省の「幼稚園教育要領」が改訂（第3版）されると共に、厚労省の「保育所保育指針」の改訂（第4版）が行われている。

この新「要領」の「人間関係」領域には、「友達と楽しく活動する中で、共通の目的を見いだし、工夫したり、協力したりなどする」「幼児が互いにかかわりを深め、協同して遊ぶようになるため、自ら行動する力を育てるようにするとともに、他の幼児と試行錯誤しながら活動を展開する楽しさや共通の目的が実現する喜びを味わうことができるようにすること」という文言が新しくつけ加わったことが注目された。

新「指針」では、同じ「人間関係」領域で「友達と一緒に活動する中で、共通の目的を見いだし、協力して物事をやり遂げようとする気持を持つ」という文言がつけ加えられている。新「要領」が「実現する喜びを味わうことができるようにすること」であるのに対し、新「指針」は「気持ちを持つ」ことだけにとどまっているという差はあるものの、両者ともに「共通の目的」にむけて「協力する」活動を新しくつけ加えたことは評価されるものであろう。

ここには、子どもたちの集団生活の成長を通して、子どもたち自身が共通の目的を発見し、その目的の実現にむけて協力する子どもたちの生活が登場してきている。創造的な活動を発展させようとする遊び中心型でも課業中心型でもない新しいタイプの保育カリキュラム、すなわちプロジェクト型の保育カリキュラムの可能性を見いだすことができる。これまでとは異なる、もう一つの保育カリキュラム―プロジェクト型の保育カリキュラム誕生の可能性である。（第五章参照）

しかし、考えてみると、プロジェクト型は、全く新しいものではない。戦前では、倉橋惣三を中心として、東京女高師付属幼稚園が作成し、実践した『系統的保育案の実際』（１９３５年）に見られる「誘導保育案」（主題にむかって子どもたちを誘導するという意味）がある。[5] また、戦後では久保田浩著『幼児教育の計画』（１９７０年）に見られる「中心になる活動」が、和光幼稚園や白梅短大付属幼稚園で実践されている。[6]

そればかりでなく、畑づくりや劇づくりなどの実践は、日本ではどの園でも進められている実践であり、プロジェクト型として位置付けられるものである。

（５）宍戸健夫「日本における保育カリキュラムの誕生」『同朋大学論叢』第90号、２００６年参照。

（６）宍戸健夫「戦後保育カリキュラムの展開―和光幼稚園を中心に」『同朋福祉』第14号、２００８年参照。

また、日本の保育・教育での「集団づくり」の実践は、子ども同士の関係をつくり、子どもたちの自主的・自治的能力を育てていこうとする実践であるが、共同してプロジェクト活動を創造し、課題を追求している実践が「集団づくり」の中でも少なくない。今後、これまでの貴重な実践から学び、プロジェクト型を保育カリキュラムの中でどう位置付けていくことが課題となってくるであろう。(第四章参照)

以上、保育カリキュラムのいくつかの型について述べた。

五　保育カリキュラムの構造化を考える

保育カリキュラムの三つの型を中心とする潮流はそれぞれ個々に独立して存在するということではなく、それぞれが重なりあっており、それぞれの幼稚園・保育園ではその個性的な実践をふまえて自由にカリキュラムが構成されている。そのことで、日本における保育カリキュラムは実に多彩な状況を示していると言ってよいであろう。これらの潮流のうち、どれが正しいカリキュラムなのかを選択する、というものではない。それぞれの潮流が、長所短所をもっている。長所を生かしておのおのの園が自らの保育実践にもとづいて作成することであろう。

そのためには、師岡章も言っているように、「保育内容を構造的に把握し、その相互関係を求めていく視点は重要[7]」である。私がここで考えてみたいのは、これまでの潮流をどう生か

(7) 師岡章「保育構造論の再検討」『保育の研究』第13号、1994年。

すかという立場からの保育カリキュラムの構造化ということである。

保育カリキュラムの構造化についても、すでに歴史的な業績を残しているいくつかの試みがある。「遊びとその発展を軸とするカリキュラム」として挙げている倉橋惣三ら東京女子高等師範附属幼稚園の保育者たちの『系統的保育案の実際』（1935年）がその一つであり、戦後では久保田浩を中心に和光幼稚園、白梅学園付属幼稚園の保育者たちが協力してつくりあげた『幼児教育の計画―構造とその展開』（1970年）が挙げられるであろう。（第一、三章参照）

私たちは、貴重な保育実践の遺産に学びつつ、新しい保育実践を開拓していかなければならないと思う。

第一章　日本における保育カリキュラムの誕生

はじめに

日本の保育カリキュラムは、明治期の「文明開化」の中で創設された幼稚園とともに始まる。それはフレーベル主義にもとづく「恩物」中心のカリキュラムであり、その後、理論と実践の両面から批判され、「遊び」中心のカリキュラムへと近代化されていく。そして、戦前の保育カリキュラムの頂点に立ったのが、倉橋惣三を中心とする東京女子高等師範学校（以下、東京女高師）附属幼稚園の教師たちの共同研究によってつくられた『系統的保育案の実際』（１９３５年、昭和10年。以下、『系統的保育案』）である。

本章は、それがどのようにして生まれ、どういう性格をもったものであり、どのように構造化されたものであるかを明らかにするものである。そして、『系統的保育案』が歴史的に果たした意義とその限界を究明することで、そこから何を学び、何を継承し、戦後の保育カリキュラムをどのように発展させていかなければならないかを展望しようとするものである。

一　日本における保育カリキュラムの出発

1　幼稚園の創設と保育カリキュラム

日本における幼稚園の保育カリキュラムづくりは、1876（明治9）年、東京女子師範学校附属幼稚園の設立とともにはじめられた。それが、保育の実際上の経験を経て、ややその体裁が整ったのは、1884（明治17）年、同校附属幼稚園規則が改正された頃のことである。

1884年の同校附属幼稚園規則では、保育内容として20の「課」（課目）を定めている。(1)すなわち「会集」「修身ノ話」「庶物ノ話」「木ノ積立テ」「板排《いたならべ》ヘ」「箸排ヘ」「鐶排ヘ」「豆細工」「珠《たま》繋《つなぎ》キ」「紙織リ」「紙摺《かみたたみ》ミ」「紙刺シ」「縫取リ」「紙剪《かみきり》リ」「画キ方」「数ヘ方」「読ミ方」「書キ方」「唱歌」「遊嬉《ゆうぎ》」の「保育ノ課」である。

「保育ノ時間」は、「修身ノ話」「庶物ノ話」「唱歌」「遊嬉」を各20分とし、他の課目は各30分と定められた。1日の保育時間は、土曜は2時間、そのほかは年齢によって3時間または3時間30分とした。そして、これらの課目は小学校の時間割のようにモザイク的に配列されていたが、毎日かならずとりあげられる課目は「会集」「唱歌」「遊嬉」である。

これら20課のうち、「木ノ積立テ」「板排ヘ」「箸排ヘ」「鐶排ヘ」「豆細工」「珠繋キ」「紙織リ」「紙摺ミ」「紙刺シ」「縫取リ」「紙剪リ」「画キ方」の11課は、当時「恩物」と訳されていたフレーベル主義の教具である。1日のうちに、「恩物」のどれかは時間割の中でとりあげられており、大きなウエイトを占

（1）浦辺・宍戸・村山編『保育の歴史』青木書店、1981年、12頁。

めていたことがわかる。

しかし、このような「恩物」中心の保育カリキュラムは、フレーベルの精神に反するものとして明治20年代から30年代にかけて批判され、整理されて、1899（明治32）年の幼稚園に関する国レベルのはじめての法的規定―「幼稚園保育及設備規程」では、「保育ノ項目」を「遊嬉」「唱歌」「談話」「手技」の4項目とし、「恩物」は手技という名称の中に含みこまれるようになった。

こうした動きの中で、東京女高師助教授で同校附属幼稚園批評係を担当していた東 基吉《ひがしもときち》（1872～1958）は、保育4項目の立場に立った『幼稚園保育法』（1904年）を著した。これまでの保育が、その保育時間の大部分を室内での「恩物」による知識偏重の保育であったことを批判し、1日5時間の保育時間のうち、3時間は「自然の活動を十分満足せしめ」るような種々の遊戯に当て、1時間は唱歌、談話、手技等とし、あと1時間は食事の時間とすることを提案している。(2)

「恩物」中心から「遊戯」中心への転換であった。

東基吉に代わって、東京女高師助教授として就任し、幼児教育の改革のために活躍したのが和田実（1876～1954）である。和田は、同校附属幼稚園主事をしていた中村五六と「合著」で『幼児教育法』（1908年）を出版した。32歳の時である。

この本は、幼児の遊戯の全種類を包括した遊戯の体系化を企図することによっ

幼稚園二十遊嬉（明治十二年頃の実写図）
倉橋惣三・新庄よし子『日本幼稚園史』（1934年）所収

（2）東基吉『幼稚園保育法』目黒書店、1904年、120～121頁。

て、保育4項目論をこえた革新的な保育カリキュラムを提起するものであった。[3]

和田らの『幼児教育法』（1908年）では、かならずしも、保育カリキュラムを論じてはいない。しかし、保育全体を「習慣」の教育と「遊戯」の教育との二つの内容としておさえ、「習慣的教育法」を明らかにするとともに、「遊戯」の体系とその誘導的な教育方法を明らかにしたことは、新しい保育カリキュラムの基礎的な構想を示すものといってよいであろう。なお、和田は『実験保育学』（1932年）において、『幼児教育法』での「習慣」と「遊戯」の教育論をふまえ再構成しつつ、新しく第四編として「幼稚園論」を加え、その中で、保育カリキュラム論に言及している。

和田実が東京女高師を退職（1915年）すると、和田と入れ替わるように幼稚園界に登場してくるのが倉橋惣三（1882〜1955）である。倉橋は1917（大正6）年、同校教授になると、同校附属幼稚園主事を兼任、同園の教師とともに新しい保育カリキュラムづくりに挑戦。そして、東京女高師附属幼稚園編『系統的保育案の実際』（1935年）として結実することとなった。これは、日本ではじめての体系的な保育カリキュラムであり、日本の保育カリキュラムの誕生を意味するものであった。このカリキュラムの検討は、本章の主題である。

(3) 宍戸健夫「『幼児教育法』解説」『明治保育文献集』別巻、日本らいぶらり、1977年。

2 保育カリキュラム改革への動向―倉橋惣三を中心に

倉橋惣三は、東京帝国大学文科大学哲学科で心理学を専攻、1906（明治39）年同大学を卒業すると、軍隊生活などを経験した後に、1910（明治43）年に東京女高師講師（嘱託）となった。28歳のときである。

そして、和田が編集主任をしていた『婦人と子ども』（フレーベル会発行。後に日本幼稚園協会発行。

名称も『幼児教育』そして『幼児の教育』と変更）の編集に協力。1912（明治45）年には和田に代わって編集責任者となる。(4)

それから5年後、1917（大正6）年に、倉橋は東京女高師講師から教授となり、附属幼稚園主事（園長）を兼任することとなった。

倉橋の自伝『子供讃歌』（1954年）には、このときのことを、「新保育」は「真保育」だと考え、「ただ一途に真保育を求めた」と書いているが、ここで、時代の転換を示す一つの象徴的な出来事があった。

「新まいの園丁（注・新園長となった倉橋のこと）にたいした花壇の設計なんか出来ようもないが、一応気をかえるためにしたことは、創園以来の古いフレーベル二十恩物箱を棚から取り降ろして、第一、第二その他系列をまぜこぜにして竹籠の中へ入れたことであった。すなわち、恩物を積木玩具としたのである。これは、特別の意義をもつものとして取扱われた恩物の格下げか、一般玩具としての横すべりか、見ようによっては論議のありそうなことだが、彼はただ幼児の積木遊びを、幼児の積木遊びとして幼児達にさせたかっただけのことである。(5)」

――と倉橋は延べている。

フレーベルの恩物は、これまで、種類ごとに箱に入れられ、一人一箱で恩物の指導がされるのが普通であったのを、各種類をいっしょに一つの竹籠に入れ、「積木玩具」としてほしいだけ使わせようとした、

倉橋惣三と附属幼稚園の子どもたち

（4）森上史朗『子どもに生きた人・倉橋惣三―その生涯・思想・保育・教育』フレーベル館、1993年、42頁。

（5）倉橋惣三『子供讃歌』フレーベル館、1954年、100頁。

というのである。子どもたちは、多種類の積木を1度に数多く使えるようになり、積木の面白さを倍増させるものであり、これは恩物の指導体系の「破壊革命」であった。倉橋も言うように、大正期に入って、現場の「恩物」ばなれは急速にすすんでいたものの、東京女高師附属幼稚園での、この事件は、自発的な遊び中心の「真保育」への転換を意味する象徴的な出来事であった。

倉橋が新しい幼児教育に、自信をもったのは、1919（大正8）年12月から1922（大正11）年3月まで、2年4ヵ月にわたる海外留学である。この留学で、J・デューイやW・H・キルパトリックらの進歩主義教育の理論と、その根拠ともなっていたシカゴ大学やコロンビア大学の附属幼稚園での実践を学んだのである。

J・デューイが娘のE・デューイと共同して書いた『明日の学校（School of Tomorrow）』（1915年）の中でコロンビア大学の附属幼稚園の実践をとりあげ、高く評価していることは、よく知られている。コロンビア大学に所属していたW・H・キルパトリックが、J・デューイの理論に学び、教育方法論としての論文「プロジェクト・メソッド（The Project Method）」を発表したのが1918年のこと。倉橋が留学する前年のことである。この論文は本となって、全アメリカの教師たちに広がり評判となり、それに学んだ実践が各地で行われるようになっていた。コロンビア大学附属幼稚園でも、P・S・ヒルを中心として、J・デューイやキルパトリックに学んでカリキュラム研究がすすめられており、それが『コンダクト・カリキュラム（A Conduct Curriculum for the Kindergarten and First Grade）』として完成をみたのが1923年のことである。倉橋が帰国した翌年ということになる。

倉橋のアメリカ留学は「新教育」のカリキュラム革新に燃えるアメリカの教育者たちの渦中にとびこんでいったことになる。ここで学んだものは大きかった。

「(コロンビア大学は)デューウィ教授の本拠として新教育全般の大殿堂であったが、保育としても、『フレーベル批判』の著者であるキルパトリックが大学で教育哲学を講じて居り、あの有名なミス・ヒルが大学幼稚園を主管して居り、『新保育』のために気焔をあげていた。キルパトリックは米人としては小柄な人で、長い髪を無ぞうさにかきあげて、いつも低声で物静かに語る哲学者らしい人である。彼(注・倉橋自身のこと)は、その講義に参加していたが、講義後よく大学に近いハドソン河沿いの散歩路を二人で歩きながら、いろいろと話して貰った。ミス・ヒルは、長身肥大堂々たる風采の社交的な婦人で、丁度夏の間だったので、いつも大きな白い羽根団扇をゆったりと動かしながら話して呉れた。[6]」

——と倉橋は当時の思い出を語っている。

帰国後、倉橋は、アメリカのシカゴ大学やコロンビア大学の附属幼稚園のことについて書いている。その教育方法の特徴は「プロヂェクトメソッド」といわれるものであって、「一つの目的を立てて其目的に向って問題を解決して行く。或は単に抽象的な問題を解決するばかりでなく、具体的解決、即ち製作と言うものをさせて行く[7]」ということであると解説している。

こうした「プロヂェクトメソッド」は、小学校1、2年生の学習方法も同じであって、「プロヂェクト」の仕方は年齢によって多少ちがってくるものの「受け身の学習態度」ではなく、「同じようなプロヂェクトの生活、自分の目的を自分で解決して行く[8]」という基本は同じである、と述べている。

1923(大正12)年には、東京高等師範学校教授の乙竹岩造による「プロジェクト法と幼稚園の作業[9]」と題する論稿が『幼児の教育』(倉橋惣三主幹)に掲載されている。

この論稿によると、幼稚園におけるプロジェクト・メソッドは次のような特徴をもつもの

(6) 同右、101頁。
(7) 倉橋惣三「幼稚園から小学校へ—幼稚園と小学校幼年級の真の聯結」『幼児教育』第23巻第4号、1923年4月。
(8) 同右。
(9) 乙竹岩造「プロジェクト法と幼稚園の作業」『幼児の教育』第23巻第7号、1923年7月。

である。

① 近年、アメリカの教育界でさかんに唱導されているプロジェクト法とは、教材すなわち題材を、一つの計画または構案の形で学習させせようとするものである。

② 幼稚園は保育の場所であって、規則的な教授学習によるものではない。幼稚園は遊戯を主とするところであるが、遊戯から作業へと進んでいくものである。しかし、それは学校の作業とはちがい、遊戯的作業である。

③ 遊戯的な作業といっても、ただ、手あたり放題に子供を活動させればいいというものではなく、なんらかの材料や対象があり、計画構案の考えをとり入れた作業である。

④ 着眼点は、遊戯にせよ、作業にせよ、これを演じ、これを行う子供のその態度の上に、自らこれを計画し、自らこれを構案し、自ら工夫し、自ら処理し、自ら解決を遂げては、さらに、また新しく自ら計画するというところにある。

⑤ この方法では、その手続と範囲とは多種多様であって、無限に展開される。子供の興味は湧きでる泉のように、こんこんとして流れて尽きぬものになるであろう。

――以上のように、プロジェクト・メソッドの基本を述べ、幼稚園での「遊戯的な作業」活動において、十分、可能であることを主張したのである。

さらに、同じ年、1923（大正12）年の『幼児の教育』誌は、アメリカの幼稚園での実践例を具体的に紹介している。

すなわち、「海外記事―幼稚園、小学校の初等年級のプロゼェクト」（『幼児の教育』大正12年8月、執筆者不明）である。

ここで、製作活動をともなう「女児の人形の家」、そして、人形を乗せるための「男児の飛行機」を「プロゼェクト」の実例としてあげている。そして、子どもたちは「どうして人形を作ろうか」「飛行機の標（しるし）をどうしようか」とか、毎日、起ってくる問題に対して、「問題を考え、そしてそれを解決する方法」を学んでいくものであり、それこそが「最も価値のある事[10]」であると述べている。プロジェクト法の核心をつかんだ紹介である。

翌年、1924（大正13）年には倉橋惣三も「自発活動と目的活動」と題する論文を2回にわけて『幼児の教育』誌に連載。その中で、プロジェクト・メソッドのような目的的な活動は自発活動と矛盾するものではなく、日本の保育活動においても、実践されてきているものである、と次のように述べたのである。

「（プロジェクト・メソッドのような）目的活動と云うものは矢張大きな一つの自發活動の中に這入つた時だけ教育上の意義が出て来る、所謂（いわゆる）自發的目的活動と云うものになるのでありましょう、私は所謂亜米利加流のプロジエクトメソツドの話が出ませぬ前から、當然子供の生活から何も發見でも何でもないのでありますが、當然見出されて居ります自然の帰着として有目的教育と云うことを考えたり、人に語つたりして居りました、又或る実行もしていた」ものであり、「自發活動」と「目的生活を主とするプロジェクトメソッド」とは、「ちよつと違つたもののように考えられる、けれども兒童の生活の中から、其自然の有様が自発的であり、児童として矢張目的に向つて生活をしようとしている、せしめる能力がある[11]」

――これは、倉橋にとって、プロジェクト・メソッドを受け入れるための理論的な一つの決断であった。

(10)「海外記事―幼稚園・小学校の初等年級のプロゼェクト」『幼児の教育』第23巻第8号、1923年8月。

(11) 倉橋惣三「自発活動と目的活動（二）保育原理の問題」『幼児の教育』第24巻第3号、1924年6月。

1922（大正11）年、倉橋のアメリカ、ヨーロッパ留学からの帰国後、日本の幼稚園の中で、プロジェクト・メソッドをとり入れるべきかどうか、とり入れるとすればそのカリキュラムはどうあるべきなのか、倉橋にとって大きな課題であったにちがいない。彼は、東京女高師附属幼稚園の主事（園長）として、同幼稚園の教師たちと共同でこの難問にとりくむことになる。

二　日本におけるプロジェクト・メソッドによる保育実践の展開
——東京女高師附属幼稚園での保育実践

1　1920年代の東京女高師附属幼稚園での保育実践

1920年代において、『幼児の教育』誌に紹介されている東京女高師附属幼稚園の実践に、及川ふみ「八百屋遊び」がある。[(1)]

この実践記録のあらましは——

① このあいだからみんなが、一生けんめいつくった野菜（画用紙に野菜を画き、切りぬいたもの）が、箱いっぱいにたまりました。また、茶色の紙でつくったお金もこしらえました。

② 今日は朝から雨で、内あそびにはよい日です。「今日は八百屋さん遊びをしましょう」と呼びかけると、子供たちは大喜びで「やろう」ということになりました。

（1）及川ふみ「八百屋遊び」『幼児の教育』第25巻第5号、1925年7月。

③ 子供たちは、物置部屋にいって、自分たちの背より高い衝立（高さ5尺、長さ6尺のもの2枚を蝶つがいで2枚折にしてあるもの）をもってきて、お店やをつくります。そして、箱から、野菜をだして売り台の上にならべます。

④ 銀行屋さんになる男の子たちも、衝立をもってきて、八百屋さんとは反対の側に店を出します。買い手の子供たちはまず銀行へいって、お金を20銭づつ引きだすことにしました。

⑤ 買い手の子供たちは一人ひとり20銭をもって八百屋に行きます。ある子は、10銭でいちご二つ、また10銭で大根1本を買いました。つぎからつぎとつめかけてくるお客様で、お店は満員の盛況です。

⑥ 他のクラスの子供たちへも開店を知らせたので、小さいクラスの子供たちも先生につれられて、銀行でお金を引きだし、お店へやってきます。

⑦ こんな風で大さわぎの八百屋さん遊びは30分でおわりました。

⑧「先生またこんどね」「わたしこんど八百屋さんにしてね」「僕はこんど銀行屋さんにね」「わたしはこんど買わせてくださいね」と、つぎつぎに、この次の役割を先生にたのんで安心してあとかたづけをしました。

⑨ 反省として―こんなに前からいろいろの野菜をこしらえておいて売るのも面白いけれども、自然にたくさん恵まれている地方などで、いろいろの雑草をつみ集めてきて、きうりにし、おねぎにして、縁台の上にならべて、小石のお金で買うのもどんなにか面白いことでありましょう。

――以上のような「八百屋遊び」の記録である。

「八百屋遊び」に続いて、1927（昭和2）年の『幼児の教育』誌には、東京女高師附属幼稚園山の組（年長組）のおもちゃをつくって、おもちゃ屋ごっこをしたという「おもちゃ屋遊び(2)」、また、同幼稚園の海の組（年長組）では、いろいろな動物を画用紙やキビガラでつくり、保育室いっぱい動物園にしてしまい、ほかのクラスの子どもたちがお客としてつめかけたという「動物園遊び[3]」の保育実践が報告されている。

「八百屋遊び」にせよ、「おもちゃ屋遊び」にせよ、「動物園遊び」にせよ、いずれも、作業・製作活動をともなった遊びである。その遊びは、一つの主題（テーマ）をもっていて、その主題に応じた作業・製作活動が行われるのである。「八百屋」であれば、それに応じてさまざまな野菜や果物がつくられる。そして、売ったり、買ったりする「八百屋遊び」が展開されるのである。一つ一つの製作物が「八百屋遊び」の中で位置づけられ、楽しい遊びとして生かされるのである。

及川ふみは、このような製作活動（手技）がこれまでとはちがった意味をもってきていることを「連続的作業を中心としての手技」（『幼児の教育』1928年11月号）という論文で論じている。「手技」は「保育項目」の中で、明治期以来、重要な位置を占めてきており、粘土、紙仕事、きびがら、つなぎもの、縫とり、大工仕事など、さまざまの種類があり、これまでは「これらの一々の手技を、きれぎれに保育の材料としてとりいれてその週その週に断片的にやってゆく」という方法がとりいれられていた。それも「一つの方法」であるが、もう一つの方法がある。それは――

「(子どもたちが断片的に手技で遊んでいるうちに）ある日は電車をつくり出し、汽車をこしらえ、お人形をこしらえる様になつて来る。こんなにして幼児の製作の力が進んで来ると、今までの様に一つ一つ切れ切れのものでは面白くない。ある時は八百屋遊びを中心に、ある時はおもちゃや、ある時は動物園、植物園という様に一つのまとまつた目的に向かつて製作する。今日の粘土は動物園の動物を造るの

(2) 東京女高師附属幼稚園山の組「おもちゃ屋遊び」『幼児の教育』第27巻第1号、1927年1月。

(3) 東京女高師附属幼稚園海の組「動物園遊び」『幼児の教育』第27巻第4号、1927年4月。

である。今日の紙仕事はあのお猿の小屋を造るのである。動物園の樹をこしらえるのである。一つ一つがどれも動物園の何々になるのだという事になる。[4]」

――と及川は言う。

そして、

「こんなにして手技をとり入れてゆけば、幼児の製作の興味も深くなりて進むのは勿論でありますが、又他方においては、私共保母の方で手技の材料がなくてこまる、思案に暮れるという事はなく、あれもこれもと手のまわらないほど材料がつぎつぎと幼児と共に思いうかぶことでしょう。[5]」

――と及川は言う。

これを「連続的作業を中心としての手技」と呼んだのである。つまり、「連続的作業」の中に「手技」をとり入れることである。後になって、及川はこれを「プロゼクト手技製作[6]」と呼んで、「一つの遊びの目的を定めておいて、それに入用ないろいろのものを製作するというのがこのプロゼクト手技製作なのであります[7]」と定義づけている。

断片的な「手技」をテーマのある目的的な遊び活動の中で、必要なものの製作活動として、よみがえらせたのである。これは、及川ふみというすぐれた実践者がいてはじめて可能になったのである。

及川ふみ[8]は、1893（明治26）年大阪で生れ、大阪府女子師範学校第二部を卒業すると小学校教師となるが、1年間でやめて東京女高師技芸科（図画手工を専攻）に入学。同校卒業、1916（大正5）年同校附属幼稚園保母となり、プロジェクト・メソッドを日本の幼稚園に根づかせる上で大きな役割を果たした。その主著に『幼稚園の手技製作』（フレーベル

（4）及川ふみ「連続的作業を中心としての手技」『幼児の教育』第28巻第11号、1928年11月。
（5）同右。
（6）及川ふみ「プロゼクト手技製作について」『幼児の教育』第33巻第8・9号、1933年9月。
（7）同右。
（8）岡田正章「及川ふみ（1893～1969）」『幼児保育小事典』にほんらいぶらり、1979年参照。

館，1932年）があるが、その序文で倉橋惣三は、及川の功績を称えて、「附属幼稚園に奉職して以来、今日に至る十有六年間、その専攻の技能を基礎として、幼稚園手技製作の研鑽につとめ、幼児を導きつつ幼児に学び、幼児の生活と要求とに即しつつ独創の工夫を怠らず、斯の道に於て殆ど大成の域に達するというも過言でない(9)」と述べている。

2　1930年代の保育実践―根づいたプロジェクト・メソッド

1920年代は、新しい保育実践にむけてのスタートの時代であったのに対して、1930年代は、それが豊かに成長し、保育者が自信をもった時代であった。

それは、アメリカで生れたプロジェクト・メソッドが、日本の幼稚園において、それが根づき、開花したことを意味した。

『幼児の教育』誌に掲載された東京女高師附属幼稚園の保母達の主な実践記録を紹介しておこう。

- 及川ふみ「動物の汽車が出来るまで」（『幼児の教育』1931年9月号）
- 榊原きく「『大売り出し』あそび」（『幼児の教育』1932年1月号）
- 菊池ふじの「人形のお家を中心として」（『幼児の教育』1932年5月号）
- 徳久孝子「わたし達の自動車―具体的生活指導による保育―」（『幼児の教育』1932年7月号）
- 村上露子「わたし達の特急列車『うさぎ号』―具体的生活指導による保育―」（『幼児の教育』1932年7月号）
- 新庄よしこ「『旅へ』―誘導保育の一案」（『幼児の教育』1933年11月号）
- 小泉その「お店屋遊び―誘導保育の一案」（『幼児の教育』1933年12月号）

（9）及川ふみ『幼稚園の手技製作』フレーベル館、1932年、7頁。

（注）以上の実践記録のうち、榊原、菊池、徳久、村上、新庄のものは、倉橋惣三『幼稚園保育法真諦』（東洋図書，1934年）の中に収録されている。

以上のような実践記録の一つ一つは、同誌で10頁をこえるもの、同一テーマでの継続期間で2ヵ月もかけているものもあり、これまでにない充実したものであった。しかも、そのほとんどが、関東大震災（1923年9月）後、お茶の水の被災地に建てられたバラックの仮園舎で行われた保育実践であるということである。大塚の1階建て鉄筋コンクリートづくりの新園舎に移転したのは1932（昭和7）年12月のことである。[10] 大震災にめげず、附属幼稚園保母全員が新しい保育実践に意欲的にとりくんだことがわかる。

どの実践も子どもたちの関心のある主題（テーマ）をとりあげ、1～2ヵ月という長い継続期間をかけて、それぞれ主題に応じた製作活動を行い、完成させた上で、主題に見あうごっこ遊びを展開していることである。みんなでつくって、楽しく遊ぶというダイナミックな保育実践である。これらは「誘導保育案」と名づけられ、近代的な保育カリキュラムの中核となった保育活動であり、プロジェクト・メソッドの日本における先駆的な実践だったのである。

それらの保育実践をもう少し、深く理解するために、これらのうちから菊池「人形のお家」と徳久「わたし達の自動車」の二つをとりあげその概略を紹介しておこう。この二つの実践は、子どもたちが保母の誘導・指導のもと、むずかしい課題にむかって、協力してとりくんでいる様子が、いきいきと記録されている。

(10)「お茶の水女子大学百年史」刊行委員会編・発行『お茶の水女子大学百年史』1984年、798～800頁。

実践記録・菊池ふじの「人形のお家を中心として」(概略)

かねてから、人形のお家を中心として保育案をたてて見たいと念願していた私(菊池)は、ちょうど昨年の暮れに二つの西洋人形を購入することができたのでいよいよはじめることにしました。

新しい年を迎えた年少組(4歳児組)の3学期のことです。

「このお人形さんたちは、昨日、アメリカから来たばっかり、お友だちもいないし、お家もありません」と人形を子供たちに紹介。「これからは、みんなでよく遊んであげましょうね」といい、そして、「どんなものを作ってあげましょうか」と問いかける。「おふとん」「お机」「お椅子」……と声がでるが「お家」がなかなかでてこない。「先生はね、このお人形さんたちのお家をこしらえてあげたいの」と同意をうながす。

子どもたちは大賛成。そこで、私は「人形のお家」をつくったら、「お人形さんが買物に行く町」をつくろう、町ができたら遊園地や水族館、動物園をつくろうと私はやつぎばやに提案して、子供たちの気持ちをわくわくさせます。

いよいよ「人形のお家」づくりです。

お家は、人形のお家であると同時に、また、子供たちのお家としても遊べるようにと計画しました。

高さ5尺(注 1尺は30・3センチ)、横4尺、奥行き3・5尺として柱を組みたてることからはじまりました。

柱の組みたてがすみますと、おおいそぎで床を張りました。ここでは、床板の長さを私共が測って線

東京女高師附属幼稚園の誘導保育(出所・倉橋惣三『幼稚園保育法真諦』東洋図書、1934年)

を引き、これを切ることは子供にさせました。釘を打つことも、子供たちがいたしました。

柱の組みたてからはじまり、床、窓、天井とつくつてゆきます。

子供たちは、はじめのうち、のこぎりを持つことは持っても、まるで動かせなかった弱々しさでしたが、1週間か、2週間続けておりましたところ、おどろくほど上達いたしまして、今では一人残らず自由に切ったり、打ったり出来るようになりました。

こうして、家らしき建物ができあがり、そして、外壁の塗装や内部の内装にかかります。かわいいお人形の家らしく美しくしようというのです。塗る仕事は子供たちに人気がありました。「塗りたい」「塗りたい」と言ってまたたくまに塗れてしまいました。

さらに、カーテンをつけ、テーブル、ベッド、椅子などの家具をつくります。

こうして、「人形のお家」は完成しました。正月から3学期のほとんどをこの製作活動を中心にすごしてきたということになります。

子供たちは、「人形のお家」の完成前からこれに入ったり出たりして遊んでいたのですが、お家の出来あがりました今日では、男の子も女の子も、このお家につづけて、ござを引いたり、椅子を並べたりして、このお家を中心にして遊んでいます。他の組のお子さんまでお家に入りこんで遊んでゆきます。これを見ますとほんとに作りがいがあつたと、今さらの様に嬉しくなります。

そして、私はこれをきっかけに、さらに庭づくりや町づくり、遊園地づくりへと活動を広げていこうと、来年度の計画に胸をおどらせています。

実践記録・徳久孝子「わたし達の自動車」(概略)

これは、年長組(5歳児組)となった第1保育期(4月から7月まで)の2カ月間にわたる実践です。

年長組になって子供たちは木工による製作活動をたいへん好む様になりました。ある日、木工で電車づくりにとりくんでいる子供たちに、「この電車にのれるといいね」と声をかけたところ、子供たちは「うん、いいね、大きいの作れば乗れるよ」と意欲をしめすのです。

そこで、クラスのみんなと相談することにしました。

「それでは電車、汽車、自動車、どれにしましょうね」

すると、自動車、電車、汽車、ケーブルカー、飛行機、タンク等々いろいろ出てきました。その中で、自動車が一番多いようであったので、自動車を作ることにきまりました。

「いいなあ、乗れるような大きいのを作るんだって」

「嬉しいね」

――と子供たちは、ニコニコして、しばらくの間、いろいろな自動車のお話でもちきりでした。

それから、2、3日の間、型を考えたり、設計をしたりしてごたごた過していましたが、

「先生自動車どうしたの」

「まだ作らないの」

わたし達のつくった自動車―東京女高師附属幼稚園(『幼児の教育』第32巻第7号、1932年7月)

――と矢のようなさいそくです。

これならいいと、とにかく子供が乗って動かせるもの、5、6人乗ってもこわれないものという事を条件として、いよいよ製作にとりかかりました。

ある子供たちは、実習生といっしょに材木屋さんに板を買いに、別な子どもたちは釘を買いに出かけました。

板がまいりますと、子どもたちはもう大喜びで、私共が赤い鉛筆で線を引いてあげると、さっそく子供たちは板を切ったり、釘を打ったりいたしました。

背中一ぱいに5月の陽を浴びて、お友達に持っていただいたのでは足りなくて、自分が板の上に乗り、顔に汗をいっぱいにじませて切っている光景は、ほんとうにほほえましいものでございました。

こうして、まず、自動車の厚い板の土台からはじまりました。長さ7尺、横3尺5寸、高さ3尺3寸の大きさです。

土台ができあがると、土台に車輪をとりつける作業、そして、窓のついた両側面の製作です。天井は薄い板を使いました。

内部の客の椅子や運転手のハンドルと椅子などをつくり、色塗りをします。子どもの親がラッカーを寄附してくれたのできれいに塗りあがりました。

さらに、車のライトやガソリン・タンク、代替用のタイヤ、番号札、方向指示器などをとりつけました。

ライトのとりつけで、

「球が無いやね」

「夜になったら困っちゃうね」

——と、子供たちからの指摘で、中に小さい球を入れ、赤いセロハンを張りました。

そして、最後には、道路上の「ゴーストップ」のための信号機や街路樹までつくりました。

この製作に取りかかってから約2ヵ月。ついに自動車の完成です。

お天気のよい日は自動車を外に持ち出して広い庭で走らせております。直ぐにこわしてしまうのではないかしら、と考えました私共の考えとはちがつて、自分達が作った物という事から、非常に大事に大事にしております。これほどに子どもたちが喜び、遊びの中心になって行くという事は、実に想像以上でございまして、今さら「よかった」という気持ちが致しております。

以上の「自動車」製作の中でいちばん心配したことは、「もしけがをしたら」ということでした。釘を落とさない、道具はかならず先生がいるときに使う、大人の使用するノミ、かんな等はかならず子どもの知らないところにしまって置くことなど注意しました。幸い終りまで一人もけがすることなく、始めの心配も私の老婆心に終わったことは、ほんとうによかったと思っています。

三　『系統的保育案』の完成

——「誘導保育案」を主軸とする保育カリキュラムの構築

はじめに

東京女高師附属幼稚園編『系統的保育案の実際』(以下、『系統的保育案』)が刊行されたのは、1935(昭和10)年のこと。これは、倉橋惣三を中心とする東京女高師附属幼稚園の教師たちによる共同研究によって作成されたものであり、日本の本格的な保育カリキュラムの誕生を意味するものであった。

この章では、その概略を紹介しておきたい。

この場合、『系統的保育案』—とくに、そのはじめに倉橋によって書かれている「解説」(以下、倉橋「解説」と表示する)を主な手がかりとするものであるが、ほかに、『幼児の教育』誌に連載(1936〜37年)された「『系統的保育案の実際』解説」(以下、「『実際』解説」とする。執筆は倉橋惣三、菊池ふじの、村上露子、小島その、新庄よしこ、小島光子、及川ふみ)、倉橋惣三「保育案」(『幼児の教育』1936年9月号)を参考にした。

とくに、参考文献として見おとすことができないのは『系統的保育案の実際』の前年に刊行された倉橋惣三『幼稚園保育法真諦』(1934年)である。この本は前述のように東京女高師附属幼稚園の教師たちの実践記録が収録されているものであり、保育カリキュラムの基本理論を明らかにしたものである。

1 「系統的保育案」とは何か—その性格について

『系統的保育案』には、なぜ「系統的保育案」と名づけたのかの説明は特にされていない。しかし、その説明にあたる記述がないわけではない。

その「刊行の辞」では、「(保育案作成の根本原則は)単なる保育項目の時間的

『系統的保育案の実際』を解説する東京女高師附属幼稚園の教師たち(左端は倉橋惣三)(『幼児の教育』第36巻第3号、1936年3月)

配当でもなく、況んや、項目内容の選択と羅列に止まるものではない。それらを駆使して、幼稚園生活を生かすものでなければならない」と述べている。

また、倉橋「解説」では、そのはじめに「(幼稚園の世界では) 一切が幼児の生活に出発し、幼児の生活に帰着する。その幼稚園に於ける幼児の生活を発揮せしめ、充実せしめ、その正しき発展を経過せしめる途が保育案である。それは、どこまでも、幼児の生活以外の何ものでもない。教育というも、幼児の生活裡に機会を補捉して、之れに適切なる誘導と指導とを与えるに他ならない。」と述べている。

この二つの文章から推察することは、保育案がこれまでのように「保育項目」をばらばらに羅列すればよい、というものではなく「幼児の生活に出発し、幼児の生活に帰着する」ような「幼児の生活を発揮せしめ、充実せしめ、その正しき発展を経過せしめる途」でなければならないことが「系統的」であることの意味であることがわかる。

『実際』解説」では、毎回そのはじめで「(本案は) 幼児の生活に出発し、生活に帰着する、生活系統としての新らしき保育案である」と述べている。ここでは、「生活系統」ということばを使っていて、「系統的」ということが、今日使われる教科の系統という意味ではなく、生活の「系統」であることを明確にしている。

さらに、なぜ、『系統的保育案』なのかについて、その理由を、最もはっきりさせているのは、次のような倉橋「保育案」である。

「(幼稚園で、保育の調子がうまく行っているときは) 何だか今日は自由遊びだつたかしら、訓練していたかしら、保育項目を何うしていたかしら、そんな事を一々考える事なく、全体として一つになつて了つてホーッとして一日を行われたと言う事になる事を理想とするのであります。これは保育の実際の至境であります。（中略）この渾然たる至境に行くかも知れぬ様な並べ方を特に作つて見るのであります。そこでこの計画を私は系統的だと言おうと思います。系統的だと言うのは、自由遊び何分、それから生活訓練何分、それから誘導保育案何分と言う事で行くのじやない。出来れば、一つに纏（まとま）つて了う事を可能ならしめる様な方針で系統保育案を立てようとするのであります。(1)」

保育案は「生活系統」として「一つに纏つて了う事を可能ならしめる様な方針」が理想であり、それは、幼児の生活から出発し、幼児の生活を生かし、充実させる保育案であり、それを称して『系統的保育案』としたのである。

2 『系統的保育案』の構成

『系統的保育案』は、年少組（4歳児組）と年長組（5歳児組）との、就学前2年間にわたる保育カリキュラムである。

年少、年長組ともに、1年間を3期の保育期にわけている。すなわち、第1保育期（4月～7月、第1週～第14週）、第2保育期（9月～12月、第1週～第15週）、第3保育期（1月～3月、第1週～第10週）である。

『系統的保育案』の構成は、〔図表1〕に見られるように、大きくA「生活」とB「保育設定案」の二つの欄から構成されており、それぞれの欄は小欄をもっている。すなわち、A「生活」は①「自由遊戯」と②「生活訓練」を、B「保育設定案」は①「誘導保育案」と②「課程保育案」の小欄をもっている。

それを図にすると〔図表1〕のようになる。

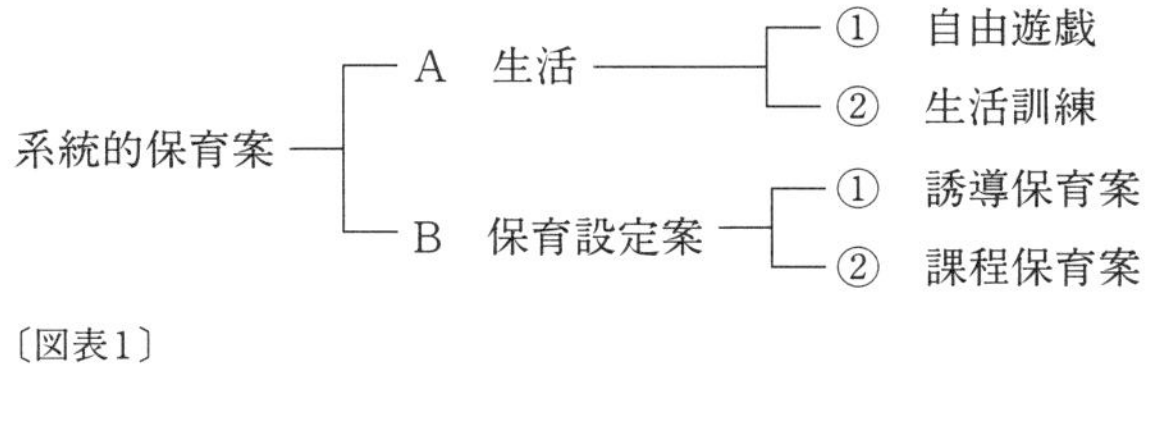

〔図表1〕

（1）倉橋惣三「保育案」『幼児の教育』第36巻第9号、1936年9月。

〔図表2〕『系統的保育案』年少組（4歳児組）・第2保育期

		第一週 九月十一日ヨリ	第二週 九月十八日ヨリ	第三週 九月二十五日ヨリ
生活	自由遊戯	虫とり	しやがみ鬼	兵隊ごつこ
生活	生活訓練	夏休み後の注意として諸規律を正しくすること うがひの藥は自分で注ぐこと	食事の作法 みだりに草木を折り取らぬこと	登園の支度をぐづ〳〵しないこと
保育設定案・誘導保育案	主題	虫の家	同前 秋祭り お月見	秋祭つゞき
保育設定案・誘導保育案	計画	積木、草等にて蟲の家を作る。 硝子鉢に草や砂等を入れて飼う。	虫の家完成 樽御輿製作 大体は先生、飾り、模様等は幼児の作業。 花傘製作 飾りと集り	完成の後お祭りごつこ。
保育設定案・誘導保育案	期待効果	動物に対する愛撫 観察	行事に対する興味 観察 製作	
保育設定案・誘導保育案	継続作業時間	二週間	二週間 一日	
保育設定案・課程保育案	唱歌・遊戯	唱遊 砂のトンネル（大正幼年唱歌）	唱遊 オサル（エホンシヤウカ） 唱遊 ヒヨコ（エホンシヤウカ）	唱遊 蓮の花（幼稚園唱歌）
保育設定案・課程保育案	回数	唱 二　遊 三	唱 三　遊 三	唱 二　遊 四
保育設定案・課程保育案	談話	夏休み中のいろ〳〵の話（山・海等） 鈴虫 三羽のひよこ（幼・楽）	月の井戸（幼・聴） お彼岸について	嵐について 一本足の兵隊 秋季皇霊祭について
保育設定案・課程保育案	回数	話 三	話 二	話 三
保育設定案・課程保育案	観察	こほろぎ ばつた 朝顔の花	町の祭礼 栗 お月見	伝書鳩 柿
保育設定案・課程保育案	手技	自由画 夏休みの見聞 朝顔 鋏仕事 朝顔 ぬりゑ アサガホ	自由画 年長組の繪を鑑賞 粘土 栗 お月見の團子 ぬりゑ コスモス 製作 祭礼の花傘	自由画 鋏仕事 柿 ぬりゑ カキ 粘土 柿 製作 祭礼の花傘
保育設定案・課程保育案	回数	二 一 一	一 一 一 二	一 一 一 一 一

『系統的保育案』は、幼児たちの生活を基盤とする保育案である。「先づ十分に自然な子供の生活形態を形づくらせて、それでその間に十分の自己充実が出来て行くようにしてやるのが要諦の第一だ」[2]と倉橋は考えており、倉橋の生活主義の立場にたつ保育案だと言ってよいであろう。〔図表2〕

「生活」としての「自由遊戯」と「生活訓練」

「生活」とは「方法的に何等設定的性質を帯びないものである」―すなわち、予定をあらかじめ立てられるものではないものである。それは「自由遊戯」と「生活訓練」にわけて構造化されている。

①「自由遊戯」のこと

幼児の生活は自由遊びからはじまるのである。それは、保育の一部分にとどまるものでもなく、どこまでも「保育の基底」である。その遊び方の指導の一つは幼児の自発的な遊びに指導をあたえること、もう一つは、自由遊びを誘導し、また、豊かにし、変化を与えることである。前者は指導法であるが、後者は「一種の保育計画」である。保育者は常に、幼児の楽しむ遊び方の種類を多く用意し、幼児の年齢に応じ、季節に従い、場所に即して、これを自在に用いることができなければならない。（倉橋「解説」）

②「生活訓練」のこと

「生活訓練」とは「幼児の生活によき習慣をつけることである」[3]。この欄は、幼児の道徳訓練の全面にわたる要目を挙げたものでも、また、「生活訓練」のための時間や方法を設定して、行おうとするものでもない。幼稚園の生活内で、「たえず訓練されるべき望ましい習慣」（倉橋「解説」）の主な事例をあげたものである。

（2）倉橋惣三『幼稚園保育法真諦』東洋図書、1934年、22頁。

（3）倉橋惣三「生活訓練（年少組、第1保育期）」「系統的保育案の実際解説（1）」『幼児の教育』第36巻第3号、1936年3月。

例えば、年少組（第1保育期、第1週）では、4月の入園当初ということで「組、席及び靴箱、携帯品の置き場等を覚える」「室を出入りする時に靴を取り替えること」「朝と帰りの挨拶」「遊戯、帰りの前に用便する」などがあげられている。

このような「生活訓練」に対して、倉橋は「訓練より大事なことは、幼児の生活の活き活きと行われてゆくことである。訓練、殊に大人の小やかましい訓練癖で、子どもの生活の勢をそいで仕舞ってはならない[4]」と注意をうながしている。

「保育設定案」としての「誘導保育案」と「課程保育案」

「誘導保育案」と「課程保育案」を含むB「保育設定案」はA「生活」欄とは異なり、「方法的設定の性質」をもつものであり、「保育者の方から持ち出し、少くとも持ちかけてゆく方法的予案である」。すなわち、狭義の意味で、これが保育案である。

これまでの保育案は学校の時間割のように「遊戯」「唱歌」「観察」「談話」「手技」といった保育5項目を配当羅列したようなものであり、いわば「課程保育案」だけの保育案であった。

それに対して、新しい保育案は「生活」を基盤とするとともに、「誘導保育案」を「設定保育案」に加えることで「何んとかして、生活形態にし、幼児の生活感情を活かしてゆくことは出来ないか」（倉橋「解説」）と考えたのである。

この『系統的保育案』の中で「誘導保育案」はとくに重要な意味をもってくることになる。

①「誘導保育案」について

「誘導保育案」とは何か。倉橋は次のように述べている。

「（誘導保育案とは）子供が何の気もなく唯やって居ります自由遊びの中の各要素、主題と計画と及び

（4）同右。

期待効果と云うものを、自然のまま以上にはつきりさしてきたものであるともいえます。ただそこで欠けているのは一定の継続時間で、之れさえ指導されれば、それで立派な誘導保育案の特質が見えて来る」[5]ものである。

以下、倉橋「解説」による誘導保育案の特徴をあげておこう。

第1に、はっきりとした主題をもっていることである。「何かしら一つの主題を以て誘導していく」ということから誘導保育案と名づけられたのだ、と倉橋は言っている。

主題は「極端にいえば何でもいい」と言っているものの無条件で「何でもいい」というものではなく、①幼児の年齢に適するもの、②幼児の現在の興味に合致するもの、③季節、行事等に即していると便宜であること、④どれだけ教育的価値があるかを予測すること―などを挙げている。例えば、東京女高師附属幼稚園では、「人形のお家」「大売出し」「自動車」「特急列車」などがとりあげられていることは前述した通りである。そのほかにも、「動物園」「水族館」「八百屋」「おもちゃ屋」などがある。また、「ひなまつり」「七夕」「お月見」などの行事的なものもある。これらの主題にはかならず製作活動がともなっている。

第2には、一定の主題のもとに、どのような計画が立てられるのか、ということである。

倉橋「解説」は「おもちゃ屋」の例を次のようにあげている。

おもちゃ屋の主題では、一つ一つの玩具が作られた上で、店が出来上らなければならない、店が完成した上で売買い遊びが行われければならない。つまり、おもちゃ屋のa．主題のもとに、玩具をつくる―お店をつくる、b．計画をたてる、c．作業・製作活動を行う、d．おもちゃ屋ごっこの計画をたてる、e．おもちゃ屋ごっこを行う、ということである。

（5）倉橋惣三「保育案」前掲。

しかし、倉橋は、主題「ステーション」の場合、「改札口」や「切符売り場」だけでなく、「食堂」とか「弁当売り」とかというように、活動が「連続的発展」していく。それは「誘導保育案」には「誘導の力」があるとして、次のように述べている。

「そこで、その誘導保育案を立てられますと、それを中心として幼児の生活が行われる。案そのものにならうのでなく、それを中心として、それに導かれたり、それに暗示を与えられたり、それに促がされたりしてゆくのです。どこまでも案自体が手本になるのじやなくて、誘導の力をもつて生活を生み出させたいのであります[6]」。

すなわち主題のすべてが、はじめの計画通りにいくとは限らないものであり、「誘導の力」によって生活が創造されていくことがあることである。

第3には、誘導保育は教育的価値のある保育項目などをとり入れているということである。

倉橋は言っている――

「何時も私が申します通り、元来（がんらい）保育項目そのものが自由遊びの中からとり出されたもので、自由遊びを見ておりますと、保育項目のどれかが行われているのであります[7]」。

すなわち、自由遊びのなかで、はさみを使ったり、折紙で遊んだり、何かを製作していたり、ということはありうることである。それと同じように、自由遊びの延長線上にある「誘導保育案」においても、保育項目などの教育的価値のあるものが含まれている、と倉橋はいうのである。

例えば、「八百屋」という主題をもった誘導保育において、なすとかきゅうりとか、いろいろな野菜を並べたりすると「ここにつまり保育項目たる観察としての要求がある[8]」はずなのである。

倉橋は「保育項目を並べて保育案と称したり、項目主義で分けて事を機械的に分解するだけを保育案

(6) 倉橋惣三『幼稚園保育法真諦』前掲、102頁。
(7) 同右、138～139頁
(8) 同右、112頁。

というのを私は反対する。（個々の保育項目は）子供の生活の中で行ってゆく様にしたい[9]」のである。

「保育項目を組立てて、保育案を作るのじゃないのであります。誘導保育案を立てて見て、それをどう保育項目に利用出来るか、とこう逆に考えてゆき度いのです。[10]」——ということが倉橋の基本的な考えである。

「子供の方では魚の製作に誘われるのではなく、水族館という元の興味に誘導されてゆくのでしょうが、先生としては、その主題の含む教育的価値を活して、（保育項目などは）中へ立てているものでゆかなければならぬのであります。[11]」——と倉橋は言っている。

このことを「系統的保育案」によって具体的に見ることにしよう。

年少組（4歳児組）第2保育期の第4週（10月2日〜）における「おもちゃ屋」を主題とする「誘導保育案」は次のようなものである。〔図表3〕

おもちゃ屋

虫への興味も薄らいで来た。お神輿の騒ぎも沈まつて、今度は落ちついて仕事のできるものが好ましくなる。そこでおもちゃ屋が計画された。

先づお店が作られなければならない。店は間口2メートル奥行1・5メートル高さ2メートル位の大きさにし、主として先生が作る。この大きさは子供を本位とし決めた。次々と種々の玩具をこしらへて陳列して置く。最後に自分の組或は全幼稚園を相手として売り買い遊びをしてこの遊びの期待効果を全うする様にする。

この主題の期待効果は〔図表3〕の期待効果欄にある通り、各種材料による製作、陳列に依つてものの整理、売買い遊びに依る社会生活興味、観察。

（9）同右、113頁。
（10）同右、111頁。
（11）同右、110〜111頁。

継続作業時間は9週間。
此週は
　鳥の玩具
　蛙の玩具

以上のように「おもちゃ屋」を主題とする誘導保育案の「期待効果」は「各種材料による製作、陳列に依つてものの整理、売買遊びによる社会生活興味、観察」である。保育項目がこの中に含みこまれていることがわかる。

②「課程保育案」について

「課程保育案」とは、保育項目のそれぞれが誘導保育案の中にすべて導き入れられてしまうのではなく、独自にとりあげて指導する必要があるのではないか、というところからつくられるものである。倉橋「解説」には、「しかし、幼稚園にも、練習を主とする方面があり、各保育項目の教育的期待効果を強調せんとすることもあり、全然誘導保育案のみではそれが出来難い。課程保育案も亦入用である」と述べている。

このことをさらに詳しく説明しているのは、倉橋「保育案」である。

第1の「練習を主とする方面」があるということについてである。

子どもは「純粋興味」ということがあって、誘導保育案のような「実業家」とか「生産者」になるこ

〔図表3〕

誘導保育案

主題	計画	期待効果	継続作業時間
おもちゃ屋	第十二週まで継続計画にておもちや屋を作る。 店は間口二メートル奥行一・五メートル高さ二メートル位の木にて先生が作る。 以下いろ〳〵の玩具を幼児の作業にて作る。 此週は 鳥の玩具（紙） 蛙の玩具（紙）	各種材料による製作 陳列に依つてもの丶整理 賣買い遊びに依る社会生活興味 観察	九週間

とには満足しない。「何となく歌を歌い度い」「何となく遊戯がしたい」「何となく何か作り度い」というような「純粋の単一興味でやり度い事」がある。それを満足させる必要がある。

第2の保育項目の「教育的期待効果」についてである。

誘導保育案は「全体的総合効果」に期待していて、「個々の期待効果」は軽視されやすい。一つ一つの期待効果に力を入れると「全体効果」が留守になってくるということになる。そこで「保育項目の個々の期待効果をもう少し徹底させようとする為には、これを抜出して何処かでする必要がある(12)」。

以上のような理由で、倉橋たちは「課程保育案」について、「多く言うを要しない。寧ろその課業性の危険を警戒すればいいのであらう」(倉橋「解説」)と言いながらも、「課程保育案も亦入用である」(倉橋「解説」)としたのである。

3　『系統的保育案』を構成する各欄の相互の関連

『系統的保育案』の構成がどのようなものであるかが、前節で明らかにされた。しかし、それぞれの欄が関連もなく、ばらばらに展開されるものではない。前述したように、「保育が実にうまく行っている」状態とは、「何だか今日は自由遊びだったかしら、訓練していたかしら、保育項目を伺うしていたかしら、そんな事を一々考える事なく、全体として一つになって了つてホーッとして、一日を行われたと云う事になる事(13)」なのである。

このように、「自由遊戯」「生活訓練」「誘導保育案」「課程保育案」が一日のうちに、それぞればらばらに行われるものではなく、一体として展開されることが望ましい。

年少組第2保育期第1週(9月11日〜)は、「自由遊戯」では「虫とり」となっており、「誘

(12) 倉橋「保育案」前掲

(13) 同右。

導保育案」の主題は「虫の家」であり、「課程保育案」の中の「談話」では「鈴虫」、「観察」でも「こほろぎ」「ばつた」などが挙げられている。（〔図表2〕参照）。全体としてこの週は「虫」がテーマになって保育が展開しているように見える。

「『実際』解説」[14]を読むと、東京女高師附属幼稚園の庭には、「雑草」がある。時期は9月。子どもたちが草むらに入りこめば、虫がとびだしてくる。子どもたちは夢中になって虫をつかまえる。「先生！虫を入れる袋ちょうだい！」とやってくる。とりあえず、封筒でがまんしてもらうが、たちまち足りなくなってしまう。積木や空箱を利用して「虫の家」づくりがはじまる。「自由遊戯」での虫とりは、「誘導保育」での「虫の家」づくりとなる。いっぽう、「観察」にとって、虫はすばらしい教材である。虫の鳴き声に、「こどもの探究心は発音器を観察せずには置かない」と述べている。また、「談話」では、虫に関連した「鳴かない鈴虫」の童話を選び読んできかせたりしている。「自由遊戯」の中の虫とりが各欄での保育活動とかかわりあって展開されていることを推察することができる。

　倉橋は、これら各欄の連関について次のように述べている。

「若しも非常に理想的な場合を言いましたならば、課程保育案が誘導保育案の中にずうつと溶込んでいながら、而も各保育項目がきちんきちんと徹底的に各期待効果を遂げ得る様に指導され、それが又更にその誘導保育が子どもの生活の方にずつと這入り込んで自由遊びと一緒になつて来たならば、それこそ実に天国幼稚園、理想幼稚園とはこう言うのを言うのであります。けれどもそれをただ形だけ真似て、『見てくださいこの自由さを。この自由さを！』と言つても、中身が実はぼやつとして、折角くの期待効果がちゃんと現れて来なければ全体としては甚だ微力なものになります。そこで効果ある保育にしようとすると抜出して来てやらなければならないし、全体的の形にしようとすると効果がいい加減になる。そ

（14）（「『系統的保育案の実際』解説（五）」『幼児の教育』第36号第7号、1936年7月。

こに保育案のむづかしい問題があるのであります。(15)」

以上のように、「課程保育案」が「誘導保育案」の中に入りこみ、保育項目がきちんと期待効果をあげながら、「自由遊戯」と一体となって展開されることが期待されている。しかし、実際は理想どおりにはいかない。ときには、「期待効果」をあげるためには、保育項目をぬき出してやらなければならないことのあることが「むづかしい問題」であると指摘している。

ここには、『系統的保育案』の問題点がある。次節で論じたい。

4 『系統的保育案』は定型化するものではない

『系統的保育案』は日本ではじめての体系化された保育カリキュラムであり、その意味で、日本の保育・幼児教育の理論と実践において、戦前の水準を示すものであった。そして、その水準は世界的にも、けっして低いものでなかったことを示している。

しかし、倉橋ら東京女高師附属幼稚園の教師たちは、これに満足していたわけでない。

倉橋「解説」のおわりで述べられている次のようなことは、保育案のもつ基本的性格を示唆する貴重なコメントと言えるであろう。

『系統的保育案』は「最近数ヶ年に於ける各組の実際を材料とし、取捨を加え、配合を変え、一つの保育案として組み立てて見た」ものであって、附属幼稚園の「現行のまま」ではないし、また、この案で全国の「将来を規一し、定型せんとする自縄的のものではない」「園として大体の基準の下に、各組は各自その保育計画を立て」るものであって、「年々変化されている」のである。この案は附属幼稚園にとって、画一化し定型化しようとするものではないのであるから、「況んや他に対して

(15) 倉橋「保育案」前掲。

おやである」として他の園にこれを押しつけようとするものでないことを倉橋は強調している(16)。

四　『系統的保育案』の意義と限界

1　『系統的保育案』は構造的保育案のさきがけ

『系統的保育案』は、日本ではじめての構造的な保育カリキュラムであり、それは、戦後の保育カリキュラムの発展へと連続する先駆的な業績であった。

『系統的保育案』は、前節の〔図表1〕に見られるように、A「生活」とB「保育設定案」との大きく2層となっているが、A層、B層のもとにさらに分化させられており、それを考えるとA-①「自由遊戯」、A-②「生活訓練」、B-①「誘導保育案」、B-②「課程保育案」の4層となっている。

これまでの保育5項目（「遊戯」、「唱歌」、「観察」、「談話」、「手技」）は、4層の中の「課程保育案」に位置付けられ、その比重はカリキュラム全体から相対化させられたばかりではなく、できるだけ「誘導保育案」に「溶込んで」いくような方式がとられたのである。これは、保育5項目主義の解体であり、新保育カリキュラムの創造であった。

戦後の代表的な保育カリキュラムに和光幼稚園での実践をふまえた久保田案（久保田浩『幼児教育の計画―構造とその展開』1970年）がある。『系統的保育案』と久保田案を比較するとその構造は似ていることがわかる。

(16) 倉橋惣三「解説」『系統的保育案の実際』1935年。

久保田案は3層になっている。（図表4参照）すなわち、「基底になる生活」「中心になる活動」「領域別活動」の3層である。

「基底になる生活」とは、すべての活動の土台となり、毎日くりかえされる活動であり、「自由遊び」や「生活指導」「健康管理」が含まれており、『系統的保育案』のA「生活」に当るものである。

「中心になる活動」（和光幼稚園では後に「総合活動」と名称を変更）とは、「まとまりのあるあそび」であり、目的・課題のもと、一定の継続期間をもち、原則としてクラス全体でとりくむ計画的な総合的活動のことである。『系統的保育案』のB-①「誘導保育案」に当るものである。

「領域別活動」とは、内容の系統性や順次性を考え、目標をしぼって計画的に取りくむ、分化された活動である。『系統的保育案』ではB-②「課程保育案」に当るものである。

『系統的保育案』のA「生活」を1つの層と考え、「誘導保育案」と「課程保育案」をそれぞれ1層であるとすると、久保田案同様3層の保育構造として把握することができる。

しかも、久保田案での「生活の中核」（久保田）は「中心になる活動」であり、『系統的保育案』でも中心となるのは同じ性格をもつ「誘導保育案」である。

倉橋は次のように述べている。

「本当に案らしい案が立つのは、幼児生活の誘導の処である。その誘導の本原として

- 基底になる生活
  - 自由あそび
  - 生活指導
  - 集団づくり
  - 健康管理
- 中心になる活動
- 領域別活動（自然、数量形、言語、文学、造形、音楽、体育）

久保田浩『幼児教育の計画――構造とその展開』1970 年

〔図表4〕

の計画に於いてこそ案が立つ。即ち幼児生活を、どう拵（こしら）え、形を変えてゆくかという事でなくて、幼児生活をどう誘導するかという処に、保育案が立てられるものだと考えるのであります[1]」。

すなわち、「保育案の中でも、方法上、生活の性質を多分に帯びさせ得るのが、誘導保育案である。その意味で、この系統的保育案の中で、特に工夫を凝らしていると言ってよい。或は又、従来の所謂（いわゆる）保育案が、課程保育を主としているに対して、新しい工夫と言われるかも知れない。」（倉橋「解説」）

以上のように、「誘導保育案」は、「系統的保育案」の中で中核を占めるものであると言ってよいであろう。

それでは「誘導保育案」とは何か——

「誘導保育案であるが、別段かつきりした定義がある筈ではない。保育項目を保育項目として、個々的に、しかも突発的に課してゆくのでなく、何かしら一つの主題を以て誘導してゆくところから、この名称を附した。その主題は換言すれば目的である。その目的を目ざして各種の保育項目が、引ずり出されてゆくのである。すなわち、かくして、保育項目が、きれぎれのもの、はなればなれのもの、又、だしぬけのものでなくなる。」（倉橋「解説」）。

以上のように「誘導保育案」とは、目的的な主題を設定して計画される総合的な活動のことであり、プロジェクト・メソッドの日本での開花であった。そして、それは、戦後のコア・カリキュラム運動の中で、「中心になる活動」として継承されるのである。

（1）倉橋惣三『幼稚園保育法真諦』東洋図書、1934年、88頁。

2　構造化された3層の関連について

ここで、もう一度、3層相互の関連について考えてみよう。

久保田案では、「三つの層は、バラバラにあるものではなく、相互にかかわりあい、力動的にはたらきかけながら、生活の内容をかたちづくっている(2)」ものである。自由遊び（基底になる生活）の中から、パノラマづくり（中心となる活動）が生れ、そこで紙ねんどの学習（領域別活動）が必要となり、それがパノラマづくりを推進していく。そして、こうした活動が自由遊びをゆたかにしていくのである。たとえば、基底になる生活→中心になる活動⇔領域別活動→基底になる生活という一つの展開過程が創造されることが重要だと考えている。

このような3層のかかわりあいは、前述のように『系統的保育案』においても、倉橋は構想していたのである。

倉橋の「誘導保育案」は「子供が何の気もなく唯やって居ります自由遊びの中の各要素、主題と計画と、及び期待効果と言うものを、自然のまま以上にはつきりさせて来たものである(3)」が、それは「幼児をして断片の生活を或中心へ結び付けさせて行く事(4)」なのである。

つまり、「誘導保育案」は、「主題」によって、子どもたちの「自由遊戯」における興味を深めて、「自由遊戯」そのものをいっそう豊かにするものである。倉橋は次のように述べている。

「誘導保育案では自由遊びの仕方まで誘導してゆくことの多い筈のものであります。又そうあつてこそ、自由遊びと言うものと、保育案によつて指導されてゆきますものと、生活と云う意味に於てちつとも変らないものになつてゆきます。ここらが幼稚園の妙味の出るところ

(2) 久保田浩『幼児教育の計画—構造とその展開』誠文堂新光社、1970年、20頁。この久保田理論は、梅根悟を中心とするコア・カリキュラム連盟の理論に負うところが大きいが、連盟では縦軸に日常生活課程、中心課程、系統課程の3層をおさえ、横軸に健康、経済、社会、表現の4領域を設定し、3層4領域として、これをカリキュラムの基本型だと考えた（川合章『生活教育の100年』星林社、2000年、99頁）。

(3) 倉橋惣三「保育案」『幼児の教育』第36巻第8・9号、1936年9月。

(4) 倉橋惣三『幼稚園保育法真諦』同上、52頁。

ではないかと思うのであります。[5]」

以上のように、「自由遊戯」は「誘導保育」へと発展していくだけでなく、逆に「誘導保育」は自由遊びを面白くさせ、「自由遊びの仕方まで誘導してゆくことの多い筈のもの」であった。「自由遊戯」→「誘導保育」→「自由遊戯」と遊びそのものが、いっそう充実したものへと転回してゆくと倉橋は考えたのである。これは、戦後へと受けつがれたすばらしい着想であった。

しかし、「自由遊戯」と「誘導保育案」との関連を深めたことは、プロジェクト活動の「主題」を「遊び」に限定してしまうことになったのではないか。戦後のプロジェクト活動には、飼育・栽培活動をはじめ多様な「主題」が登場してきている。しかし、「系統的保育案」は、プロジェクト・メソッドをとり入れたものであったが、その主題は、「遊び」を主とするものであり、そこには、日本の保育カリキュラムの「課業」中心から「遊戯」中心へと転換する時代的背景のあったことを指摘することができる。

3 「誘導保育案」と保育5項目

『系統的保育案』のもつ画期的な意義は、それまでの保育5項目主義を批判し、「誘導保育案」を主軸とする保育カリキュラムを創案したことである。しかし、保育5項目を否定するのではなく、子どもが主体的にとりくめる学習活動として「誘導保育案」の中に入りこませたのである。

倉橋は「誘導保育案」と保育5項目との関係を次のように述べている。

「水族館という本元興味に誘導されてゆくのでしょうが、先生としては、その主題の含む教育価値を活して、(保育項目を)中へ立てているものでゆかなければならぬのであります。さて、この中へ這入つてきますものは、幾つでも這入つて来ますが、これが即ち保育項目と言うものに当りましょう。保育項目

(5) 同上、118~119頁。

を組立てて、保育案を作るのじゃないのであります。誘導保育案を立てて見て、それをどう保育項目に利用出来るか、とこう逆に考えてゆき度いのです[6]」。

ここに述べられているように、「水族館」を主題とする「誘導保育案」には、教育的価値のある保育項目がいくつも含まれている。子どもたちは興味のある「水族館」という主題に誘導されて「魚の製作」という各種の保育項目にとりくむことになる。「魚の製作」があって「水族館」がつくられるのではない。この逆なのである。

これは、キルパトリックの提唱した付随学習（concomitant learning）[7]である。「水族館」づくりという目的をもった活動にともなって、同時に生れてくる付随的な学習活動である。プロジェクト活動にともなう付随学習の発想が、倉橋たちによって、日本で初めて保育カリキュラムに適用され、保育5項目主義の状況下に置かれていた当時の幼稚園教育の課業的学習のあり方に具体的な対案を示したのであった。

しかし、保育5項目が「誘導保育案」に含まれるにしても、それだけで十分というように倉橋は考えたわけではなかった。「課程保育案」もまた必要であった。

前節でも、述べているが「誘導保育案と言うものは保育項目の部分効果以外に、全体的綜合効果を非常に期待しているのでありますから全体の綜合の陰に、個々の期待効果が押され易い[8]」ものであり、かならずしも「期待効果」を徹底させることはできないことからである。これは、鋭い指摘であり、「課程保育案」の意義がひとまず明らかにされている。

しかし、ここから逆に、「課程保育案」での「徹底」化が、「誘導保育案」の活動において、どのように可能となるのかということである。前述のように倉橋はこれに気づかなかったの

（6）同上、110〜111頁。

（7）付随学習（concomitant learning）は、キルパトリックの論文「プロジェクト・メソッド」（1918年）の中で、凧作りを例にして、好ましい諸々の付随的学習現象が現れていることを指摘している。キルパトリックは、その後に、「付随学習は、継続的に生起してくる経験を通して累積される性質のもので、一定の目的を志向してなされている学習のもとで、同時に起こってくるあらゆる学習を充分に考慮してはじめて見出すことができるのである」（"Philosophy of Education" 1951年）と定義づけている。（市村尚久『プロジェクト法』明玄書房、1965年）

（8）倉橋惣三「保育案」前掲

ではなかった。しかし、戦後の久保田案のように「領域別活動」の独自性を積極的に評価し、それが「中心になる活動」にプラスになるものであり、逆に「中心になる活動」が「領域別活動」の必要を推進するというような―積極的な相互連関的な把握までにいたらなかったと言ってよいであろう。「誘導保育案」のなかで「期待効果」をめざすことに力点がおかれ、「誘導保育案」と「課程保育案」との関連は、倉橋にとっては「むずかしい問題」（倉橋「保育案」）として、未解決のまま残されてしまっている。

これに対して、久保田案は次のように述べている。

「（領域別活動では）体育活動の中の『ボールあそび』とくに『ボールのあつかいかた』というふうに指導の範囲をはっきりとらえ、それにみあった活動をしくむというように考えていかなければならないのです。『総合』と『分化』は、相反し、矛盾するものでなく、相おぎない、相応しながら子どもの活動、乃至生活内容を構想しているものとしてとらえるべきです[9]」と。

このような構造的把握ができるようになったのは、戦後になってからのことである。

4　話しあい（相談）活動について

子どもたちによる「はなしあい（相談）」は遊びの展開過程においてばかりではなく、「中心になる活動」をすすめる上で、重要な方法的要件である[10]。なぜなら、それによって、子どもたちの活動が、子どもたち自身の主体的な活動になっていくかどうかにかかわるからである。

久保田は、小集団での自由遊びの中でも「まとまりのあるあそび」が見られるようになってくると「ま

（9）久保田浩、前掲書、20頁。

（10）リリアン・カッツらは「話し合い」「フィールド・ワーク」「表現」「調査」「展示」をプロジェクト・ワークを展開する上の五つの要素と考えている（L・カッツ、S・リチャード共著『子どもの心といきいきとかかわりあう―プロジェクト・アプローチ』（奥野正義訳）光生館、2004年、101頁）

だ単純であっても不安定であっても、分担や協業がみられますし、それよりみのがせないのは、問題を解決するための『はなしあい』がおこなわれていることです[11]」と述べ、さらに「目的に組織されたあそび」（中心になる活動）になると――

「（協同してあそびを続けるための『しくみ』が生れてくるが）しくみがもたれるということは、同時に、一定の約束ごとがうまれてくることになります。みんながみとめている筋書きの範囲の中で行動しなければなりませんし、それをかえようとするには『はなしあい』による全体の公認が必要になってきます。こうした『はなしあい』による集団思考、あるいは『共同作業』がこのあそびをすすめていくポイントになることをみのがすことはできません。[12]」

――と、子どもたちによる「はなしあい」の重要性について述べている。

それでは、戦前の東京女高師附属幼稚園での保育実践の中で「話し合い（相談）」活動はどのように重視されるものであったのだろうか。

第2節で紹介した菊池ふじの「人形の家を中心として」、徳久孝子「私達の自動車」にしても、子どもたちと話しあい（相談）をしながらプロジェクトをすすめている。菊池は「人形の家」を中心に保育案を立ててみたいとかねてから思っていて、たまたまアメリカ製の人形2体が手に入ったところから、子どもたちと人形のために「どんな物を作つて上げましよう?」と相談し、人形の家づくりにとりかかっている。また、徳久は木工で子どもたちがいろいろなものを作っているのを見て、みんなが乗れる大きな製作に子どもたちが意欲を示したことから、「電車、汽車、自動車、どれにしましようね?」と子どもたちと相談、自動車をつくろうという声がいちばん多かったので、自動車づくりにとりくむことをきめている。

(11) 久保田浩『幼児教育の計画』前掲、30頁。
(12) 同上、31頁。

一つのプロジェクトをはじめるに当って、子どもたちの意欲、それもみんなの意欲が必要であることがわかる。また、製作活動の過程でも「（自動車の）球が無いやね」という意見を受けいれて、ライトに「小さい球」を入れることをしたり、自動車づくりにとりかかりはじめると子どもたちはいっそう自動車に興味をもち「（自動車を）歩きながらもよく気を付けて見る様になりました。今更ながら、型にも内部の構造にも、非常に沢山の種類がありますに驚かされるので御座います。色々変ったのをみますと子供達もすぐに報告に参りまして又皆で考えては作るので御座います[13]」と徳久は報告している。

このように製作活動は観察（見学）をつくりだし、観察（見学）は話しあい（相談）を通して―集団思考であるが―製作活動へと反映されていく、ここにプロジェクト活動の教育的意義を見出すことができる。

しかし、倉橋の著作『幼稚園保育法真諦』（1934年）や論文「保育案」（1936年）の中に、プロジェクトの展開過程において話しあい（相談）活動の重要性を指摘する箇所を見出すことはむずかしい。

例えば、「誘導保育案」には「主題」の選定ということがある。

この「主題」をどのようにして選ぶのかということについて、倉橋は次のように述べている。

「これは別に特別な事を考える迄もなく、要するに適当なものをもつてゆけば宜しいのであります。然も適当と云う意味が色々でありまして、誘導保育案としての誘導価値を発揮します為には、子供の興味に合したものでなければ、到底出来ません。これを純理的言い方で申しますれば、子供の興味そのものから誘導保育案が作られて来ると云つてもいい程なのであります。[14]」

（13）倉橋惣三『幼稚園保育法真諦』前掲、274～275頁。
（14）同上、104頁。

それでは、「子供の興味」はどのようにして把握されるのかということになる。それは、①に子どもの年齢のもっている心理的興味、②には環境がその子どもに促してくる興味――に対して、「此方から（教師の側から…宍戸）探りを入れておきます[15]」ということになる。

倉橋は教師の誘導保育における役割について次のように述べている。

「誘導保育案の場合に於きましては、その主題が誘導してゆくのを本位としているから。子供の来る前に用意が出来ていなければならぬ。保育方法上最も苦心を要する部分を先生がどうしても先へやつていなくてはならない。子どもを相手にしてから動き出すのではない。ですから保母の位置は子供より以前にあるものです。（中略）その出方にはいろいろありましょう。八百屋遊びをしようと言う時に、先づいいお天気だから散歩に行きましょうと云うところから出発するのもいいでしょう。八百屋の前に行つて綺麗なものねなどと立止り、場合に依つては二つ三つ求めて来るという様に、もう一つ以前の誘導段階を拵《こしら》えておくこともありませう。いづれにせよ保母がさう言う様に具体的な先んじ方をしなければならぬと思うのであります[16]」

以上のように、教師の側で充分「用意」して、「主題」をきめ、子どもたちを誘導することが誘導保育であるが、子どもたちが誘導に応じないということは、当然おこりうることである。どうすれば、いいのか。

「こちらではいい積りで立てました誘導保育案が、子供にはどう云う訳か充分深い注意をひき得なかつたと云う時には、そうそう強い徹底を要求する事は出来ません。水族館を作つて置いて見て、子供が喜んで、もつとやろうやろうと云いましたならば、どんなに魚の種類が多くなつても構いません。所がどうかした加減かで、面白くなくなつてしまうと言う様な時

(15) 同上、105頁。
(16) 同上、122～123頁。

には、この徹底度は加減されても止むを得ないのであります。この点小学校の教授細目とは違います。又そこがどこまでも幼稚園の生きているところなのです。[17]」

以上のように、子どもが誘導に積極的に応じなかった場合、「小学校の教授細目」とはちがうのであるので、「徹底度が加減され」てもやむを得ない、つまり早めに打ち切るということもあり得るということなのである。ここで疑問なのは、なぜ、子どもたちと相談しながらもっと面白い課題へと発展させることができないのかということである。打ち切ることがあってもいいが、子どもたちと共に考えあい続けることがあってもいいのではないか、ということである。

倉橋の誘導保育論には「話しあい（相談）」活動がキーワードとはなっていないようである。このことが、附属幼稚園の実践においても影響していたように思える。実践記録のなかでも、子どもたちと相談しあいながらプロジェクトをすすめることの重要性の把握は、戦後の実践を待たなければならなかった。

(17) 同上、117頁。
(18) 同上、177頁。

5　子どもたちの協力関係—個人と集団について

新庄よしこ（東京女高師附属幼稚園保母、前記、「旅へ—東京駅から」の報告者）は、自らの保育実践を語る中で、誘導保育の実践の計画は「先生と幼児との協同作業が、かなり長い間つづけられる[18]」ことを見通して、たてられたと言っている。新庄よしこだけでなく、附属幼稚園のどの保母も誘導保育が「先生と幼児との協同作業」であることを念頭に置いていたと考えてよいであろう。

新庄よしこの「旅—東京駅から」は、東京駅を保育室内に再現しようとするもので、売店、改札口、切符売場、荷物受付、はかり、食堂、駅の弁当売り等々、次から次へと活動が展開していくことを予想するものであった。

しかし、「「先生と幼児との協同作業」はトーンダウンしてしまう。

「先生と幼児の協同作業、と云つても、私が主になつて進めて行かねばならぬから、常に次に取りかかる仕事を考えておくこと。又生活活動を主にした作業は、どうかすると活動にのみとらわれて、手技を忘れがちになり易いから、どこかにこの活動に関係した手技を十分入れて、一人一人の製作力を伸ばしてゆきたいこと[19]」となってしまう。

「協同作業」といっても、教師が「主になって進めて行かねばならぬ」と考え、どうしたら「協同作業」が可能となり、それが子どもたちの成長にとって、どういう意味をもつのかということに考慮することなく、いちばんのポイントとして「期待効果」である「手技」に向けられていっている。この新庄の実践記録を読んでも、改札口や食堂などを作ったことはわかるが、「先生と幼児の協同作業」が見えてこない。

なぜなのだろうか。これは、倉橋惣三の「誘導保育」論にたちかえって検討をする必要があるのではないか。前節では、「話しあい（相談）」活動が実践的にも理論的にも弱かったことを指摘した。ここでは、「協同作業」における「個」と「集団」との関係について、倉橋がどのように考えていたかを検討してみたい。

倉橋は「個」と「グループ」（集団）との関係について、次のように述べている。

「個からグループへと言う順序に行くのが当りまえです。殊にグループと言う事が……色々の意味で此問題が考えられていますが、グループの一形式として協同と言う事が多く言われます。個人製作に対するものとして協同製作と言われるあれです。その協同製作では、こう言う机の前に並んで『之はあなた方皆さんで作るのですよ。生活と言う仕事を伺う分配しましょうか』という風にい

(19) 同上、179頁。

くのです。どうも吾々は全体を分ける事許り考える癖がある。小さい時からお煎餅を幾つもに割られたり、お饅頭を分けて貰つて来た育ちからのさもしい癖でしょうか。[20]」

「協同製作」において「分配する」（分担する）ということを、「さもしい癖」として批判している。

では、どういう「協同製作」であれば肯定されるのだろうか。

「（協同製作は）個でやつている中に、人間は自ら其れが個々のものにならないで、全体に纏《まとま》つて来る事を認める。自分の作つたものが――此のコップは誰が作つたのか知りませんが――誰かの作つたコップが誰かの作つた水差と一緒になつているのだと思えば嬉しいことです。個そのままどこかに蔵《かくま》われていたのでは淋しさに堪えないことと思う。ですから個々に自分がやつている中に、それが全体の中に這入つて行くのが自然性なのです。[21]」

「（協同製作は）初めから全体の中を受持つて始めて働き甲斐があると言つた様な高ぶつた考えばかりではなく、何の事もなく一人一人の人が寄り合つて全体がこうなつて来たのである。と言う風でもありたい。[22]」

倉橋は「協同作業」ということを認めるのであるが、それは、みんなで分担をきめてしまうような「グループから個へ」ではなく、個々の活動が自然にまとまっていくような「個からグループへ」でなければならないと考えるのである。「グループから個へ」を全く否定してしまうことではないが、それは好ましいことではないと考えているようである。

ここには、倉橋の個人尊重の思想が表われていて、集団（グループ）が個人に対して強制するということは避けたいという立場がある。

---

(20) 同上、151頁。
(21) 同上、152―153頁。
(22) 同上、154頁。

しかし、これも「協同作業」の一形態であるかもしれない。「個からグループへ」は、まとまるかどうかは別として尊重されなければならないであろう。しかし、「グループから個へ」はなぜ、好ましいものではないとされなければならないのか。みんなで、こういうことをやってみたいと共通の目標のもと、ある種のものを製作しようというとき、それぞれ勝手なことをしては作業は成功しない。それぞれ意見を出しあいながら、目標にむかって分担を決め、それに責任をもってとりくむことである。そこに一人ではできないことでも、協力しあえば大きなことがやれるという「協同作業」のやりがいがあるだけではなく、一人ひとりはそうした「協同作業」のなかで、社会的自覚を深め、成長していくのではないだろうか。「個からグループへ」と「グループから個へ」とは、どちらをとるのかと選択されるものではなく、「協同作業」においては両面が必要だということである。

戦後の久保田案（『幼児教育の計画』1970年）では、「集団形成のすじみち」を「計画をたてるときのひとつの条件」[23]として考えている。（第三章参照）

これは戦前の『系統的保育案』にはない視点である。

「集団形成のすじみち」とは、子どもたち一人ひとりの自主性を育て、要求を高めようとすることから始まる。それが、子どもたち同士、要求と要求とがぶつかりあい、どうしたらいいかと話しあい、考えあうなかで、同じめあての同じルールで、ひとつの遊びを楽しむようになってくる。そうして、子どもたちが「なかま」を意識するようになってくると、仲間の中でおこったできごとを「みんなの問題」として、意識し、解決していこうとする子どもたちのクラス集団が生れる。——これが、「集団形成のすじみち」の概略である。

この「集団形成」のなかで、自分のやりたいことしか考えられなかった子どもたちが、話

(23) 久保田浩『幼児教育の計画』前掲、23頁。

しあう、考えあうという集団的思考力を身につけ、力をあわせて解決していこうとする、協同性もった子どもたちへと成長していくことになる。それは、子ども同士のかかわりの中で主体的な人間を育成しようとするものであり、戦後の民主主義体制下における主権者としての人間形成であった。

おわりに

本論文は、倉橋惣三の保育理論に支えられた戦前の東京女高師附属幼稚園編『系統的保育案の実際』（1935年）を、日本の保育カリキュラムの誕生を意味するものとして位置づけ、それを検討し、戦後の保育カリキュラムとの対比をとおして、歴史的な評価を行うことを目的としたものである。

『系統的保育案』は、その中核に「誘導保育案」すなわちプロジェクト・メソッドによる保育活動を中核に置いた構

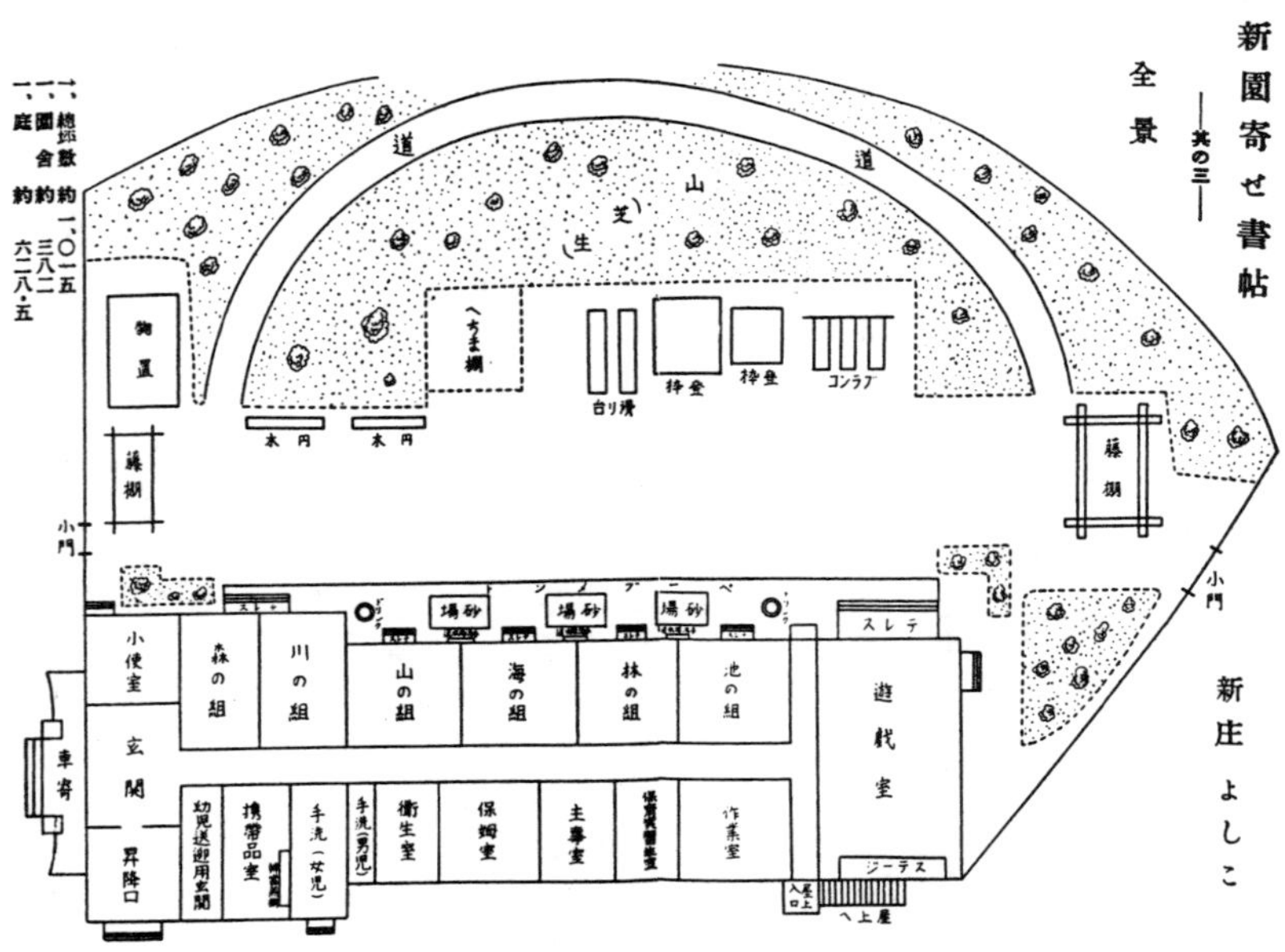

〔図表5〕東京女高師附属幼稚園全景（出所『幼児の教育』第33巻第6号、1933年6月号）

造化されたカリキュラムである。その意義については高く評価される。しかも、「誘導保育案」の中に「期待効果」として、「保育項目」をとりいれることで旧来の保育5項目主義を克服したことの意義も大きい。まさに、近代的な保育カリキュラムの誕生であった。

しかし、歴史的な限界もあった。その一つは、保育5項目を含む「課程保育案」を構造の中で位置づけながら、「誘導保育案」に吸収されることに力点が置かれ、相互連関的な把握が弱かったということである。これは、保育5項目主義の克服が当面する歴史的課題であったために、「保育項目」の独自の意義について十分検討がされなかったと言えるのではないか。「保育項目」には、児童文化の伝承という内容をふくむものであり、その検討は戦後の保育実践へと残されたのである。

二つには、「誘導保育案」と「自由遊戯」との関係が密接であることは高く評価されるが、そのことで、「誘導保育案」の「主題」が「遊び」に限定されてしまったことである。

三つには、プロジェクト・メソッドが問題解決の方法であることへの認識が弱く、話しあい（相談）活動の重要性が方法論的に位置づけられず、実践面でも、それが反映されていたということである。

四つには、集団生活の発展をカリキュラムの一つの軸とするには至らなかったことである。倉橋が、子どもたちの「相互的生活」に着眼していたことは評価できるが、それが情緒的な「親しみ」の関係であり、子ども社会の対立・矛盾をはらんだ人間関係とその発展への視点をもつものではなかった。そのため、実践主体としての子供同士の協力関係が十分つかまれなかったということである。

これらの限界は、戦後の保育実践にもとづく保育カリキュラム研究へとゆだねられることとなった。

これまでにも、『系統的保育案』については、多くの研究がある。その中から主な著作をあげてみると次のようである。

坂元彦太郎『倉橋惣三その人と思想』フレーベル館、１９７６年。

野沢正子「保育内容と方法―倉橋惣三の誘導保育論と保育案の検討」『社会問題研究』第28巻第１・２合併号、１９７８年。

内島貞雄「自発活動重視から誘導保育案へ―自由主義保育の展開と倉橋惣三」『保育幼児教育体系第5巻（保育の思想）』労働旬報社、１９８７年。

諏訪義英『日本の幼児教育思想と倉橋惣三』新読書社、１９９０年。

松野修「倉橋惣三の保育思想」（１）（２）『名古屋大学教育学部紀要（教育学科）』第38巻（１９９１年度）、第39巻（１９９２年度）。

森上史朗『子どもに生きた人・倉橋惣三―その生涯・思想・保育・教育』フレーベル館、１９９３年。

湯川嘉津美「倉橋惣三の人間学的教育学―誘導保育論の成立と展開」皇紀夫・矢野智司編『日本の教育人間学』玉川大学出版部、１９９９年。

児玉衣子『倉橋惣三の保育論』現代図書、２００３年。

神谷栄司『幼児の世界と年間保育計画―ごっこ遊びと保育実践のヴィゴツキー的分析』三学出版、２００３年。

以上のような著作から、本論文はたくさんのものを学んでいる。これ以外の著作もある。深く感謝したい。

第二章　保育問題研究会と「保育案」の研究

はじめに―保育問題研究会の発足

保育問題研究会（以下、保問研）は、１９３６（昭和11）年10月、城戸幡太郎《きどまんたろう》（１８９３～１９５８、当時法政大学教授）を会長として発足する。

なぜ、保問研なのか。その「趣意書」は、①保育の現場では、子供の取りあつかいをはじめ、困っている問題が少くないこと。②そこで、これまでの保育会や研究会では見られない、どんな小さい問題でもとりあげて解決し合える会がほしいこと。③その要求に応えて、日常困った問題を解決して、新しい保育の体系を立ててゆきたいと思っていること。④保育上困った問題を懇談的に研究し、解決してゆこうとしているのが保問研であるので、ぜひ、参加してほしいこと―を呼びかけるものであった。

さっそく、六つ（後に七つになる）の研究部会がつくられ、継続的な研究活動

城戸幡太郎

がはじめられた。
すなわち――
第1部会　保育の基礎的な問題
第2部会　幼児の保健衛生
第3部会　困った子供の問題
第4部会　自然と社会に関する観察
第5部会　言語
第6部会　遊戯と作業
第7部会　保育政策・制度
以上の7部会である。
各部会には、部会に責任をもつチューター（研究者）がきめられた。第1部会―依田新、第2部会―山下俊郎。第3部会―三木安正、第4部会―城戸幡太郎、第5部会―松本金寿、第6部会―牛島義友、第7部会―留岡清男である。第一線の研究者たちであった。
本章では、保問研での第1部会が担当した「保育案」の研究を主としてとりあげるものである。

一　保育案の研究

保育案の研究は、第1部会（保育の基礎的な問題）で行うことになった。

1937（昭和12）年12月2日の第1部会の様子が次のように報告されている[1]。

①松石治子『指導日案総合保育』、コロンビア大学付属幼稚園の課程、東京女高師付属幼稚園『系統的保育案』、森川正雄『幼稚園の経営』、和田実『実験保育学』などの参考資料がとりあげられ、検討されたこと。

②保育案の基本的な問題が、a.一日の保育の過程の問題、b.保育主題の問題であると確認されたこと。

③部会での研究は、「一日の保育過程」からはじめることとし、幼稚園、託児所などの実例をもちよって検討すること。

④「保育主題」の検討は、幼稚園、託児所の実際を調査し、参考資料と合せて比較研究すること。

以上のような方針で保育案研究が、はじまるのであるが、2か月後には次のような報告がされている[2]。

①「一日の保育過程」について

各種の事例を検討。一日の保育生活日課を作ることは、幼児の遊びを妨げるものではないかという意見もあるが、今日、健康な児童を作ることが重要であり、とくに、幼児の基本的習慣を基底とする保育日課を作成し実践することは必要であると考えられること。

②「保育主題の研究」について

a.各園での4月の主題を検討。4月は幼稚園、託児所の団体生活に慣れさせることが第一であり、その中において、子供の問題を発見することが保母としての大きな仕事であること。主題として一般的に4月であれば、「私達の幼稚園・託児所」「お友達」「花」「天長

（1）「研究会報告」『保育問題研究』2巻1号、1938年1月。
（2）「保育案の研究」『保育問題研究』2巻4号、1938年3月。

節」「私たちの身体」などがとりあげられていることを確認。

b．これからの研究として次の三つのプランをすすめること。

① 生活訓練の項目選択及びそのプログラム

② 季節的主題の研究　a 年中行事　b 自然観察

③ 子供の生活に必要な事象、文化財の主題選定

以上のような報告から2か月後、次のような「生活訓練案」についての研究報告がされている。(3)

① 幼稚園、託児所に於ける保育の中心目標が幼児の集団生活を如何に健全に導いてゆくか、にあるとすれば、保母は此の時期に於ける幼児の基本的な生活訓練の問題に最も重要な関心を示さねばならないこと。

② 保育主題の研究も、其の前提として生活訓練の系統案を持たねば、確かな成果は期し得ない性質のものであること。

以上のように「生活訓練」が強調され、これとともに、「生活訓練の項目」が38項目挙げられている。たとえば、「携帯品の処置」「用便の仕方」をはじめ「当番」「片付け方」などである。

また、大和郷幼稚園と子供の村保育園の2園の事例があげられ討議がされている。

その討議は「城戸先生を中心に論点が発展」させられ、次のようにまとめられている。

① 生活訓練の目標―2園の案は、一見異なっている感があるが、2園とも結局其目標とするところは、「子供がよい集団生活をするには如何にしたら良いか？」の課題に答えるものであること。

② 順序づけの意義―生活訓練には順序づけは必要か。「容易しいもの」から「難しいもの」へと順序づけるというのではなく、これをする前には、かならずこれだけの事をしておかねばならぬという

(3)「保育案の研究」『保育問題研究』2巻5号、1938年5月。

段階の設定である。

③　保育主題と生活訓練─最初に必要な生活訓練案を定め、これを子供に合理化するための方法として保育5項目を取り入れるのでなければならない。実際としては、この5項目と生活訓練は、相互に作用して、子供の集団生活を発展せしめるはずのものであり、そこから保育主題は引きだされなければならない。

以上のような論議を経て、保育案の枠組が発表されたのが1939年4月のことである。[4]

これまでの保育案が①見透しを持つ保育案によらず、その日限りの思いつきによる保育、②幼児の遊戯的面にのみに追従し、集団生活訓練、また、健康増進を期する身体保育を留意しない保育、③保育主題が固定化し、季節的な羅列に止まることが多いなどの反省の上に立って新しい保育案をつくろうとするものであった。

〔図表1〕〔図表2〕を参照していただきたい。この保育案は、保問研や第1部会での枠組みをもとに、戸越保育所がそれを具体化したものである。

その枠組みの要点は次のようである。[5]

①　保育案の基本は幼児保育に必要と思われる面を、基本的な生活習慣の自立、団体生活の中に培おうとする健全な社会性、および

(4)「保育案の研究」『保育問題研究』3巻4号、1939年4月。
(5)「保育案の研究」『保育問題研究』3巻4号、1939年4月。

〔図表1〕　戸越保育所の一日の保育時間割

6：30	登所、自由遊び
9：00	片付け、集合、リズム遊び
9：20	用便、手洗い、うがい、集会（挨拶、簡単な語り合い）
9：45	ラジオを聴く
10：00	ラジオ体操、運動、戸外遊び（着衣調節）
10：30	集り、談話、作業等
11：00	食前準備、食事
12：00	戸外遊び
1：00	足洗い、昼寝準備
1：30	昼寝、目覚め
3：00	おやつ
3：30	自由遊び
4：00	共同遊戯、帰り支度、さよなら
4：30	居残りグループ保育（順次帰る）

〔出所〕『保育問題研究』第3巻第7号、1939年7月。

〔図表 2〕戸越保育所の保育案（年少組）

昭和14年4月 保育案 戸越保育所 （幼児数 16名 保姆数 2名）

項目＼目標		目標	第三週	第四週	整理
基本的訓練	清潔	鼻かみ 手洗 うがい	鼻かみ {かみ方 紙の捨方	手洗い (うがい水の使い方)	鼻かみの習慣未だつかず。水の使い方乱暴、うがい不徹底
	食事	残さない こぼさぬ	残さず食べる	こぼさぬ様に	残さず食べることの意は分る。こぼす事注意足らず
	排泄	便所の使い方	便所ですること	はれ返さぬ様戸の開け閉め	使ひ方大部分はよく出来る。戸の開閉不徹底、混雑す
	着衣	上着、靴の「脱ぎ着」	上着脱着	同	毎朝、夕、繰り返すので大部慣れる
	睡眠	休養の姿勢	仰臥 手を腹	同	姿勢の取り方は皆わかる
社会的訓練	規律	携帯品整理片附け	朝と帰りの支度 (自分の置場)	順番、片附け、椅子のかけ方、持方	自分の置場は二三名のみあいまい。椅子の扱ひ方も分る。片附け、順番は仲々出来ない
	社交	挨拶	お早う さよなら	同	皆喜び元気よくする
生活教材	観察	保育所内	所内 {名称 何する所か	櫻、チューリップ	
	談話	返事 自分の名	ハイ 先生の名	自分の名を云う 友達の名を知る	返事、自分の名、先生の名は完全に云う 友達の名は大半あいまい
	作業	道具の扱い方	クレヨン 折紙 } 使い方	ハサミ使い方	
	音楽	リズム取り方 レコードを聴く	拍手でリズムを取る (レコード	同 唱歌「チューリップ」	リズムはレコードにより、割合よくとれる。唱歌、楽器なき為調子外れる
	遊戯	行進、手をつなぐ 圓形を造る	一列行進 手をつなぐ	同 圓形を造る	行進の時、間隔がとれぬ。ホールの圓形の上にのれば形出来る。
	運動	遊具の使い方 姿勢、歩き方	歩き方	ブランコ乗り方 同	ブランコ、興味をもつて練習、歩き方、リズムに合はぬ子大部分、足手の振り方悪し。
主題			保育所の生活に慣れること		

〔出所〕『保育問題研究』第 3 巻第 7 号、1939 年 7 月。

発達段階に応じた心的経験と自己表現、そして、そのすべてを通じて流れる身体的健康のための配慮というように考えたこと。

②「基本的訓練」には、山下俊郎の研究による清潔、食事、排泄、着衣、睡眠の5項目をとりあげたこと。

③「社会的訓練」には、「規律」として団体生活に於ける秩序、整理、団体行動の訓練および「社交」としての人的交渉における種々な問題（孤独、交友、喧嘩、協同、作法等々）を社会性の立場からとりあげたこと。

④「生活教材」は、幼児の知的情操的な面を啓発するため従来の5項目ともう一つ健康保育の立場から「運動」を加えたこと。

⑤「談話」では、言語訓練および語り合いによる生活経験をとくに留意した。「手技」はもっと広く工作、栽培、飼育等々を含めて「作業」としたこと。また、「唱歌」は音に対する教育という意味で「音楽」と改めたこと。

⑥「主題」については、各項目の系統的な発達段階を縦に見通して、そこから、もっとも各々の幼稚園、託児所に適当と思われる保育主題を選択することを妥当と考え、そのため、日案においては、総括的な役目を負わせて最下段においたこと。

⑦「自由遊」は、毎日の保育のなかで、大きな時間を占めているので、「保育日誌」のなかで、「自由遊」の欄をつくり実施後に記入するようにしたこと。

⑧多くの会員がこの試案を実験して、種々問題を拾いあげ、発展させていくこと。そのため、毎月1回の定例会を開き検討していくこと。

以上のような第1部会での保育案の研究は、ようやく幼稚園、託児所での実践的レベルでの研究に入り、その実践的検討が行われることとなる。

次に、保育案の全体構想が、会長の城戸幡太郎によって示されているので、『保育問題研究』誌に掲載された城戸の論文の中から、保育案に直接関係した部分を次に紹介しておきたい。

二 城戸幡太郎の保育案論

城戸は、『保育問題研究』誌の創刊号（第1巻第1号、1937年10月）で「我等は何をなすべきか」を書いている。

それは保問研が「どうしても職場で発見した問題を解決するために研究を積んで行く必要」があり、「教育は生活の方法を教える方法」であるので、「方法のない教育とか、計画を持たない教育とかいうことはあり得ないのです」と「保育の計画教育」の必要を主張するものであった。

そして、同誌第2号（第2巻第1号、1938年1月）では「幼児教育の研究方法」について、次のように述べている。

研究方法にはいろいろあるが、特に必要な方法として実験法がある。実験法とは、「保育の計画を遂行するために必要な条件を予め設定しておいて、その条件の下に如何に保育が行われ、如何なる保育の効果が現われたかを実証する方法」のことであり、「計画ある保育は実験される保育であり、新しい保育案が作られた場合、その方法の可否は実験によって証明されねばならぬもの」でなければならないものである、と述べている。

すなわち、仮説（計画）をつくり、実験（実践）を通して検証していくのでなければ、保育は科学にはならないことを主張するものであった。

城戸の第2の論文は、「保母は子供に何を求むべきか」（『保育問題研究』第2巻2・3合併号、1938年3月）と題するもので保育案（保育計画）の骨子を次のように提案している。

「（人間は）教育を必要とする期間の長いだけ可塑性が大なるのであるが、教育が早くから一定の型にはめられれてしまうと、それで固められて融通のきかぬ人間になってしまう。しかし、それかといって放任しておいては持って生れただけの粗野な素質で固まってしまう。ここに幼児教育の問題があるのであって、子どもを教育するものは子供に何を求むべきかを考えねばならぬのである」と城戸は言う。

さらに、保育案を作成するに当って三つのことを提案する。

第1は、「理想の人間」をめざして、「何よりも先づ子供の自然である利己的生活を共同的生活へ指導して行く任務」があり、「保育案は『社会協力』ということを指導原理として作製」されるものでなければならないこと。

第2は、「社会協力による生活訓練をなすためには如何なる主題が毎日選ばれねばならぬか」ということである。これは、「保母の日常生活に課せられる重要な問題」であること。

第3は、観察、談話、手技、唱歌のような「保育項目も社会協力の精神を発揮せしむるための社会機能として訓練さるべきもので、個人的機能として習得さるべきものではない」。従って「保育項目は少くとも幼稚園、託児所において単独の教科として取扱《とりあつか》われるのではなく、一日の保育主題が定められたならば、それについて連関的取扱い」とするものでなければならないこと。

以上の保育案についての三つの提案は、城戸幡太郎の個人の意見であると同時に、保問研における第1部会の研究活動を通して、保問研の保育案作成の基本方針となったものである。

以上のような城戸の保育案論に対して、以下、それとかかわるその背景にあるものを城戸著『幼児教育論』（1939年）の中からとりあげてみたい。

1　城戸理論と自己中心性

城戸の『幼児教育論』のなかには、幼児が「自己中心的存在」であることの指摘が、たびたび出てくる。ピアジェの自己中心性[6]である。この概念を用いて幼児教育論を論じた日本での最初の著作がこの本である。

「一般に子どもは自己中心的存在であり、或はひとりよがりの存在であるといわれている。これは子供がまだ動物的生活の時期を脱しないで本能的衝動によって生活し、環境に対して順応する力がなく、持って生まれた形態素質をそのまゝ固執する傾向があるからである。……従つて子供は、人からいろいろ話しかけられても、それに対して適切な答えをしないで、自分で勝手なことをやりだす。かように環境に対して、自分を隔離する傾向に自己中心的傾向、或は独善主義的傾向が認められるのであつて、これが子供の特徴であるといつても、その特徴をそのまゝにして、それが子供らしい態度であると思い、そのまゝに放任しておいたならば子供は動物と同じように、生まれながらの性格を固執して行くに過ぎぬのである。[7]」

以上のように、子どもを「自己中心的存在」と考え、どうすることがその「性格」を脱却

（6）ピアジェの「自己中心性」の理論は、波多野完治『児童心理学』（1931年）で紹介され、山下俊郎『幼児心理学』（1938年）においても活用されている。波多野は、『児童心理学』の出版について、戦後、次のように述べている。
「私は『児童の世界観』に魅了され、それの紹介に全力投球することを決意する。そうして、女房の勤子を毎日、日本女子大学児童研究所に通わせながら、昼間の時間を執筆にあてる。こうしてできあがったのが、昭和7年のはじめに出版された『児童心理学』（同文館）で、これはアカデミーの人々によっては無視されたが、城戸幡太郎先生のような先輩、山下俊郎、牛島義友、依田新など、私の同級や同学の友人には支持され、ほそぼそと生き続ける。」

させることができるかを考えようとしたのが城戸の幼児教育論である。そのためには家庭では限界があり、幼稚園や託児所のような集団生活のなかで子ども同士の「話し合い」を通して「楽しき遊び」を組織し、指導することであるとしている。

ピアジェの「自己中心性」は「自己中心的言語」の問題でもある。幼児が一人遊びを楽しんでいるとき「独り言」の多いのにピアジェは気づき、それを「自己中心的言語」と名付けた。城戸も幼児が「独り楽しく喋《しゃべ》っている」のを知り、「自己中心的言語」に大きな関心をもつ。

そうした「自己中心的言語」は、放っておけばよいというのではなく、「子供が三、四歳（かぞえで）になって話の相手を意識するようになると、自然に言葉は共通の意味を持つ概念となってくるので、この時期から子供の言葉は社会的に訓練されねばならなくなる(8)」なってくると城戸は言う。

とくに、幼稚園・託児所における集団生活は、子どもの言葉の発達のために貴重な訓練の場である。集団生活は、多くの「共通の生活場面」を提供してくれることになり、共通の体験を通して、子ども同士が保母ともに話しあう機会がたびたび生れてくる。「子供の言葉は子ども同士の会話を通じて訓練するのが最も妥当な方法(9)」であり、集団生活は「言葉を通じて子供の社会的協同生活を訓練して行く(10)」ことになるというのが城戸の考えである。

また、城戸は「生活教材」（保育項目）にある「観察」（体験）をとりあげ、それが「談話」（言語）との関係をつくることによって、両者がいっそうよい効果をあげることを指摘していることにも注目してよいだろう。

「観察」と言えば、自然観察ということになるが、集団生活のなかでは、むしろ、その日常生活そのものに「危険なものや有益なものについて」の「観察」と「談話」がなければなら

（波多野『ピアジェ入門』国土社、1986年、47頁）以上のように「自己中心性」のピアジェ理論は、当時日本のアカデミーでは、ほとんど無視されているような状況であった。

(7) 城戸『幼児教育論』25～26頁。

(8) 同右、196頁。

(9) 同右、206頁。

(10) 同右、206頁。

ない。「観察に基かない談話は空虚な談話になり、談話を伴わない観察は無知な観察に終る(11)」ことになりかねない。

保問研の第3研究部会では「困った子供の問題」をテーマに、子ども同士の「喧嘩《けんか》」の問題を正確な記録に基づいて、その原因、指導のあり方を追求している。その事例は4節であげているので参照してほしい。このような事例には、「観察」と「談話」の城戸理論が反映しているものと言える。

(11) 同右、181頁。

2 遊びの生活化、技術化、芸術化

城戸は幼児の遊びを重視した。

「子供の社会生活は遊びである(12)」として、城戸の幼児教育論は「遊び」から出発している。「しかし」と城戸はつづける。「(そのはじめは)纏《まとま》りのない遊びである。それに纏りをつけ正しい形態を与えて、その内で楽しく遊ぶことのできるようにしてやることが遊戯の指導である(13)」という。「纏りのある遊び」とは、子どもが、大人の生活のまねをして「ままごと」をはじめる。それが「いくさごっこ」であったり、「汽車ごっこ」であったりする。子どもの遊びは、大人のまねをすることで仲間といっしょに「纏りのある遊び」をつくっていくことになる。

しかし、何もないところから、「ままごと」は生れない。「ままごと」に必要な一定の道具(遊具)が必要である。

「子供はこれらの道具を使用して遊ぶことによって、子どもの遊びはこれらの道具の機能によって生活化され、技術化されて行く(14)」と城戸は言う。

(12) 同右、171頁。
(13) 同右、171頁。
(14) 同右、173頁。

そして、「（これら模倣遊戯は）単に大人のまねをして楽しむというだけでなく、いろいろな大人の生活の中から特に子供達が興味を持ってまねる生活は、将来彼等が大人になれば自然に必要を感じてくる社会生活の形態である」[15]。

「ままごと」では積木（道具）を使い、みんなで「家」をつくり、役割をきめて、それぞれの役割を各種の道具を使って演じるようになる。

子どもたちはとりあえず、積木で「家」をつくるのであるが、道具とその技術がすすめられれば、積木でなく木材を使って「家」をみんなで協力してつくることもできるようになる。

城戸は「どんな技術でも、技術が発達するに従って一人だけの力ではできなくなる」[16]ものであり、「社会協力」が必要になってくる、と考えている。遊びは「社会協力」の関係を生み出し、子どもたちに社会を形成する力を育成するものである。

また、「模倣遊戯」は、スポーツのような「競争遊戯に発達する」[17]。子どもたちはボールを使い、一定のルール（規約）のもとに勝負を競いあうゲームを楽しむようになる。ここでは、ボールを使う技術がいっそう進むだけでなく、「スポーツ精神」といわれるような「協同精神」が培われるようになる。

さらに、「生活の演劇化」にも城戸は次のように言及している。

「（たとえば）喧嘩の問題にしても、これを一つの童話劇に仕組み、子供の社会的協同精神を涵養する方法として指導するならば、実演する子供も、これを観察する子供も、互に自分達の生活を反省して、喧嘩すれば結局はお互が損して不愉快な生活をせねばならぬが、お互が協力して仕事をすれば皆が一緒に楽しく生活することができるということを強く印象せしむることができるのである」[18]

(15) 同右、171頁。
(16) 同右、174頁。
(17) 同右、175頁。
(18) 同右、177～178頁。

――これは「童話劇」のすすめでもある。「模倣遊戯」は、「童話劇」へと発展させることができる。ここでは「正しく、美しい言葉の訓練もできれば、唱歌や舞踊の練習もでき、舞台装置のための手技の協同作業もできるのである[19]」。つまり、「生活の演劇化」は、生活の「芸術化」でもある。子どもたちの遊びは「生活化し、社会化すると同時に、それを更に芸術化することである[20]」と城戸は次のように言う。

「一般に芸術はわれらの生活の裡に認められる人生なり社会なりの問題を、いろいろな様式によって表現することであるが、その表現は単なる現実生活の再現ではなく、その裡に認められた問題を明確に把握せしめ、それに対する理解を深化し強化する特殊な技巧である。演劇は特に他の芸術に比して、かような方法によって最もよく生活問題を芸術化することができるものであるから、これを子供の生活に適用することは、子供に子供自身の生活問題を自覚さすには最も有効な方法となる[21]」のである。

以上、城戸の「生活の演劇化」の意義は明確である。これは、城戸の「幼児教育論」の核の一つになるものであろう。次に具体的な実践例のいくつかを紹介してみたい。

(19) 同右、178頁。
(20) 同右、177頁。
(21) 同右、177頁。
(22) 三木安正「喧嘩とその処置（1）」『保育問題研究』2巻8号、1938年8月。

三　保育案と保育実践

1　困った子供の問題

以下の実践例は、保問研での第三部会「特殊異常児・困った子供の問題[22]」からの研究報告の一節である。

本郷区藍染町方面館託児所の遊戯室で女の子十人位、積み木でお家を作りママゴトをしている。いっぽう、男の子三人積木の箱に二、三本残つた積木を持つてボートを作ろうと相談して、男の子の中一番勢力のある一人（信太郎）が黙つて女の子の遊んでいる所から積木をもつて行く、それを見つけた女の子の方では、大さわぎ「黙つて持つて行く人はドロボーよ」。3人の男の子の中の一番気の弱い子が「貸してね」といつて借りて行く、次の子も「貸してね」と之につづく、初めの内は一本づつ貸してやつているが、ずんずん少なくなるので、もう貸してやらぬ。男の方では大きく作つたので積木が足りないから、なお「貸して」「貸して」と持つて行く。女の子の方でも、たまらず清子がとりかえしに行く。それを信太郎がとびかかつて行く。

（保母は）両方の理由を聞いて先づ始めに積木を同じ数に分けることにした。二つに分つて見ると数が少なくて両方ながら面白くないと言う。「ではみんなで大きなボートを作りましょう、そして女の人もみんな一緒に乗つて遊びましょう」と言うとみな喜んで参加する。

終結、ボートが出来上つた。ピアノに合せて皆で漕ぐ。一生懸命漕ぐ中、一艘（そう）では面白くないから二艘にしようということになり男の子も女の子もすつかり仲よしとなり二艘のボートを作つて競漕する。

――以上は庄司豊子の報告である。

積木のとりあいは、よくおこる争いである。ここでは、保母が中に入って積木を同じ数に分けるが、両方とも積木の数が少なくなり面白くなくなる。そこで、男の子のボートづくりに女の子も合流、いっしょに遊ぶ中で、2艘のボートを作って競漕しようということになり、ボートごっこがいっそう面白くなり、午後もボートレースで楽しく遊んだという報告である。分列するよりもいっしょに遊ぶ方が面白いし、さらに、2艘にしてボートレースごっこにした方がいっそう面白くなったという実践報告で、子どもたちの考えあう力がみごとに発揮された事例である。

2 社会的訓練を主題とした実践—「片付け」と「当番」

「保育案の研究」(『保問研』第4巻第3号、昭和15年4月)では、「社会的訓練」についての戸越保育所での実践例(「片付け」と「当番」)が紹介されている。

片付けでは、「共同生活に於ける整頓の必要、自分のした事に責任を持つこと、特に家庭で慣れているやりつぱなしの習慣を直すというため」に行われるとし、その方法は「自由遊の後(1日に2、3回あり)玩具、遊具を所定の場所に整頓し、掃除する」としている。

その「主なる対象物」は、「室内」では、ままごと道具、積木、絵本、カルタ、人形等であり、「屋外」では、砂場用具、ナワトビ、三輪車、自動車等である。

「注意する事」は「道具の置場所をきちんときめて、皆に知らせておくこと」や「片付けの合図を徹底させること」などである。「片付けをしない子」もいるが「現在までは、その時々に注意したり、励ましたりしているが、もつとその原因をはつきり知る必要がある」としている。

当番が生まれたのは、「自由にリーダーシップをとらせると、何時も強い子が、先頭になり、他の子は、その機会がない事になるので、誰でも皆の先に立つ丈の気力と実行力を持たせたい」という理由からである。年長、年少の各組、一人、当番表をつくり、毎日交替する。当番の仕事は「片付けの責任者になること」「並ぶ時は組の先頭に立つこと」「ラヂオ体操の時は先生になること」「食事、お八つの時の配り役をすること」などである。

子どもたちにとって当番は大きな責任感を持つようで、「明日は早く保育所へゆくんだから寝坊しちゃいやだ、早く御飯にしてね」と念を押す子がいたりしている。

「片付け」と「当番」は、子どもたちの主体的な生活をつくるうえで、一定の効果をあげているが、反省もある。それは「全体の調子を、一時に集団的にまとめようという思いに心が行き過ぎ、そのためには、団体生活に障害となる一つ一つの問題――子供の陥りやすい、独りよがりや、やりつぱなし、喧騒等、又、個々の子供の偏った性向、その原因等――を順次に取り上げてゆく事が出来なかった」ことである。この解決の方法として「談話、うた、ポスター、紙芝居、劇遊び等々――を組織的にやらなかった事は、反省さるべきである」と述べている。

3　劇あそびの実践

次にあげる劇あそびの実践は、菅京子《かんきょうこ》（戸越保育所）の「劇あそび指導の一経験[23]」からの引用である。城戸理論のもとで、若い保育者がいかに実践したかを明らかにしている興味のある事例である。

三匹の子豚　全甲社の紙芝居で子供達におなじみなお話――教育的な価値はいざしらず子供の喜ぶままに何回も何回もやつて見せたら、いつの間にか子供達の遊びの中にしみこんで「オオカミゴッコ」と言う遊びがはやり出した。その遊びの初めの形は、主に男の子が

(23) 菅京子「劇あそび指導の一経験」『保育問題研究』4巻8号、1940年9月。

狼になつて、女の子が上手に遊んでいるおままごとの邪魔をしたり、他の子を追いかけ廻したりする位で、秩序も発展もないものであつた。私はその遊びに加わり、豚になることを決め、豚達の家を子供達と話し合いながらつくり、先ず最初は保母が狼になつて子供達を動かしながら筋を追つて行つた。この場合ホールもお庭も全部が劇あそびの舞台になり、子供達はホールの大豚の家から、お庭の中豚の家まで思う存分走ることが出来るのである。

七匹の子山羊　子供会の時上演したもの、これも紙芝居で子供におなじみなお話。ホールの一隅を舞台にしきり、先ず配役をきめ、かつこうな舞台装置をする。観客を対象とする為に、登場の順序を決める。せりふは劇あそびというものの性質上、子供自身から発する言葉でありたいと考え、「山羊のお母さん、何て云つたの」等ときいて言わせ様とするのだが、改まった舞台の上ではなかなか、すらすらと言えないらしく、こちらも一応の体裁を整え様とする心が先になるので、つい教え込む様になつてしまい、動作や声の大小にも口やかましくいう様になつてしまつた。

春を呼ぼうよ　子供会の時上演したもの、「春を呼ぼうよ」と云う歌と「氷すべり」という二つの歌を組み合わせて劇的にしくんだもの。唱歌は唱歌として遊戯は遊戯としてでなく、その間に言葉をはさんだり、動作を入れたりして劇的にしくむのも一つの方法だと思う。

桃太郎　桃太郎の歌のリズムにお話の筋を動作で表してつけていく事を何回もやつたせいもあり、又よく知つているお話なので、劇の指導をしたら、案外、上手にやりのけた。これは（1）（三匹の子豚）と同じに自由あそびとしてやつたものなので、ホール全部を舞台に使ってやつた。ところがある時子供達は芝居ごつごという遊びをしている。積木や机で小屋をつくり木戸番までおいて組織的に遊んでいるのだが、その芝居というのが、まとまりのないチヤンバラの真似であつたり、悪ふざけた言葉を言いあつたりしている丈なので、桃太郎のお芝居をする事にしたら限られた狭い舞台の中なのに、子供会の時とはまるで違つた様にいきいきとお芝居をした。この場合、見物人と出演者の間には深い関係、即ちお芝居ごつこという遊びのなかで結びつけられている関係にあるので子供の動きが違うのではなかろうかと思つた。「桃太郎ごつこ」と言う遊びが更に一段と「お芝居ごつこ」という遊びで組織化されたわけだ。

大道具小道具　大積木や、ついたてを大道具にすると言うより、それらが誘発体となつて、劇的なあそびを構成して行くと言つた方がよいだろう。

お面や小道具は子供達と一緒につくる、目的制作なので子供達は一生懸命だ。

反省　見物人に見せる為に無理に詰め込んだりしない事、今のところはこの一言につきる、方法上の点等はもう少し経験をつんで見ないと分からない。

保育上に於ける役割　小さな経験から「劇あそび」の保育上の役割を考えて見た。

（1）子供を遊ばせる一方法、しかも高度な組織的な遊びであるから、子供の遊びの生活は組織化されて行き、又物を構成する力（舞台装置を考えたり、大道具をこしらえたりするので）が必要なので構成力も養われる。（2）社会性の陶冶―お互いに譲り合わねばならない。（3）表現欲の満足（4）言語訓練（5）手技・観察の誘導をする。

――以上が菅《かん》の報告である。今日の劇づくりの理論と実践と比較すれば未熟さはまぬがれないが、当時、劇づくりの保育実践はほとんど行われていない中にあって、保問研活動の中で、こうして実践が展開されたのは注目されてよい。

あくまでも、「子供を遊ばせる一方法」であるとしながらも、「桃太郎ごつこ」が「お芝居ごつこ」という遊びに発展することで「高度な組織的な遊び」が生れることを目指していること、舞台装置を考えたり、大道具、小道具を制作したりして総合的な「劇あそび」をつくりあげていく構成力の養成ということにも着目している。

四　保育問題研究会の保育案を考える

1　保問研の保育案の指導原理

保問研の保育案の特徴は、その指導原理を「社会協力」という理念においたことである。それはなぜなのか。前述したように「子供の自然である利己的生活を共同的生活へ指導していく」ことが、幼稚園・託児所の「任務」であり、従って「保育案は『社会協力』ということを指導原理として作製さるべきもの」(24)というように考えるからである。

また、もう一つ、「社会協力」ということは、「現代の社会においては最も欠けている点である」(25)とも考えている。そこで、親たちは、「自分の子供さえよくなればよい。他人と競争して勝たねばならぬ」と子どもにけしかける。これでいいのだろうか。せめて、「教育政策は社会政策と相まって（利己的生活から共同生活へと）子供の生活環境を改造して行くことはできる」(26)はずである。という考えにたって保育案を作成しようというのが城戸の基本的立場であった。

(24)　城戸『幼児教育論』75頁。
(25)　同右、74頁。
(26)　同右、75頁。

そして、「社会協力」を原理とする教育は、子どもたちをして「将来の生活に自ら処置していくことのできる能力、即ち人間的、社会的知性を養[27]うことができるし、それは「新しい社会の形成力[28]」を育成することになる。

ここには、これまでの教育が「児童から」という原理にとらわれすぎ、子どもたちを「草花のように運命づけられた遺伝的な存在に過ぎないもの[29]」にしてしまっていたことへの批判があった。「保母は子供から何を求められるか」ということと同時に、「保母は子供から何を求めるか」ということの両者を考えていかなければならない。「（これまで実現されていない）理想を将来われらの子供に実現せしめるための能力[30]」を子どもたちは育成されなければならないのである。それこそが「社会協力」を指導原理とすることの教育計画、すなわち保育案なのである。

保問研の保育案は、「基本的な生活習慣の自立、団体生活の中に培おうとする健全な社会性、および発達段階に応じた心的経験と自己表現、そして、そのすべてを通じて流れる身体的健康のための配慮[31]」に重点をおいたことである。

そのため、保育案は、まず「清潔」「食事」「排泄」「着衣」「睡眠」などの5項目をあげ、基本的生活習慣の自立をはかろうとする。「基本的訓練」という欄がそれである。

また、集団生活における秩序、整理、団体行動などを含む「規律」と「人的交渉に於ける種々な問題（孤独、交友、喧嘩、協同、作法等々）を含む「社交」の2項目から成る「社会的訓練」という欄がある。

この「基本的訓練」と「社会的訓練」をあわせて、「生活訓練」と呼んでいる。

こうした「基本的訓練」「社会的訓練」などの「生活訓練」の欄が重視されたこと、また、

---

(27) 同右、25頁。
(28) 同右、31頁。
(29) 同右、71頁。
(30) 同右、71頁。
(31) 『保育問題研究』3巻4号、1939年4月。

「生活教材」欄に、「運動」（体育）を置いたことは、「『幼児の生活は遊びである』として幼児の遊戯的面に追従し、集団生活に必要な生活訓練、又、健康増進を期する身体保育に留意される事の少い[32]」状況にあるこれまでの保育案の欠点を克服しようとすることの現われであった。

これまでの保育案においても、「生活訓練」の項目がとりあげられていることが、ないでもなかった。しかし、〔図表2〕で見られるように、「基本的訓練」においても、「清潔」「食事」「排泄」「着衣」「睡眠」の5項目をとり上げているように、保問研の保育案での「生活訓練（基本的訓練・社会的訓練）」は「（これまでとは違い）あえて保育案に設定する形で、『基本的習慣』の形成や集団生活のための生活指導を行おうとするものであって、とりわけ山下俊郎と第2部会による研究成果などに基づいて筋道立った指導への模索がなされていた[33]」と浅野俊和は指摘している。

(32)「保育案の研究」『保育問題研究』3巻4号、1939年4月。

(33) 浅野俊和「戦時下保育運動における『保育案』研究」日本保育学会第63回大会、発表資料28頁。

2 保育項目（生活教材）と生活訓練

保育案（〔図表2〕参照）は、生活訓練（基本的訓練、社会的訓練）と共に、「生活教材」（これまでの保育項目）という欄をつくり、「観察」「談話」「作業」「音楽」「遊戯」「運動」の6項目を置いている。この6項目は幼稚園令の5項目「遊戯」「唱歌」「観察」「談話」「手技」と対応するものであるが、若干のちがいがある。

「手技」ではなく「作業」となっている。「作業」としたのは「手技」を含め、工作、栽培、飼育など広い範囲の活動を考えているためである。「唱歌」も「音楽」としている。これも、唱歌を含め、楽器の演奏など広く「音に対する教育」を意図しているためである。また、「運動」が付け加えられたのは大きい。これは「幼児体操及び遊具（運動具）使用による積極的な体育」を考えようとするものであった。問題は「生活教材」の6項目のとり上げ方である。これまでは、保育5項目（幼稚園令）が、それぞれ個別にとりあげられ、あたかも小学校の「教科」のように取り扱われるという傾向があったが、城戸はこのことを批判して、次のように述べている。

「今までのように様々な教材をバラバラに教えないで、合科教授をやるということだけでなく、与えられるすべての教材が、多角的連携を保って発展せしめられねばならぬ。或る事物を観察さしてもその観察だけで終るものではなく、観察から同時に談話も発展する、作業も発展する[34]」

城戸は以上のような教材を「多角的連関を保って発展」させる方法を「多角的教育法」と呼んで、保育項目が総合的な保育活動として機能することを期待したのである。

具体的な例として城戸は、「喧嘩の問題」をとりあげる。これを「一つの童話劇」として仕組めないか、童話劇でなくても人形芝居でも折紙芝居でもよいというのである。「演劇は一つの総合芸術」であるから、それによって「正しく、美しい言葉の訓練もできれば、唱歌や舞踊の練習もでき、舞台装置のために手技の協同作業もできる[35]」のである。

城戸の保育案には、「社会協力」ということを指導原理として作成されなければならないという理念がある。「観察、談話、手技、唱歌、遊戯の如き保育項目も社会協力の精神を発揮せしむるための社会的機能として訓練さるべきもので、個人的機能として習得さるべきものではない[36]」という。

こうした立場は、保問研の中では、保育案を実践する上で、やや困惑させていたことは否定することはできないであろう。次は、保問研の保育案を実践する現場の声である。

---

(34) 城戸『幼児教育論』31頁。
(35) 同右、178頁。
(36) 同右、75頁。

「(「生活教材」の各項目を生活習慣、社会的訓練に結びつけて総合的にやっていこうとするのだが) その一つ一つの項目が皆、むずかしい問題を持っている。観察にしても、その方法、発展のさせ方。音楽とは一体、どういう順序で、どういう材料で指導したら良いのか。談話とは如何なれば良いのか、むしろ言語訓練に重点をおくべきでないか。作業では、道具の扱い方を順序立てて、進めるべきではないか。遊戯とは、又運動にも、幼児の身体的な発展に沿った系列がなくてはならないのに。等々。まことに保母の教養の狭いことを反省させられる[37]」

——以上のような問題をかかえて、現場の保母たちは戸惑うのである。ここには、二つの問題があると木下龍太郎は指摘する。

一つは、「『生活訓練』と『生活教材』という元来異質な二つの領域を、単一の保育主題によって統合しようとすることから生じた矛盾である[38]」という。「生活訓練」という生活指導から出てくる問題—保育主題にむけて、「生活教材」における各項目（文化的な領域としての系統性をもっている）を結びつけていくことのむずかしさである。城戸は「観察」と「談話」を例にあげて、その両項目が相互に関係しあうことで、「喧嘩」などの生活問題の解決に有効であることを指摘していることはその通りであるが、現場から言えばそれだけでいいのか、という疑問がある。「生活教材」の各項目にわたって、「生活訓練」との関連を実践的に明らかにしなければならないという課題が生れていたのである。

もう一つは、「生活教材」の系統性の問題があると木下は指摘する。[39]

たしかに、「観察」は、自然観察だけではない。毎日の生活への「観察」がある。だからと言って自然観察は無視できない。「談話」でも「生活訓練」とは密接にかかわりあっている、しかし、同時に童話や

(37)「保育案の研究」『保育問題研究』4巻3号、1940年4月。
(38) 木下龍太郎「集団と生活文化の保育—第1期保育問題研究会と戦時下の保育」『保育幼児教育体系⑩保育の思想日本』労働旬報社、1987年、199頁。
(39) 木下、同右、199頁。

紙芝居、絵本などの教材研究も欠かすことはできないものであろう。「生活教材」の6項目の一つ一つのもっている独自の内容とその役割を無視することはできない。童話や絵本による「談話」への関心は、日常的な「生活訓練」における「談話」にも有効なはたらきを見せることになるはずである。

3 保育主題と遊び

城戸は、「社会協力による生活訓練をなすためには如何なる主題が毎日選ばれねばならぬかが保母の日常生活に課せられる重要な問題である[40]」と述べている。「主題」の選定は、保育案においてきめなければならない保母の第1の任務としている。

「主題」とは何か。城戸は子どもの生活ははじめ「一定の形態ができていない混沌たるもの」であるが、保育実践では、それを「一つの形態として纏《まと》めて行く」ことが必要である。一定の形態を形成していくためには「核心」がなければならないが、「核心」は子どもの「中心的興味」ということであり、「中心興味の形成ということが生活の形態化の主要な条件となる[41]」と述べている。この「中心興味」こそ、その日の保育の「主題」となり得るものである。

以上の「生活」は、そのまま「遊び」ということばにおきかえることができる。子どもは「纏りのない遊び」から、「纏りのある遊び」を楽しむようになる。子どもの遊びに「纏りをつけ、正しい形態を与えて、その内で楽しく遊ぶようにしてやることが遊戯の指導である[42]」。模倣遊戯を通して大人になるための社会的訓練は可能であり、「これからの保育は子供の自然な遊戯を基礎とし、よき社会的習慣を形成するように、いろいろの仕事を訓練して行かねばならぬ[43]」のである。

(40) 城戸『幼児教育論』76頁。
(41) 城戸、同右、408頁
(42) 同右、171頁。
(43) 同右、171頁。

以上のように、城戸は、子どもの遊びを将来にむけての社会的訓練となりうる活動として重視している。当然、毎日の保育主題のなかには、「片づけ」や「当番」ということとともに、「ままごと」とか「汽車ごっこ」がとり上げられても不思議ではない。

ところが、保問研の保育案には「遊び」の項目が見当たらない。「生活教材」の中には「遊戯」の項目があるが、その内容は、当時、一般的であったリズム遊戯（共同遊戯）である。一日のプログラム（日課）では「自由遊び」「戸外遊び」が多くの時間確保されており、「保育日誌」では「自由遊び」の欄がつくられ、その日子どもたちがどんな遊びであそんだかを記録するようになっている。(44)「自由遊び」の存在を無視しているものではない。

しかし、「片付け」や「当番」など「生活訓練」に直接結びつくテーマが主題としてとりあげられたことの意義を否定するものではないが、その反面、「子どもの自然な遊戯を基礎」（城戸）とする方針がありながら「『自由遊び』を重視する視点が（保育案研究委員会を経て）戸越保育所の『保育案』では希薄なものになってしまったという点を見逃すことはできない」という浅野俊和の指摘がある。

そして、その理由として——

「『保問研』による活動の中では、『遊び』に関する研究がなされていたものの、『児童中心主義』的な保育への批判を強くするあまり、『保育案』研究へと研究成果を積極的に生かすことはできなかった(45)」のではないかと述べている。

また、木下は、城戸の「遊び論」が「社会的協同活動」に注目していることの意義を認めるにしても、「（あそびのもっている）想像性ないし虚構性が幼児の知性と行動の発達にたいしてもつ格別な意義についての把握(46)」が不十分であったことを指摘している。つまり、保問研の遊び研究が一面的であったとい

---

(44)「保育案の研究」『保育問題研究』4巻3号、1940年4月。

(45) 浅野俊和「戦時下保育運動における『保育案』の研究—『保育問題研究会』を中心に」日本保育学会第63回大会（2010年5月）発表資料、30頁。

うのである。このことが、保育案において「遊び」という項目が位置づけられず、「主題」を狭い「生活訓練」に限定する傾向を生んでしまったということも考えられるであろう。それは、戦時下精神主義的な錬成主義へと走る危険をあわせもっていたことを否定することはできない。

おわりに——戦後への課題

保問研が発足したのは、1936(昭和11)年。そして、その活動が終ったのが1943(昭和18)年、わずか7年にも足りない期間である。この間、戦時体制による言論統制は強化され、城戸会長をはじめ、会の中心となっていたメンバーが治安維持法違反容疑で検挙されるというようなきびしい状況が進行している。多くの課題を残して、保問研は、その自由な研究を停止せざるをえなかったのである。短期間でありながら研究者と保育実践者との共同研究のもと、科学的実証主義の精神による、「生活訓練」を主軸とする新しい保育案を創造しようとした意義は高く評価されてよいであろう。

しかし、保育案も未完成のまま、多くの課題が戦後へと残されることになった。

「遊び論」についても、「生活教材」(保育項目)についても戦前においては十分な論議ができる状況にはなかった。

木下は「遊び論」について、「(戦後に残された課題のひとつは)幼児のあそびの虚構性がもつ役割をじゅうぶんに発揮させせながら、しかも、そのあそびが城戸が提起したような社会的協同活動へと発展させる道すじと手だてを明らかにすることであるといえよう[47]」と指摘している。

「主題」についても同じである。

---

(46) 木下龍太郎「幼児教育思想の遺産」矢川徳光・城丸章夫編『講座日本の教育⑪幼児教育』新日本出版、1976年、62頁。

(47) 木下龍太郎、同前掲、63頁。

これらの課題は、保育実践とは何か、をもう一度、問いなおすことになるのではないか、それは、保育実践の全体構造とそのあり方の問題にも直接かかわるものである。戦後、70年。はたしてこれらの問題は解決されたのだろうか、あらためて検討されなければならない。

〔参考文献〕

・木下龍太郎「幼児教育思想の遺産」矢川徳光・城丸章夫編『講座日本の教育11幼児教育』新日本出版、１９７６年。

・木下龍太郎「集団と生活文化の保育―第１期保育問題研究会と戦時下の保育」『保育幼児教育体系10保育の思想日本』労働旬報社、１９８７年。

・内島貞雄「保育内容編成原理と教材選択の視点―機能主義と教養論はいかに統合されたか」城戸幡太郎先生卒寿記念出版刊行委員会編『城戸幡太郎と現代の保育研究』ささら書房、１９８４年。

・松本園子編著『昭和戦中期の保育問題研究会―保育者と研究者の共同軌跡１９３６～１９４３』新読書社、２００３年。

・浅野俊和「戦時下保育運動における『遊び』研究―「保育問題研究会」を中心に」『中部学院大学・中部学院短期大学部研究紀要』第10号、２００９年。

・浅野俊和「戦時下保育運動における『社会的訓練』研究―「保育問題研究会」を中心に」日本保育学会第62回大会発表資料、２００９年5月。

・浅野俊和「戦時下保育運動における『保育案』研究―「保育問題研究会」を中心に」日本保育学会第63回大会発表資料、２０１０年5月。

・民間教育史料研究会編『教育科学の誕生』大月書店、１９９７年。
・佐藤広美『総力戦体制と教育科学―戦前教育科学研究会における「教育改革」論の研究』大月書店、１９９７年。
・宍戸健夫『日本の幼児保育―昭和保育思想史』上巻、青木書店、１９８８年。

第三章　戦後保育カリキュラムの展開
――和光幼稚園を中心に

はじめに

第2次世界大戦後の保育カリキュラムの出発点は、文部省『保育要領――幼児教育の手引き』（1948年3月）である。連合国軍最高司令部民間情報教育局（CIE）のH・ヘファナンの指導のもと、倉橋惣三、坂元彦太郎、山下俊郎、三木安正など16人の日本委員によって作成された。

この『保育要領』の「まえがき」では、「（従来の）幼児の育て方や取り扱いについて根本から反省をし、学理と経験にもとづいた正しい保育の仕方を普及徹底して、国の将来をになう幼児たちを心身ともに健やかに育成していくことに努めなければならない」と、その決意を表明している。

そして、その保育のあり方は、「幼児を一室に集め、一律に同じことをさせるより、なるべくおのおの幼児の興味や能力に応じて自らの選択に任せて自由に遊ぶようにしたいものである。興味のないことがらを教師が強制することは好ましくない」として、これまでの教師中心主義から児童中心主義への転換をうながすものであった。

しかし、保育カリキュラムについては、「幼児の一日の生活」のモデルが示されたほか、「幼児の保育内容――楽しい幼児の経験」として、「見学」をはじめとする12項目の保育内容が示されてはいたが、それぞれの関連については、ほとんど論じられてはいなかった。

これに対して、梅根悟は、

「(『保育要領』の保育内容12項目は) 見学、リズム遊び、休息、自由遊び、それから音楽、お話というようにならべてあるならべ方そのものに体系も構造もない、でたらめな羅列主義が感じられる」ものであり、これでは戦前の幼稚園令に示されていた保育5項目 (遊戯、唱歌、観察、談話、手技) の「傳統の上に立っているものである」と言っても過言ではないと厳しく批判している。(1)

敗戦後、いちはやく、自分たちの手で日本の幼稚園、小学校、中学校の教育カリキュラムをつくり、それを教育実践を通して検証しようとして活発な活動を開始した民間教育研究団体に、コア・カリキュラム連盟 (コア連と省略) がある。前記の梅根悟はコア連の理論的リーダーでもあった。

この小論では、コア連の研究の中で生れた3層4領域論とコア連の実験学校であった和光学園、とくに和光幼稚園での研究とその保育実践に焦点をあて、戦後の幼稚園における保育カリキュラムの成立過程を明らかにしたい。

一　コア・カリキュラム連盟の結成と3層4領域論

(1) 梅根悟「幼稚園のカリキュラム」『教育大学講座9 (幼稚園教育)』金子書房、1950年、130~131頁。

1　コア・カリキュラム連盟の結成

コア・カリキュラム連盟（コア連）の発足は、１９４８（昭和23）年10月。石山脩平、梅根悟、海後勝雄ら東京高等師範学校卒業の40歳代の研究者たちが中心になって結成された。

その呼びかけには――

「新教育運動再発足以来、既に三年に近い年月を経て、全国各地における、此の運動の動向はようやく本格化しようとしているが、こうした研究の本格化に伴って現在の教科組織をそのまま維持して、その枠内で新教育を推進すべきか、或いは更に根本的に教科組織そのものに再検討を加え、いわゆるコア・カリキュラム方式によるべきかということは切実な問題となっている。この時にあたり、この問題の解決如何は、実に日本の教育運動の将来にとって決定的な意義を有するものである。(1)」

――とある。

ここで呼びかけていたように、教科中心のカリキュラムか、それとも、コア・カリキュラムか、どちらをとるのか、当時はその岐路にたたされていたのである。コア連の立場はもちろんコア・カリキュラムの創造であり、その推進であった。

それでは、コア・カリキュラムとは何か。教科カリキュラムが、文化遺産の体系を教科として組織し、教師主導の授業方式の実践を主軸としたのに対して、コア・カリキュラムは、子どもの生活経験をふまえ、その興味や関心を尊重し、子ども主体の学習活動を展開しようとするもので、経験カリキュラムと呼ばれるものである。しかし、経験カリキュラムでも、教科の存在を一切認めない経験中心カリキュラムがあるが、日本のコア・カリキュラムは、それとは異なるもので、次のような性格をもっていた。

---

(1) 日本生活教育連盟編『日本の生活教育50年』学文社、１９９８年、64頁。

「コア・カリキュラムは生活現実の問題解決を学習する「中心課程」と、それに必要な限りで基礎的な知識や技能を学習する「周辺課程」からなる。中心過程の内容は、経験カリキュラムとして構成され、カリキュラムの中心位置にある。周辺課程は各教科によって構成されるから、まったく教科の存在を認めない経験中心カリキュラムに比して、教科カリキュラムに近いといえる。(2)」

すなわち、「中心」には問題解決型の「生活経験単元」がおかれるが、すべてをそれに統合するカリキュラムではなく、「周辺」に、「中心」と関連する各教科による「基礎的・技能的な学習」や「個人の要求にこたえる選択学習」や「課外学習」の課程がおかれるものと考えられたのである。(3)

(2) 日本教育方法学会編『現代教育方法事典』、2004年、175頁。

(3) 日本生活教育連盟編、前掲書、70頁。

2　3層4領域論

梅根悟は「三層四領域説の生れたいきさつ」(『生活教育の系譜と課題(「カリキュラム」別冊)』1959年11月)の中で、「コア」とは何かということをめぐって、コア連内部で様々な意見があったこと、とくに、新しい教科である社会科を「コア」としている学校と、広く日常的な遊びやしごとが「コア」となっている学校があり論議されたことについて述べている。その結果、あれかこれかではなく社会科的なものを「中心課程」とし、遊びやしごとのような生活実践的なものを「日常生活課程」と呼ぶことで、両者を併立させることになったと述べている。それと合せて、それまで「周辺課程」とか「関連課程」と呼ばれてきた「ドリル・コース」を系統的な学習課程つまり「系統課程」として位置づけ、「日常生活課程」「中心課程」「系統課程」の3層の構造論がつくられたというのである。

コア連は1951年の春日井集会や新潟集会を通して、次のように構造論を定義することとなった。

① 日常生活課程＝生産的活動（子どもにとっては遊びでありおとなにとっては生産労働そのもの）の中で、生活のしかた、労働のしかたを学ぶ課程（これを梅根は、のちに「実践課程」また「生活単元課程」と改める）

② 中心課程＝主に社会科を念頭に置きながら、問題解決的思考を育てる単元学習の内容を構想・構成する（のちに「問題解決課程」また「問題単元過程」と改める）

③ 系統課程＝文化遺産を系統的に身につけさせていく課程（のちに「基礎課程」また「系統単元課程」と改める）[4]

以上のカリキュラムの基本的な構造としての3層論に併行して、スコープとしての学習の内容を明らかにしようとする領域論がコア連内部で継続的に論議されていた。そして、健康、経済（又は自然）、社会、文化（教養・娯楽）の4領域が学習内容であるとして結論づけられたのが、同じ1951年の新潟集会であった。[5]

梅根は4領域論について次のように述べている。

「3層論はカリキュラムを労働と思考との関連、労働と学習の結合という観点からみた場合の、思考の場、学習の場の構造を明らかにしようとしたものであった。しかし、カリキュラムの構造を明らかにするにはそれとは別の観点が必要である。労働と思考の結合の構造が明らかにされたら、今度はその労働の内容が明らかにされ、それに基づいて思考の内容が導き出されなければならない。この内容を考えるカテゴリーとしていくつかの基本的領域が考えられないであろうかというのが四領域論の出発点にあった研究課題であった。われわれはアメリカ式のスコープ論に不満足であった。そして、新しいスコープを発見しようとつとめた。その結果が四領域論である。そ

（4）日本生活教育連盟編、同右、88頁。
（5）日本生活教育連盟編、同右、88頁。

れは簡単にいえば、カリキュラムの全領域は、生活の領域であり、それは基本的には、保健、経済（又は自然）、社会（政治）、文化（教養・娯楽）の四領域から成るということである。(6)」

ここに生活に根ざした全教育活動を3層4領域として構造的に把握することができたのである。〔図表1〕

3層と4領域との関わりについて

ところで、3層と4領域との関わりはどのように把握されたのだろうか。図表1を見ていただきたい。これは梅根が低学年（又は幼児）を対象とする構造図の一つとして提案したものである。(7)

「経験単元」は土台であり、その比重は大きく図示されている。これは「日常生活課程」と言われるものである。次の「教材単元」はこれまでの「中心課程」に相当する。教材を「単元」として組織し、プロジェクト化して指導しようとするもので、「社会科ふくらまし」的な課程でもある。「練習教材」は、ドリル的な課題にとりくむ「系統課程」であり、教科目主義のカリキュラムであり、図示されている比重は小さい。

図表1にあるように「経験単元（生活課程）」「教材単元（中心課程）」「練習教材（系統課程）」は「横割りコース」である。

そして、「縦割りコース」は「健康」「経済」「社会」「表現（又は文化）」の4領域である。

「横割りコース」と「縦割りコース」とは、相互に交差しあっており、それぞれの「横割りコース」の

(6) 梅根悟「三層四領域説の生れたいきさつ」『生活教育の系譜と課題（「カリキュラム」別冊）』1959年11月。

(7) 梅根悟「コア・カリキュラムの構造と本質の再検討」『生活教育の前進（「カリキュラム」別冊）』1951年6月。

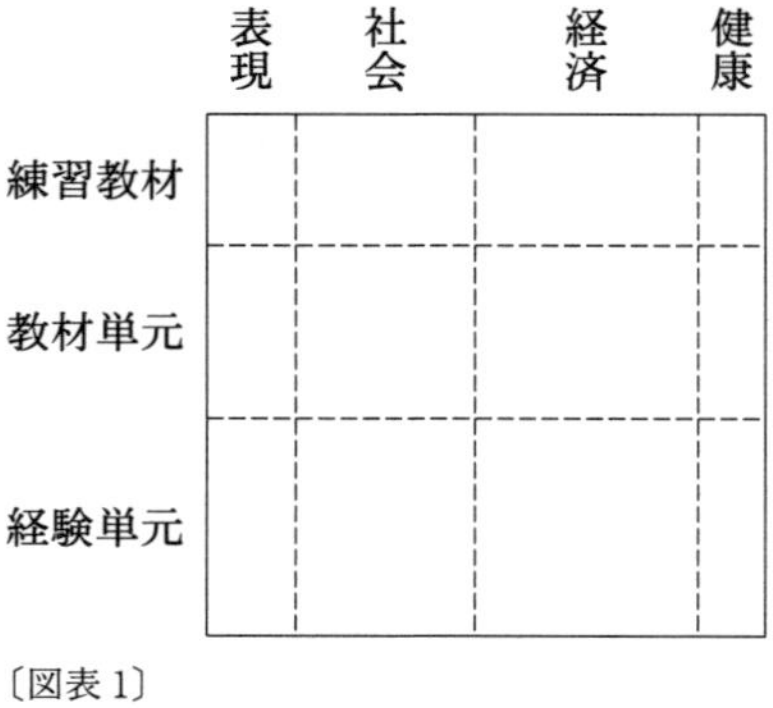

〔図表1〕

中に、「健康」「経済」「社会」「表現」の四つの「縦割りコース」をもっているということになる。しかし、「縦割りコース」は教科のようにその枠が区画されるのではなく、徹底した生活主義に立って力動的な生活時間の設計がされなければならない。しかし、必要な知識や技能を特別に取りたてて学習することが必要になってくると、「練習教材（系統課程）」においてはそれぞれの領域が位置づけられ、系統的に指導されることになる。コア・カリキュラムは系統的な指導を否定するものではなかったのである。

以上が梅根の3層4領域論のあらましである。

二　和光幼稚園におけるカリキュラム研究と実践

1　和光学園と和光幼稚園

和光学園は「成城学園事件」で、成城学園を離れた教師と父母たちによって東京・世田谷につくられた。1934（昭和9）年4月のこと。教員9名、児童40名の小学校であり、このとき幼稚園も開園されるが、園児12名であった。

戦時下の中で幼稚園は閉鎖となり、小学校も集団疎開をよぎなくされ、戦後1946（昭和21）年1月、授業は倉庫となっていた旧校舎を使って、教員3名、児童9名で再開された。幼稚園が再開されたのは、1951（昭和26）年4月のことで、ずっと後のことになる。(1)

和光学園が脚光をあびるのは、コア・カリキュラム連盟の実験校になった1950（昭和

（1）和光学園四十年史編集委員会編『ある私立学校の足跡——和光学園40年の教育』明治図書、1973年、参照。

25）年4月からである。学園長には石山脩平、校長に海後勝雄、顧問に梅根悟が就任した。

小学校主事には、小島忠治（東京教育大付属小学校）、小学部に久保田浩（奈良学芸大付属吉城学園）、森久保仙太郎（教育図書文化協会）、中学高等部主事には大村栄（東北大付属中学校）などが就任した。いずれも、コア連がとりくもうとしていた新カリキュラムの創造にむけて情熱をもっている人たちであった。

その中でも、小島忠治は、コア連の中で、理論と実践の両面にわたってリーダーシップをとっている人であり、久保田浩は、奈良学芸大付属小学校である吉城《よしき》学園での実践を『奈良吉城プラン――生活カリキュラムの実践』（育英出版、1949年）として公刊しており、コア連の中でも注目される実践者の一人であった。

和光学園の4部制（1952年〜1955年）

1951（昭和26）年の幼稚園再開の翌年からとられたのが、和光学園の4部制である。

1部　幼、小1、小2
2部　小3、小4、小5
3部　小6、中1、中2、中3
4部　高1、高2、高3

――の4部に分けてクラスを運営しようとするものであった。

なぜ4部制なのか。

当時の学園は一学級平均20名（注・幼稚園の年長組20名、年少組18名、1952年）という状態で、学級はサロン的な雰囲気を脱しきれないでいた。そこで、同質の行動が可能な大きな集団構成、つまり4

部制の異年齢集団をつくって、集団活動を活発化する。「もっとたくましく行動する子ども」の形成をねらったのである。1部の低年部では「あそびを中心とした集団活動」に力を入れ、2部では「児童会を組織し、生活に意識的に働きかけ、また、意図的に集団活動がなし得ること」が考えられた。[2]

ここに、幼稚園担当の池野、佐々木の2人による「幼稚園の位置づけ――和光学園のこころみ」(『カリキュラム』1953年4月)という記録がある。以下、その中からの抜粋である。4部制がとられている頃の幼稚園児の生活がよく画かれている。

私たちはつねに幼稚園としての単独のプランを持たず1部の教育研究部会を組織してそこで研究をつづけています。幼稚園のカリキュラムを作る時には、いつもその上の学年を見通し、小学校1年のカリキュラムを作るときには幼稚園の生活の上に発展するものとして、職員共同で作成しています。

たとえば11月に「学園祭」という生活実践の単元をとりあげ学園祭への参加のあてとして、1年(幼稚園)では学園祭のふんいきに浸るということ、2年(小学校1年生)では学園祭にすすんで参加し楽しむこと、3年(小学校2年)では学園祭をするわけを理解させ学園祭への参加のしかたを知ること等一貫した中に発達段階を考えて子どもたちの無理のない成長に努力しています。

子どもたちはまた1部の会といって毎週1回皆と一緒に生活する時を持っています。お話をきいたり、フォークダンスをしたり、その時は学年をはずしていっしょに活動するのです。また運動会はもとより遠足等の行事も幼稚園としてではなく1部として行動を共にするようにしています。

私たちはまた1部の子ども会の時などを通じて幼稚園以外の子どもに接する機会を持つようにしています。そして幼稚園の上につづく子どもの姿をいつも注意してみています。そうして自分

(2) 和光学園四十年史編集委員会編、同右、111頁。

たちのあずかつている子どもたちが次ぎの段階にはあのような子どもたちになるのだと現実に眺めることができますのも実感として理解されてよいと思つています。

（中略）

4月に入つた頃、上級生が列を作つて並んでいるのをみて、子どもたちはそばで、ポカンと眺めています。5、6月頃になりますと2、3人ずつかたまつて上級生のまねをして体操などをはじめますが、大部分は遠くからブランコに乗つたり滑台をやりながら眺めています。夏休みの終つた頃から5人6人と上級生の横に列を作り出し運動会の頃には、何とはなしにみんなが並べるようになつてきます。入学した頃眺めていたリズム遊戯もだんだん手足を動かしているうちに、いつのまにか皆といつしよにおどれるようになります。そして1年たつて小学校1年生になる頃には何の抵抗も感ぜずに集団の中の一員として参加していくようになります。「百聞は一見にしかず」といいますが模倣性に富んだこの頃の子どもには、みせることがまず第一だとおもいます。私たちがいくら説明したところで子どもたちの生活をひつぱりあげることは困難なことですが、自分たちより上級の子どもたちの生活が目の前にくりひろげられているのを眺めていることによつて、いつのまにか高度な方向にむかつて進んでいくことをつくづく感じます。

上級生がままごと遊びをしている中へ、入れてもらつて遊んでいるのを時々みかけます。その遊びの中では、そこの家の小さい妹弟ぐらいの待遇を受けているのですが、そこで充分遊んで帰つて来たこどもたちは、幼稚園にもどつて、すぐ自分たちでままごとをはじめます。その時はみてきたこと聞いてきたことの再現からはじまるのですが、遊び方が以前よりずつと高度に発展していくのです。

以上のように4部制は幼稚園の子どもたちによい影響を与えたようである。いわゆる「異年齢児保育」

の特色が見られる。しかし、この4部制も、1955年度までで中止している。「当時の生徒数の不安定さ、転入・転出はその一つの困難な点であった」ためとされている。各年齢別の児童数も増加してきており、幼稚園も年長組40名、年少組25名、計65名（1954年）になっている。

その後、1964（昭和39）年には、再び幼稚園部と小学校部は合同して「幼少部」として活動をすすめている。

2　和光幼稚園のカリキュラム

1960（昭和35）年、学園の主事であった久保田浩が幼稚園部の部長となった。この年から3才児組（花組）、4才児組（月組）、5才児組（星組）の体制がとれるようになり、翌年には久保田を中心に幼稚園のカリキュラムが作成された。

それは、「基調になる生活」と「中心になる活動」との二つの層をおさえたカリキュラムであった。「基調になる生活」と「中心になる活動」とは、コア連の「日常生活課程」と「中心課程」である。図表2、3で1961年度の「10月生活計画案」（星組5歳児）と「単元一覧」を紹介する。いずれも、和光学園四十年史編集委員会編『ある私立学校の足跡—和光学園40年の教育』（1973年）所収のものである。「領域別カリキュラム」（つまり「系統課程」）が加わってくるのは後のことになる。

〔図表2〕 十月生活計画案　星組（五歳児）

〈十月のねらい〉


。年長組としての充実した生活が、このあたりから期待できる。

。大きな集団の中で行動したり、外部の人々と接触したりする機会が多くなる。こうした中で、積極的に、他人をむかえようとしたり、そのために準備したりすることがだんだんできるようにしむけたい。

。自分たちで「きまり」や「やくそく」を相談してきめ、それをまもって行動するようにしていきたい。

。共同して、大きなしごと（制作や劇あそび）ととりくむ機会を多くし、それをとおして相だんしたり、しごとの手わけをしたりするやり方に、なれさせていきたい。

。いろいろな材料や道具をえらんでつかうことも多くしたい。

。外あそびの機会を多くし、いろいろな器具をつかって運動量のある遊びをみんなでやるようにしむけていきたい。

基調になる生活

。できるだけ、外であそぶようにさせたい 。ボールなげ、かけっこ、なわとび 。フォークダンス 。砂場あそび	。あそびのあとの片付けを積極的におこなう 。制作などのときの道具や材料の準備と整理が、自分でやれるようにしむける	。当番のしごとが積極的にやれるようにさせる 。部屋をきれいにすることに協力する	。外あそびのあとの清けつ 。天気のよい日はできるだけ外であそび、運動量を多くさせるように考える 。レントゲン検査 。体重測定

中心になる活動

お友だちをむかえよう

めあて	予想される活動	指導上の留意点	材料・用具	資料
。友だちをむかえたのしく遊ぶ 。めあてをもってしごとをしたり準備をしたりできるようにしむける 。自分たちでやくそくやきまりをつくりまもっていこうとするようにしむける 。自分の希望や考えをみんなに話をすることができる 。しりごみせず、力いっぱい競技をする	。桐朋のお友だちをむかえる話しあいをする 夏あそびにいったこと どんなことをすればいいか プレーディのなかみと準備 。あそぶ道具を作る どんなものを作るか相談する 手わけをしてつくる 作ったもので、あそんでみる 。ゲームをする やくそくについて話しあう みんなでゲームをする	・迎える気持ちをたかめる ・めあてをもっているかどうか ・日常化するように	・画用紙、新聞紙、竹ひご、竹ざお、ゴム ・たま入れ、巧技台、はた、テープ、なわ	・プレーディ資料

桐朋の	動物園をつくろう
◦下級生のせわができるようにしむける	◦こどもたちのもつ動物への興味を手がかりに、正しい関心をもつようにする ◦よくみ、みたことをいろいろな形で表現することができるようにする ◦しごとをすることをとおして話しあったり、考えたりしながら、ひとつのことをたしかめ、充実させていく方向にむける ◦共同しながら、しごとをすすめていくことができるようにする
下級生といっしょにあそぶ ◦プレーディに参加する その日のことについて話しあう 桐朋のお友だちをむかえる いっしょにゲームをしたり昼食をしたりする ◦やったことを絵にかいて交かんする	◦動物について話し合う 自分のすきなものをかいてみんなに話す 絵本やスライドをみながら知っていることを話しあう めずらしい動物の話をきく ◦井の頭自然文化園に遠足にいく なにをするのか話しあう 用意するもの、約束について話しあう 見学する みたこと、わからないことを話しあう ◦動物園の絵をかく みてきたことを話しあう 個人で、自由にかく 相談しながら、合作する ◦動物園をつくる すきな動物（粘土、空箱、個人、共同） どんな動物園にするか相談する はなしあいながら、つくる つくったもので話しあう ◦動物をテーマにした劇をする みんなでお話をつくる しっている話で、劇をつくる
・仲間を考えて行動するように	・くわしくみるように ・動物園から発展してほかのものになってもいい ・学園祭に発展 ・自由にやらせる
・拡声器、プレーヤー	・絵本スライド ・ねん土 ・空箱、かんその他の材料 ・ベニヤ板 ・セット ・つみ木
・馬時公苑	・遠足のしおり ・学園祭の計画

〔図表3〕 単元一覧表

	4	5	6	7	8	9
花組（三歳）	◦園の生活になれる　自分の部屋 ◦身体検査　遊び道具 先　生 散歩	母の日　プレゼント 運動会　参加 遠足 子どもの日（造型）	◦雨の日のあそび ◦健康管理 ままごと まとまった活動の出発　つくること たん生会	水あそび　園 プール 川 たん生会	夏期保育	◦再出発 電車ごっこ くだものやさん たん生会
月組（四歳）	◦園生活になれる、場所、道具、約束 ◦いっしょに遊ぶ、先生、友だち ◦身体検査 散歩	母の日　プレゼント おかあさん 運動会　参加	◦雨の日のあそび　◦健康管理 ◦登下校 お店やさん つくる う　る→交流	水あそび 制作・科学あそび・夏の自然	夏期保育	◦グループのスタート 小グループのあそび 汽車ごっこ ブドウがり
星（五歳）	◦一年の出発 かんげい会をしよう　年長組の自覚 散歩　◦身体けんさ	母の日　プレゼント 家族・家庭生活 自分の役わり 運動会　準備	◦雨の日のあそび　◦健康管理 ◦登下校 お店やさん　→内容的に 時計や　うりかい やおや	水あそび 制作・科学あそび　およぐ　夏の自然	合宿	◦相　談→あそび つくる→あそび のりもの ブドウがり

10	11	12	1	2	3
桐朋のお友だち 動物ごっこ → ものまね遊び 製作	学園祭 大工さん 空箱	○ストーブ ○冬の健康 クリスマス（仮称） みる、かんたんな演技 冬休み	○室内あそび、外あそび ○冬の自然 電話ごっこ ままごと たん生会	○一年間のせいいり 製作中心 →	おわかれ会 参加
桐朋のお友だち 動物ごっこ → ものまね遊び 製作	学園祭 大工さん かんたんな木工	○ストーブ ○冬のけんこう クリスマス 劇・合奏等 前月から入る	○室内あそび、外あそび ○冬の自然、くらし テレビごっこ ゆうびんやさん	○一年間のせいいり 製作中心 →	おわかれ会 準備
桐朋のお友だち 動物ごっこ → 劇あそび 製作	学園祭 大工さん 共同製作	○クリスマス ○冬のけんこう クリスマス 劇・合奏等 準備	○室内あそび ○冬の自然、くらし ゆうびんごっこ 文字への関心、ゆうびんのはたらき	○一年間のせいいり 製作中心 → 共同製作	おわかれ会 参加

三　久保田浩のカリキュラム論

1　久保田の教育カリキュラムの原点

久保田浩は、1916（大正5）年4月生まれ。1945（昭和20）年の敗戦の年は29歳。奈良県師範学校女子部附属小学校（吉城《よしき》学園）に勤務していたところを軍隊に召集されるが、さいわい9月には勤務校に復帰。再び子どもたちに迎えられることになった。しかし、放心状態でやる気がおこらない。

河野富江とのインタビューに当時の様子を次のように語っている。(1)

久保田―秋になって気候がいいものですから、毎日子どもたちと奈良公園にぶらぶらいって、やることといったら、スケッチや歌をうたうくらい。すると、ひとりの男の子が「先生、何かしようよ」というのです。「教科書の墨塗りはやらせたくないし、アメリカのいうことも聞きたくない。することがない」というと、「先生、何かするから人間なんだよ」って。いわれてみて愕然としたんですね。

それで気がついたのは、学校がひどく荒廃しているということ。明治38年、日本海海戦の年にできた校舎ですから、歩けば揺れるような状態です。大工道具を家から持ってこさせ、学校を整備することから始めました。「人間」がこの吉城プランの出発点になっていると、河野先生が評価してくださったけれども、ぼくの潜在意

久保田浩

（1）幼年教育研究所編・発行『《久保田浩》史探検――その生き方と思想』2003年。

識を顕在化させてくれたのは、子どもたちなのです。

久保田―子どもたちと校舎の整備を始めると、だんだん校舎が子どもたちのものになっていくんです。「廊下は走るな」「教室を汚すな」とかいわなくていい。子どもたちは自分たちでルールを決め、建物の傷みなどにも敏感になります。そして、壊れたら自分たちで直すという、主体的な取り組み方をするようになるんです。これをなんとか組織化しようとしたのが、吉城プランの始まり。学校は知識の獲得の場でもあるけれど、その前提に、おとなと子どもが一緒に生活する場があると考えたわけです。

久保田―徹底的に子どもたちが自分で生活をまかなえるカリキュラムをつくろう、ということになりました。1、2年生は遊ばせる。その中で工夫もする、動物とも遊ぶ、花壇で何か育てようとするだろう。5、6年生は、社会にも関心を向けながら学校づくりの中核にならせる。3、4年生は本を読んだり、ものを作ったりする基礎を身につけながら、5、6年生の真似をする。そんなことを考えたわけです。

そうした過程で生まれたのが、このプランです。

久保田―吉城プランというのは、形ではなく、子どもが主人公になって伸びていこうとするものを、最大限構想したものといっていいかもしれません。だから、今の教育は、ある意味で人間を信頼していないのではないかと思うんです。「人間はダメなのだ」「子どもはダメなのだ」ということから始まっている、そこのところを考えてもらわないとね。

以上、敗戦直後の久保田の思い出である。

久保田が「吉城プラン」を発表するのは、1948（昭和23）年の『吉城《よしき》プラン』（共同製作、吉城学園）、つづいて1949（昭和24）年の『奈良吉城プラン――生活カリキュラムの実践』（共著、育英出版)、そして、和光学園に来てから1951(昭和26)年に出版した『日常生活課程——子どもの学校を育てた記録』(共著)である。

なんでもそうであるが「吉城プラン」がはじめから全国の教師たちに注目されたわけではない。当時、各地に生れている社会科中心の様々な教育プランとはちがっていた。それは、インタビューで久保田が言っているように「徹底的に子どもたちが自分で生活をまかなえるカリキュラム」をつくろうとしたことである。

当時、全国的にも有名になった「明石《あかし》プラン」があった。それに久保田は納得がゆかなかった。「(明石プランは)子どもたちの生活、活動が中心にはされているが、やはり『学習』にしかすぎない。『つくられた活動』であり、それに子どもたちが取り組むことで、あるちからが育つということがねらわれているわけである。のりものごっこをとおして、交通機関への理解や知識をえて、いったい何になるというのか——と、私は考えた。[2]」のである。

久保田は、「明石プラン」などが「のりものごっこ」をとりあげるとき、「交通機関への理解や知識を得るため」であって、「子どもたちが、自らの手で自分たちの生活をつくりあげていく」活動になっていないことに疑問をもったのである。ごっこ遊びを知識獲得のための手段にすることへの批判であった。

久保田は「日常生活課程」をおさえながらも学校全体の「生活の構造化」がすすめられたことについて次のように述べている。

　子どもたちは、毎日の生活を続けている。

　仲間と遊び、しごとをする。クラスのしごともあるし、学校全体の係としての活動もある。自分自身のした

(2) 久保田浩『「日常生活課程」の原点にふれて』1985年、22頁。(復刻『日常生活課程——子どもの学校を育てた記録』の解説)

いことや、しなければならないこともある。食事や休養なども、それらに含まれるし、本を読んだり、ラジオをきいたりもする。こうした日々の生活が、充実したものでなければならない。一見平凡で、とりたてて変化のないような日常生活が、惰性にながされたり、空洞化していかないようにしなければならない。このなかで子どもたちは人間として生きるちからや、生き方を身につけていくのである。

そうしたなかで、子どもたちは「校庭に花壇をつくろう」としはじめる。彼らは、一定の期間〝花壇づくり〟に取り組むことになる。話しあって設計図をつくり、作業計画をたて、材料も集め、作業に取り組む。そうした〝まとまりのある活動〟（単元活動）が、みられることがある。

できあがった花壇は、彼らの日常生活のなかに位置づき、継続的に運営されることになる。

子どもたちが、たかまってくれれば、彼らはただ花壇をつくり、花を植えればいいとは考えないであろう。植える花の種類や、その栽培の仕方を学習する必要に気づくはずだし、またデザインの学習もしなければならなくなる。ことにデザインなどは、その場で急に学習するのではなく、組織的に積みあげられていなければならないということにぶつかるはずである。こうしたいわば課題の明確な学習が、だんだんに必要になってくるのであろう。

この三つの領域（「日常生活」「単元活動」「課題学習」）が、力動的にからみあうことで、彼らの学校生活は充実したものになると考えるべきである。

こうした考え方を、いちおうの共通基盤にしながら、私たちの〝学校づくり〟がはじまったわけである。(3)

ここで「三つの領域」と言っているように、すでにコア連が、「日常生活課程」をとり入れ、

（3）久保田浩『「日常生活課程」の原点にふれて』前掲書、20頁。

「中心課程」（単元活動）と「系統課程」（系統的・学習活動）との3層の連関を把握したことの萌芽が形成されていたと言ってよいであろう。

久保田はやがて上京、1950（昭和25）年、和光学園に就職すると、小学校を主として担当しながらも、4部制を通して、幼稚園の子どもたちとも接触することになる。そして、1960（昭和35）年には幼稚園部長となり、小学校での経験を生かして本格的に幼稚園カリキュラムに取り組むことになる。44歳のときである。

その後、久保田の幼稚園カリキュラムが集大成するのは、1970年のこと。『幼児教育の計画――構造とその展開』（誠文堂新光社、B5判、490頁）がそれである。

2 「基底になる生活」――幼稚園カリキュラムの土台

和光幼稚園では、はじめ「基調になる生活」と言った。その後、「基底になる生活」と呼び方を変えている。久保田の『幼児教育の計画』でも「基底になる生活」と呼んでいる。その原点は久保田の「日常生活課程」であり、コア連でも「日常生活課程」と呼んだものである。

この「基底になる生活」を幼稚園カリキュラムの土台にすえていることである。〔図表4〕

久保田浩「基底になる生活」

久保田は「基底になる生活」について、次のように述べている。

まず日常の生活がある。

朝になったら目を覚まし、洗面をし、食事をする。おとななら、仕事のために、それぞれの職場にいく。子どもの場合は、学校に、あるいは園にでかける。この種の行為、行動――排泄、午睡、入浴などさまざまあげられる――が、毎日くりかえされている。多少の変化はあるにしても、これらのことは一定の型にそって、同じようにくりかえされるのが一般的である。

身支度をする、あるいは排泄や入浴をする――これらの行動は、それ自身が目的になるような性格のことがらではない。身支度をするのは、これから仕事をするためであり、電車にのって会社にでかけるのは、これもまた仕事のためである。目的は仕事をすることであり、身支度や通勤それ自体が目的にはならない。これと同じことが、この部分の行動のすべてにあてはまると言っていい。

ともかく、私たちは、それ自体に目的をもたないが、生活していくためには、欠くことのできない行動、活動をくりかえしていることに注目しなければならない。

つまり、この種の行動、活動は、私たちが生きていく基盤をつくるとともに、目的をもつ活動の土台になる性質をもっていると言っていい。俗にこうした言い方がある。「あの人は、普段の生活がみだれているから、ろくなしごとができない」これは日常生活（だれもが、同じようにくりかえしているごく普

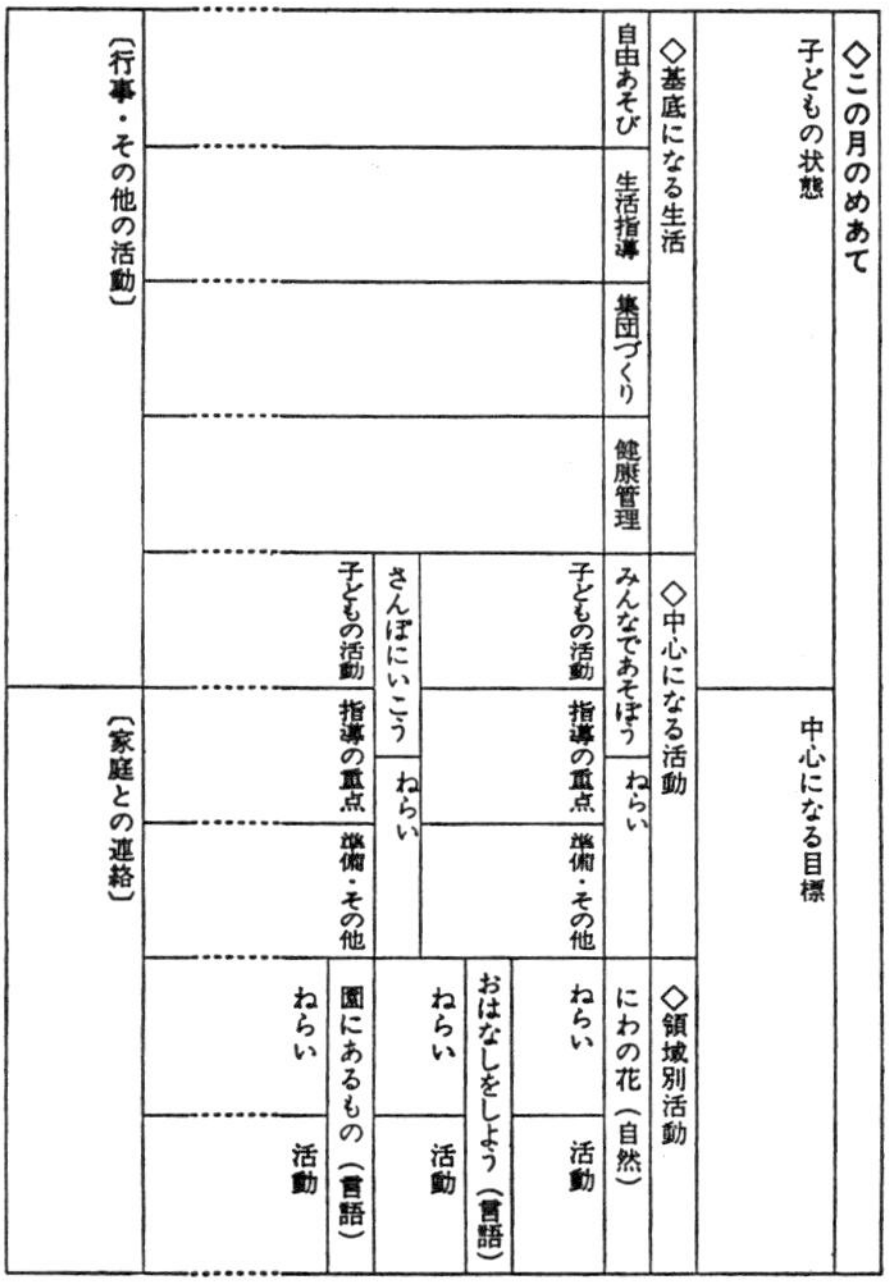

◇この月のめあて
子どもの状態
中心になる目標
◇基底になる生活
自由あそび
生活指導
集団づくり
健康管理
◇中心になる活動
みんなであそぼう
ねらい
子どもの活動
指導の重点
準備・その他
さんぽにいこう
ねらい
子どもの活動
指導の重点
準備・その他
◇領域別活動
にわの花（自然）
ねらい
活動
おはなしをしよう（言語）
ねらい
活動
園にあるもの（言語）
ねらい
活動
〔行事・その他の活動〕
〔家庭との連絡〕

〔図表4〕『幼児教育の計画』の四歳児四月の計画案（骨組みのみ）

通の）が、目的をもつ活動と切り離せないかかわりをもつ、重要な基盤になっているることをさしていると言うことができるだろう。[4]

——以上、「基底になる生活」である。日常的にくりかえされる生活であるが、この中には、「自由遊び」「生活指導」「集団づくり」「健康管理」の四つの内容がカリキュラムとして含まれていると久保田は考える。[5]その四つとは——

自由遊び——ひとりひとりの子どもの欲求からはじまるあそびは、一日の園生活のベースをつくるとともに、子どもたちの主体性を育て、集団生活をつくりだす重要な要素といえる。

生活指導——ひとりひとりの生活のしかたを指導することは、幼稚園の教育では軽くない比重をしめている。いわゆる「しつけ」という受身のものだけでなく、自分たちでよりよいやり方を考えて実行していくことまでが、中身として考えなければならない。

集団づくり——個人の行動、生活のしかたの指導が、集団生活へ発展していかなければならないことはいうまでもない。なかまとのあいだで約束を決めたり、決まりをつくったり、またそれを守ろうとする。なかまとの生活をすすめていくために、ルールをまもり、役割りをうけ持ち、交代でしごとをする意識をたかめ、ちからを育てていくことをめざす。

健康管理——日々健康管理の要点、それにかかわる活動や、しごと、子どもへの指導内容やてだて、あるいは園の業務としておこなう健康管理のしごとなどを予定し、順序だてる。

——以上、「自由遊び」「生活指導」「集団づくり」「健康管理」の四つの内容は、「生活していくためには、

（4）久保田浩『根を育てる思想』ＪＵＬＡ出版局、２００３年、82～83頁。
（5）久保田浩『幼児教育の計画——構造とその展開』誠文堂新光社、１９７０年、17～18頁。

欠くことのできない」活動であり、「毎日くりかえされる」活動である。これらは、「すべての活動の土台」であり、「基調になるもの」なのである。これを土台にして「中心になる活動」など、もろもろの活動が生れてくるのが幼稚園の生活だと久保田は考える。

3 「中心になる活動」と「領域別活動」

久保田の幼稚園カリキュラムは、コア連の成果をとり入れて、「基底になる生活」（日常生活課程）を土台にしながらも、それに関して「中心になる活動」（中心課程）と「領域別活動」（系統課程）の活動の層があって、全体として三層構造として構造化してとらえられているところに、最大の特長がある。

「中心になる活動」とは何か

「中心になる活動」とは、コア連では、「生活経験単元」とか「中心課程」と呼んでいるものであり、「問題解決的思考を育てる単元学習」の幼児版である。久保田は次のように述べている。

子どもたちの組織的な遊び《中心になる活動》の萌芽は、日常生活の中にある。

数人の子どもが集まって〝おうちごっこ〟をしている。日常生活の中に、いつもみられる自然な姿である。くりかえされる間に変化がみられはじめた。お母さん役の子どもが、買い物にでかける場面が生まれ、〝お店や〟になる子どもができた。この部分がふくらみはじめ、売り買いが遊びの主軸になりはじめた。こうした展開は珍しいことではない。よくとりあげられる〝お店やごっこ〟は、こうした遊びを組織したものとみていい。《中心になる活動》でとりあげられる遊びは、こうした子どもたちの日常の遊びを再構成したものと言っていいのである。

また、〝お店やごっこ〟が、内容豊かに展開していくことと、子どもたちの〝日常生活での経験〟と深いかかわりをもっているということは、いうまでもないことである。毎日の生活の中で、店とか、買い物の経験もなく、関心ももっていなければ、遊びは空疎なものになってしまうだろうし、自分のものとしての活気のある展開も望めない。

それだけではない。子どもたちの日頃のかかわり方も、この遊びの展開を左右する。子ども同士のかかわり、コミュニケーションの疎密も大きな条件のひとつになるし、グループやクラスでの物事への取り組み、場や物への対応がどの程度できているかによって、遊びの質も決まってくる。日常の学級づくりのあり方や、そのレベルと、遊びの深まりとはけっして無縁ではない。(6)」

以上のように、「中心になる活動」は、「基底になる生活」から生れてくるのである。

遊びばかりではない。「しごと」的活動が「中心になる活動」になってくることもある。「ある園では、ウサギやヤギを飼っている。子どもが生まれて小屋が狭くなった。「広くしたい」という提案が、子どもの中から生まれて、彼らは拡張工事にとりかかった。簡単な設計図をかく子どもがいる。材料を集めるものもいる、柱をたてるなど困難な部分はおとなの援助をあおいだが、1週間目には、彼らの手で新しい飼育小屋ができたと言う。(7)」

以上のように「中心になる活動」とは、「目標」をもった活動であるが、強制されたものではない。「自分たちで取り組もうときめた」目標である。子どもたちは「その目的を実現するために手順を考える。場所もきめなければならない。イメージにみあった材料を集め、人手が必要とあれば、仲間に呼びかけもする」、そして、「〝問題〟がおこれば知恵をだしあって解決していく」ような共同の活動なのである。

(6) 久保田浩『根を育てる思想』前掲書、90〜91頁。
(7) 久保田浩、同右、86頁。

「中心になる活動」は、コア連では「中心課程」と呼び、学校教育の「コア（核）」として熱心に論議され、実践されてきた。和光幼稚園では「中心になる活動」であったが、その後「単元活動」や「総合活動」と呼んでおり、子どもたちにとって関心の高いテーマのもとに「一定期間集中的にとりくむ」活動として一貫して重視してきている。

なお、久保田浩『幼児教育の計画――構造とその展開』から、「中心になる活動」の年齢別・月別の具体例を次に紹介しておこう。

中心になる活動

3歳児

4月	すなばであそぼう　さんぽにいこう　きれいな絵
5月	こいのぼりをつくろう　ままごとをしよう おたんじょう会
6月	おうちをつくろう　にわをつくろう ままごとごっこをしよう
7月	水あそびをしよう
9月	でんしゃごっこをしよう
10月	外であそぼう　動物ごっこをしよう
11月	くだものやさん　だいくさん
12月	劇あそびをしよう
1月	わたしのうち　でんわごっこをしよう
2月	劇あそびをしよう　雪であそぼう

3月　まちをつくろう　きれいなへや

4歳児

4月　みんなであそぼう　さんぽにいこう

5月　おくりものをつくろう　こいのぼりづくり

いちごつみにいこう

6月　すきなもの　じょうぶなからだ

やおやさんごっこをしよう

7月　水あそびをしよう

9月　のりものごっこをしよう　野原であそぼう

たんじょう会をしよう

10月　みんなであそぼう―運動会

動物園ごっこをしよう

11月　トラックごっこをしよう

だいくさんごっこをしよう

12月　劇あそびをしよう　みんなであそぼう

1月　冬のくらし　へやをつくろう

2月　おにあそびをしよう　ゆうえんちをつくろう

3月　花だんづくりをしよう　おわかれ会

5歳児

4月　へやをかざろう　花だんづくりをしよう
　　　かんげい会をしよう
5月　おかあさんのしごと　からだとたべもの
　　　えんそく
6月　ダムづくり　おみせやさん
7月　たなばたのあつまり　水あそび
9月　のりものごっこ　えんそく―農村の生活
10月　ぼくらの運動会　ぼくらの動物園
11月　だいくさん　ぼくらのまち
12月　劇あそび
1月　みんなであそぼう　冬のくらし
2月　こうば―園外活動　人形劇あそび
3月　卒園製作をしよう　おわかれ会

以上が、久保田の『幼児教育の計画――構造とその展開』の中で挙げられている「中心になる活動」の具体例である。各具体例ごとに「ねらい」「子どもの活動」「指導の重点」「準備その他」「各領域との関連」が明らかにされている。(〔図表2〕参照)

「領域別活動」とは何か

コア連で「系統課程」と呼んできている活動を久保田は「領域別活動――系列を主とする活動」と呼んでいる。「領域」という用語が、他の意味と混同されやすいのを防ぐために「系列を主とする活動」ということばを補っていることに注目したい。また、久保田は「系統的学習活動」という言い方もしている[8]。

和光幼稚園では、「領域」別の活動であったが、その後「課業」という表現も使われている[9]。

「系統的学習活動（領域別活動）」は、「（『中心になる活動』のような）総合的な活動と違って、必要な要素が全体から抽出され、取り組む目的が単一化される。そして学習される内容は、順次性を配慮し、系統的に組織されるのが普通である[10]」と久保田は言う。

たとえば、「縄とびをして遊ぶ。仲間に加わり、遊ぶことで、だんだんじょうずにとべるようになる。それが自然の姿である。しかし、そこでおこなわれている縄とびが、はじめて加わる子どもにとって、かけはなれた高度なものであるとしたら、〝加わり〟そして〝自然にとべるようになる〟という単純な言い方は通用しなくなってしまう。参加しようとしたら、その子どもは、とべるようになるために、〝練習する〟ことが必要になってくるはずである。縄の動きに対応して、からだを動かすことやタイミングよくとびあがることなど、やさしいとび方から、だんだん積みあげて、高度の技術をマスターするために、順序だてて学習していく必要がある[11]」——と久保田は述べている。

このような「組織的、系統的な学習」はコア連においても否定されるべきではなく「中心になる活動」と関連させること、両者が互いに高めあい、ゆたかになっていくような教育全体の活動をめざしたものであって、久保田の幼稚園カリキュラムの理論も、それをひきつぐものであった。

なお、年齢別の「領域別活動」の具体例は、4月の場合、次のようなものである。（久保田『幼児教育の計画——構造とその展開』参照）。

4月の領域別活動

（8）久保田浩、同右、88頁。
（9）山内和子「和光幼稚園」（宍戸・木下・勅使編『幼児保育学の初歩』青木書店、2002年）
（10）久保田浩『根を育てる思想』前掲書、88頁。
（11）久保田浩、同右、89頁

3歳児

すてきな絵（造形・言語）

ねんどあそび（造形）

紙しばいをみる（文学）

みんなであるく（体育）

4歳児

にわの花（自然）

おはなしをしよう（言語）

園にあるもの（言語）

すきな絵をかく（造形）

ねんどあそび（造形）

おにやめずるいや（音楽）

もぐらどんのおやどかね（音楽）

でんしゃごっこ（体育）

橋わたり（体育）

5歳児

根のはたらき（自然）

10ずつたばねる（数量形）

ものの名まえ（言語）

かざりつけ（言語）

プレゼントのかご（造形）

葉っぱのおもちゃ（造形）

さよなら、あんころもち（音楽）
いちわのカラス（音楽）
みんなでたいそう（体育）

以上、「領域別活動」の具体例である。いずれの年齢も4月の場合をとりあげている。いずれの具体例も「ねらい」と「活動」が明らかにされている。小学校の「教科」とはちがい、指導の場面では「あそび」の形をとって展開されなければならないとされている。

4　構造的な保育カリキュラム

久保田の保育カリキュラムの特長は、コア連の研究成果を受けつぎながら、戦後、はじめての構造的なカリキュラムを提案し、実践したことにある。「基底になる生活」「中心になる活動」「領域別活動――系列を主とする活動」の3層は「バラバラにあるものではなく、相互にかかわりあい、力動的にはたらきかけながら、生活内容をかたちづくっている」[12]のである。

それでは各層はどのようにかかわりあうのであろうか。久保田はそれをわかりやすく、次のように説明している。

子どもたちが自由に砂場遊びをしています。数人のなかまで、穴をほったり、池をつくったりしてたのしんでいます。（自由遊び）

このままでもねうちのあるあそびですが、あたらしい材料を用意したり、はなしあいによって内容

（12）久保田浩『幼児教育の計画――構造とその展開』前掲書、20頁。

をゆたかにしたり、なかまをふやすことをかんがえていきます。つまり、クラス全体でとりくむ活動に再構成していくのです。

たとえば、へやに台を用意し、ねんど、木片、紙などをつかってパノラマづくりを計画します。子どもたちは、いままでの経験をいかしながら、内容のある活動をはじめるでしょう。みんなで「パノラマをつくる」というめあてをもち、手わけをしながら、協力してつくりあげていくわけです。（中心になる活動）

ここで「紙ねんど」が、あたらしい材料としてあらわれたとします。子どもたちにとっては、はじめての経験です。いままでつかった油土や粘土の経験をいかして、つくることもできますが、よりよくつかいこなすためには、計画的な指導が必要になってきます。（領域別活動）

こうしたことを経験した子どもたちの砂場あそびは、まえとちがってくるはずです。内容もゆたかになるでしょうし、とりくみかたもたしかなものになるはずです。（基底になる生活）

つまり基底になる生活→中心になる活動⇔領域別活動→基底になる生活というかたちがみられるわけです。こうしたかかわりは、ほかの活動のなかでも、いくつもみつけることができるはずです。

また、こんなばあいもあります。

こどもたちが、かけっこをしてあそんでいます。（自由遊び）それを手がかりにして、バトンを用意し、園庭にラインをひいてやるなどしながら、組織的なあそびにしていきます。ルールをたしかなものにし、集団をかたちのきまったものにし、技術的にも指導していきます。（領域別活動）

そして、そうした活動をたかめながら、活動を多彩にし、はなしあったり、ゲームにつかう小道具をつくったりしながら、運動会をつくりあげていくようにしていくわけです。（中心になる活動）

また運動会がおわると、そこでやられたゲームが日常のあそびのなかでくりかえされていくでしょう。(基底になる活動)

このように、三つの層の諸活動は関連しあいながら、展開し、生活を構成していくのです。したがって、6領域をバラバラのわくにくみこんでデイリープログラムをつくるなどということは、あやまりであるといわなければなりません。[13]

――以上が各層のかかわり方である。久保田は、3層とのかかわりを次のように図式化している。

基底になる生活→中心になる活動⇕ 領域別活動→基底になる生活

「中心になる活動」が「基底になる生活」から生まれ、さらに「基底になる生活」をゆたかにしていくものであることをあらわしているとともに、「中心になる活動」と「領域別活動」とが密接に関連しあっていることを示すものであろう。

しかし、これは一つのモデルであって、もう一つ次のような関係についても述べられている。

基底になる生活→領域別活動→ 中心になる活動→基底になる生活

(13) 久保田浩、同右、21頁。

これは、「領域別活動」が「基底になる生活」からも生れてくるものであり、「領域別活動」が「中心になる活動」を生みだしていくことを言っているのである。「領域別活動」は、「中心になる活動」が「大単元」であるとすれば、「小単元」であり、「目標がひとつにしぼられ、分化されたあそびやしごと」であり「比較的みじかい時間のあいだに完結するもの」である。[14]であるので「小単元」的な活動が「大単元」へ移行していくことも十分考えられ、おさえておかなければならないであろう。また、次のような図式も十分考えられるものである。

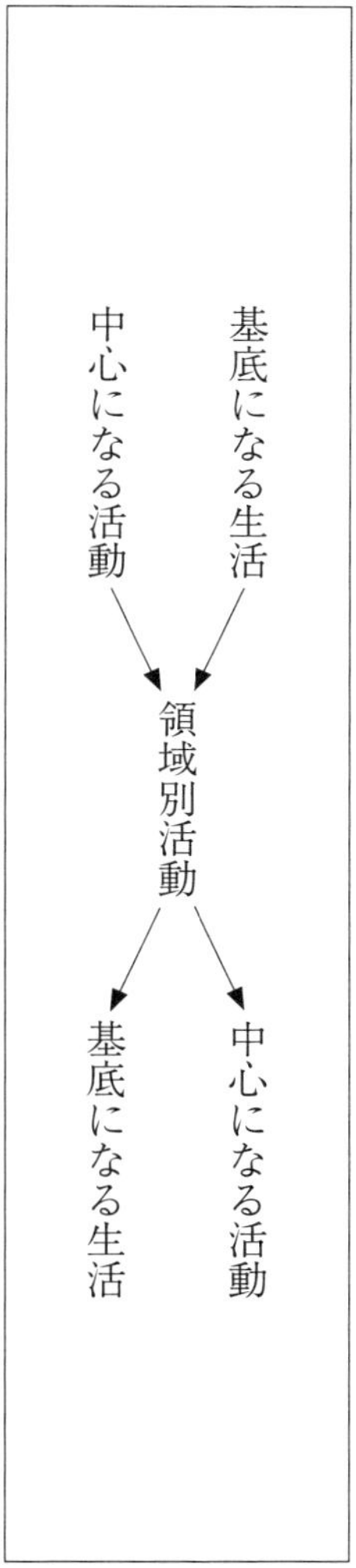

この図式での各層の関係は多様であると言わなければならない。一つの型にはまらず、相互にかかわりをもって展開されることを意味している。

(14) 久保田浩、同右、19～20頁。

四 「のりものごっこ」の保育実践——小松福三の場合

1 小松福三の歩み

久保田浩の後を受けついで、和光幼稚園の幼稚園部長となり、そして新しく誕生した和光鶴川幼稚園の部長ともなり、両幼稚園の発展のためにがんばった人に小松福三（1931年、熊本生れ）がいる。

小松は熊本師範学校を卒業。学生の頃は画家になることを夢みていたが、教育実習中に丸木政臣（後に和光学園の幼稚園園長、小、中学校校長となる。ペスタロッチ賞受賞）に接し、「教職」への意欲をもやし、熊本の小学校に就職。その後、東京に出て和光小学校に勤務。師範学校卒業以来13年間、小学校教員として活動してきたが、1964（昭和39）年4月、和光幼稚園に配転。年長児星組23人の担任になる。このとき34歳であった。

小松がはじめて幼稚園教員になったときにおどろいたことがあった。子どもたちは「何をやるにもガヤガヤとさわがしいこと」だった。

隣のベテランの教師のいるクラスは静かである。なぜだろうかとひそかにその様子をうかがうと、ガヤガヤとさわぐ子どもたちに向かって「手あそび歌」をはじめる。すると、子どもたちはそれにのってきて、静かになることがわかる。小松は「手あそび歌」を指導できないばかりか、そうしたやり方に疑問をもつ。

小松のとったやり方は、全くちがっていた。

彼は次のように言っている。

> 隣のクラスが静かに絵をかいたり、きれいな声で歌をうたったり、遊戯をしたりしているとき、わたしは子どもたちを運動場に連れだした。ボール蹴り、ウマとび、すもうなど、かなり荒っぽいことをした。三輪車が散乱しているのを見つけると、「どうだ、三輪車の車庫を作って、いつでもそこに片付けられるようにしようじゃないか」と働きかけたりした。そして、同一敷地内にある中学や高校の校舎裏から材木やベニヤ板を拾ってきては、それを子どもといっしょにノコギリで切り、カナヅチを使ってくぎで打ちつけ、何とか車庫らしいものを作り上げていった。こんなわけで、幼稚園でよくやられている〝お絵かき〟も〝折り紙〟も〝おゆうぎ〟も、私のクラスだけはあまり行なわれなかった。わたしは、もっともっとダイナミックな生活を子どもたちにさせたいと思ったわけである。それまで一般の幼稚園で行われていた小ぢんまりとした〝おゆうぎ保育〟や〝お絵かき保育〟とは別の保育を考え出していきたかったのである。[1]

ここに述べられているように、小松のやり方は子どもたちを運動場に連れだして、自由に遊ばせることであった。そして、そこで「三輪車が散乱している」ことを見つけると、「どうしたらいいのか」「三輪車の車庫をつくろうじゃないか」と呼びかけ、やりたい子どもたちといっしょになって「車庫らしいもの」を作りあげることをやる。日常生活の中から問題を見つけ、それを解決するとりくみに

小松福三

(1) 小松福三『体当たり幼児教育——和光鶴川幼稚園主事の実践』あすなろ書房、1975年、18～19頁。小松についての記述はこの本によるものであるが、不明な点は小松氏に直接問いあわせた。ていねいな返事や資料をいただいたことに感謝する。

子どもたちを誘導すること。それは、「日常生活課程」こそ、教育の原点だと考えた久保田浩の発想と共通するものをもっていた。

小松は、1964年度の1年間、幼稚園教師をやると、それにつづく2年間は、小学校で幼稚園のときの同じ子どもたちをひきつづきもちあがりで担当した。それが終ると1967（昭和42）年に再び和光幼稚園にもどってくるということになる。

しかし、1964年度のはじめての幼稚園生活1年間はたくさんのことを小松は学ぶことになる。

とくに、幼稚園教育については、漠然と考えていた疑問が実践でためされ、「やれる」という自信をもつことができたことは大きかった。

その疑問というのは、幼稚園でやっている折り紙とか紙工作とか、小さなものをつくらせていることについてである。彼は、幼い子どもたちだからこそ「小手先の小さな技術を要求する以前に、からだごとぶつかって何かを作り上げていく作業、しかもそうやって作り上げたものを使って遊ぶ体験こそ、現代の幼児に必要なことではないだろうか[2]」とばくぜんと考えていた。彼の第1年目は、それを実証する絶好の機会であったのである。そして、あるていど彼自身の考えに自信をもつことができた1年であった。

彼がこのはじめての1年間でやったことは、大型積み木を使って遊ぶことを奨励したばかりでなく、「三輪車の車庫づくり」をはじめ、「小さな家づくり」「乗り降りして遊べる固定した電車づくり」等々の大型の作業活動をとり入れたことであった。

（2）小松福三、同右、31頁。

小松福三『体当たり幼児教育』

特にこれらの作業の中で発見したことは「ノコギリやカナヅチなどを使用させることは危険である——という幼児教育における通念は、ノコギリやカナヅチなど工具の選択と、それを使用するための系統的な指導を研究すれば必ず否定できるということ[3]」であった。

これらの実践を日本生活教育連盟の夏期研究集会（千葉県鹿野山、1966年）で報告したところ、梅根悟からこれまでのような「小型非実用造形」中心の活動ではない、新しい「大型実用造形」の活動として高く評価された[4]。

このことは小松の幼稚園教育の実践に確信をもたせることになる。

2 「のりものごっこ」のはじまり

小松が「のりものごっこ」（『体当たり幼児教育』の中では「電車ごっこ」と呼んでいる）の実践に、本格的にとりくむようになるのは、1967（昭和42）年度に、小学校から再び幼稚園にもどってきてからのことである。この時、年中組を担当した。

小松福三「のりものごっこ」

9月。夏休み明けの子どもたちの体験を語りあう中で、子どもたちはいろいろな乗りものに乗ってさまざまな旅行体験をしていた。「わたし（小松）はあらかじめ、飛行機、長距離列車、省線電車、私鉄電車、連絡船、バスなどを、絵本を切り抜いたり、自分でかいたりして用意していたので、ひとりひとりの発表に即応するような形で、その乗り物の切り絵を見せ、教室の展示板にはっていった[5]」のである。

こうして、「乗りもの」への関心を高め、「電車ごっこ」が導入される。「電車ごっこ」は積

（3）小松福三、同右、33頁。
（4）小松福三、同右、36頁。
（5）小松福三、同右、75頁。

み木での電車ごっこにはじまり、「なわ電車ごっこ」となり、「本当に乗れる電車を作って〝電車ごっこ〟をやりたい」という子どもたちの声を受けて、電車製作にとりくむことになる。

それぞれ四つのグループにわかれて、どうすれば「乗れる電車」を作れるのか、を考えあう。

A、Cのグループはダンボール箱に「〝組み木〟の車」をつけることとなった。完成して試運転。何回か交代して乗って遊ぶことができたが、車輪の軸をとりつけたダンボールの部分が破損して機能不能となってしまった。

B、Dのグループは、八百屋さんからリンゴ箱をゆずってもらい、金物屋へ行って戸車を購入してとりつけた。戸車をつけたリンゴ箱は部屋や廊下ではおもしろいように走った。しかし、園庭では戸車が地面にめりこんで、動かなくなってしまう。

どうするか？　第3案は、三輪車のような大きい車をつけようということになり、小松は廃品回収業のKさんの家を訪ね、三輪車のお古と乳母車の車輪をわけてもらうことになった。

そして、リンゴ箱へのとりつけ作業が次のように始まった。

やっとの思いで切断してとりはずした車輪のしん棒は、リンゴ箱の底に角材を打ちつけ、その角材にくぎで打って固定させた。車輪の取り付けは、その作業よりも簡単だった。「乗れるか？」「動くか？」……みんなが固唾をのんで見守る前で、三輪車の車輪をつけたリンゴ箱の電車は、クラス一番のチビッ子Fちゃんを乗せて軽快に走ったのである。期せずして「やった！　やった！」「万歳！」の声が沸き起こった。そのときはもう、午前中保育の降園の時刻まぢかであった。一日じゅう他の活動は何もせず、車輪取り付けに終始したわけである。

翌日はこの箱電車に交代で乗って遊んだ。あくことなく、一日じゅう交代で乗って遊んだ。〝電車ごっこ〟ではなく、ただ単なる〝乗って遊ぶ〟ことに終始したのである。子どもたちは「一台では少ない。もっとたくさん作ろう」「もっとたくさんの人が乗れるものを作って〝電車ごっこ〟をしよう」とすごい意欲である。[6]

以上のように、三輪車の車輪をつけたリンゴ箱は、軽快に走ったが、しかし、リンゴ箱では1人、せいぜい2人までしか乗れない。「4〜5人いっしょに乗れる電車をつくろう」というわけで、リンゴ箱にかわって、自分たちで厚さ2センチの板から箱をつくることに集中した。4日間かかって幅30センチ、長さ2メートルの「長い箱電車」ができあがった。これで、乗れる電車がなんとか完成した。

1967(昭和42)年秋のことである。

これは大成功だったが、三輪車の車輪では限界があった。「方向が一定していてカーブが切れない」ことである。無理してカーブさせようとするとタイヤがはずれたり、車輪がこわれたりでたえず修理に追われなければならず、肝心の「電車ごっこ」が続かなかった。

そこで、次の年、もちあがりで年長組担当となり、1968年9月に挑んだのは三輪車の車輪をやめて、がんじょうなキャスター(直径15センチ)をつけることである。これは大成功であった。これでいちいち修理しなくても全園的な「電車ごっこ」が長時間、展開されるようになった。

3 「のりものごっこ」の定着

1969(昭和44)年4月、小松福三は、東京・町田市の和光鶴川幼稚園に部長(主事)

(6) 小松福三、同右、82〜83頁。

として東京・世田谷の和光幼稚園から移るのであるが、この「のりものごっこ」は、和光幼稚園ばかりでなく、和光鶴川幼稚園にもひろがり、和光学園の二つの幼稚園での秋の「中心になる活動」（後の「総合活動」）としてカリキュラムに定着することになった。

「のりものごっこ」についての実践的、理論的な総括がはじめて行われたのは、和光鶴川幼稚園研究部編・発行『幼児教育における〝ごっこ〟の問題〝のりものごっこ〟の実践報告』（1972年2月）である。

この冊子には、前述の4歳児、5歳児の「指導計画」が、本間英美子によって紹介されている。「全教師の共同研究・討議をふまえて」書かれたものであり、全園的な共通理解となっていたものである。

4歳児組の実践として、伊藤景子「のりもの——のりものの像を中心とした」、今井洋子「生活と切り結ぶ〝ごっこ〟とは」、古川正啓「〝でんしゃごっこ〟の実践——学級集団づくりとのかかわりで」、つづいて、5歳児組みの実践として、花沢公子「のれる電車をつくって〝のりものごっこ〟」、清野山京子「〝のりものごっこ〟に子どもたちはどう取り組んだか」などの実践記録、そして、宮津濃「『のりもの単元』実践と総括」が掲載されている。ここには、4歳児の「なわ電車ごっこ」や5歳児の「電車づくり」についての設計、電車製作、そして電車ごっこの展開過程がくわしく画かれている。貴重な記録である。

花沢公子「のれる電車をつくって〝のりものごっこ〟」から「のりものごっこ」の概略を次に紹介しよう。

花沢公子「のりものごっこ」

〈話し合い〉—導入—

・のりものにはどんなものがあるだろう。

・のりものごっこをするとしたら、どんなのりものがいいだろう。
・子どもたちの頭の中にあるのりものを出させる。オートバイ、ロケット、円盤など、テレビからの知識がかなり多く子ども達にはいりこんでいることがわかる。馬、牛、かめなど、動物はのりものかどうかでだいぶもめる。
・のりものごっこは、電車ごっこの方向へと向けさせていった。
・話し合いでだされたのりものをひとりひとり絵にしてみる。それを領域別（陸、海、空）と機能別（お客を乗せるためのもの、荷物を運ぶためのもの、仕事をするためのもの、あそぶためのもの）に分類してみる。（壁にはる）

〈駅見学〉

・電車と乗りものを見せる。
・駅で働く人々を見せる。
・駅の機構を明らかにする。
・駅の回りの様子にも注意させる。

——というめやすをもって国鉄原町田駅へ見学にいく、のりものの分類において、子ども達に身近なものを見せる。そして、その中のひとつとして電車を焦点づける。

また、これからしようとしている電車づくり、電車ごっこのために、駅や車輛をみてくる。

〈指導〉・なぜ、見学に行くのか、目的をはっきりさせる。・話し合いで共通確認した視点をその場で確認する。

〈電車づくりについて〉

具体的に、どんな電車をつくるか話し合う。木製で車が付いた電車、去年の星組が作ったように、たくさんの人が乗れるもの、と決める。ひとりひとり自分の考えを言う。

・つり革をつける
・自動ドアーにする
・ライトやパンタグラフをつける
・エンジンをつける
・イスをつける

など、思い思いの考えをだしたが、それぞれ、みんなで考え合い、みんなの力でできるもの、という事を前提にまとめていった。

（指導）子ども達は、とかく細かいところに気づきやすく、大きく全体を見とおして考えることがむづかしい、なるべく細かいことに集中させないで、大きくみとおしさせる。

〈設計図づくり〉

クラスでふたつの電車をつくるにあたり、電車づくりのグループをつくる。（1グループ16名）

・グループ内で、ひとりひとりが設計図をつくりみんなで考える。
・一つの設計図にまとめる。〔図表5〕
・他のグループの設計図と見合い、説明し合う。

（指導）子ども達ひとりひとりに、自分達がこれからつくる電車のイメージをつかませる。

〈ボール紙で電車のミニチュアをつくる〉

与えられた材料をどう使い組み立てるか考えさせ、立体的に視覚化させる。

（指導）組み立てたそれぞれの面に番号を書いておく、板を組み立てる際にわかりやすいように。

〈木製電車制作〉

材料と用具の用意

材料（木）に対して、どんな用具が必要か話し合い、用意する。

・材料　ラワン材　角材　ベニヤ板2枚　キャスター4輪（回転2、固定2）

・用具　くぎ、のこぎり、かなづち、きり、くぎぬき、モンキー、ペンチ

①床づくり

・寸法決め――電車の大きさを決める。

・同じ長さに板をきる。

・2枚のラワン材をつなぎ合わせる。どうしたらよいか、考えさせる。

・くぎを使うところは、あらかじめきりで穴をあけ、硬いラワン材に打ちやすくする。

（指導）・のこぎりの使い方の指導をする。・のこぎりは使う時以外は持ち歩かないことを約束する。きりに関してものこぎりと同じ。

②キャスター付け

・キャスターを付けるところにしるしをつける。

・ネジ穴をドリルであける。

・キャスターをとりつけて、車輪ができあがる。

③柱づくりと屋根の骨組み

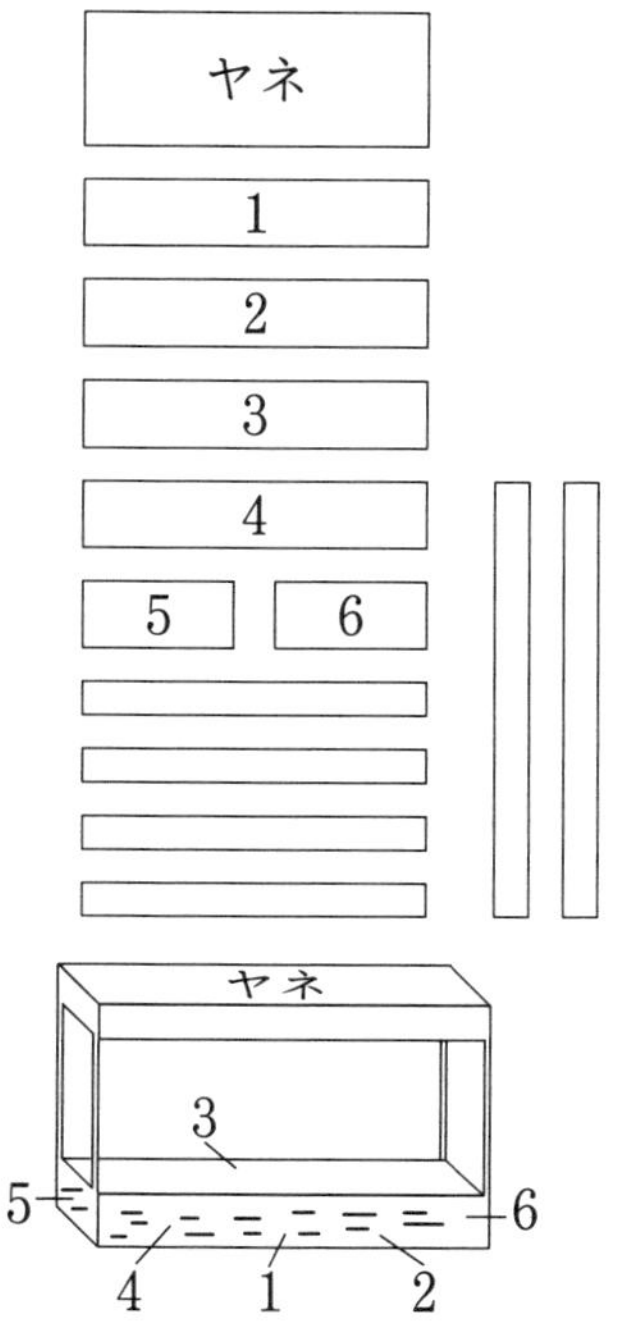

〔図表5〕

・実際に電車にのり、屋根の高さを決め、柱をつくる。
・屋根の骨組みの固定方法を考える。
・屋根の骨組みをつくる。
（指導）木材の厚さに応じて釘を選ぶことを指導する。
④屋根づくり
・ベニヤ板を屋根に乗せてクレヨンでしるしをつけ、ベニヤを切る。
・屋根をつける。
（指導）ベニヤ板は、とてものこぎりがあつかいにくい、のこぎりが使いやすいように工夫させる（机を二つ使って）
⑤色をぬる
・設計図段階で決めていた色に電車をぬる。
（指導）・ハケの使い方の指導をする。・一方にながすようにぬっていく。・塗料をのばす。

〈電車ごっこ〉　――1回目

電車ができあがった段階で、これからどうやってあそぶか、具体的に話し合う。ただまるくて、グルグル回って走るのではおもしろくないので、ステキな線路をつくろう。という考えから、子ども達ひとりひとりが、みとり図をかいたが、複雑すぎて実際にはできないものが多い。結局、単純なコースになってしまった。

決まった役割ではじめて園庭に線路をかき、箱積木を組み立てた駅をつくって電車ごっこをする。駅は、鶴川駅と柿生駅で、切符を作る人、切る人、売る人とそれぞれ2名ずつの駅員が、自分の仕事をする。電車には、運転手と車掌が一台の車輌にひとりずつつき、電車をおし、線路の上を走らせる。客は切符を買い（お金は、払わない）目的地まで電車に乗る。

（「電車ごっこ」をやった後）役割ごとに、それぞれ自分の感じたことを出し合った。そしてこれらの意見を元に、ルールをつくった。

・お客は、必ず切符を買って電車に乗り、降りた時は切符を返す。

・車掌は発車する時には必ずふえで合図をし、運転手は合図があってから、発車させること。

・A班の電車は内回りで左回り、B班の電車は、外回りで右回りにする。

・電車の乗り降りは、降りる人がすんでから乗ること。

また、新たに一つ駅をつくることになり、玉川学園駅をつくる。

それぞれの駅は、ホームをはっきりかき、駅名の表示や行き先案内の看板をつくる。

〈電車ごっこ〉―2回目

話し合いでのルールの確認で、トラブルも少なく、どの係もいっしょうけんめいに仕事をし、お客もうまく電車に乗り降りできるようになる。

切符売り場がいつも混雑していて、お客が文句を言っている。机の上にちらばっている行き先とおなか子どもか書いてある切符を、お客のいう通りにひろい出すのに時間がかかる。

柿生駅の切符売りをしている由美が、「ちょっと待って、今、わけるから」と言って、行き先別、おとな、子ども別にきちんと渡せた。それからは、柿生駅だけは切符がうまくさばけるようになった。

以上のような「のりものごっこ」は、和光鶴川幼稚園では、10月から11月にかけて、各クラスで4週間から6週間にわたって展開されている。この実践の特徴は、たえず「話し合い」によって、子どもたち自身による問題解決をはかっていることであり、もう一つは問題解決を可能とする子どもたちの技術力であり、集団力だと言ってよいであろう。

花沢公子「のりものごっこ」まとめ

この記録の「まとめ」で花沢公子は、次のように述べている。

○電車づくりにおいては、予想以上に子ども達が技術的なところで高まっていたのでおどろいた。たとえば、のこぎりの使い方、きりの使い方など、工具のとりあつかいが上手になされていた。

○すべての子どもに、自分達が、これからとり組むことへの理解をさせる、ということにとても気を使ったのだが、Bグループは、木材をあつかう段階でまよってしまい、集中できない子どもがでてきた。ボール紙でのミニチュアを分解したり、組み立てたりして、板の長さのはかり方、同じかたちの板の枚数やその組み立て方など、子ども達が考え合い、発見し合って確認した。その後のBグループの仕事はどんどんはかどったのだが、こんなところで、ひとりひとりが自分達の仕事に自信をもち、見通しをもって行動することの大切さが、確認された。

○Aグループの屋根づくりでは、いきなり大きなベニヤ板を屋根に乗せ、クレヨンでしるしをつけ始めた時、子ども達なりの思いつきにびっくりした。子ども達は、紙にまるい円を描く時に、いつも缶のふたなどを利用してうまく円を描くが、その経験がこういったかたちで表われたのだと思う。

○電車づくりを始めるにあたり、子ども達だけの力では、とうていできるものではない。教師がよほどがんばらなくては……という気持ちがあった。しかし、いざ実践してみると、そんな気持もいつのまにか無くなっていった。

○ごっこの部分では、時間が足りなかったために、しりきれとんぼの形になってしまった。しかし、あそんだ後の話し合いで、いろいろな意見がだされ、次のあそびの見通しをたてて、
「早くやりたいなぁー」
という子ども達のことばとともに、1回目より2回目、2回目より3回目と、あそびは発展していった。
○ごっこの中では、一度も電車に乗らず、重い電車を合図のふえでひっぱって歩き、首すじからいつもあせを流しているBグループの運転手をみながら、あるお母さんは、
「うちの子にも、ああいった仕事（ごっこでの仕事）をやらせてやりたい。」とあゆみに書いてきた。

——以上は、花沢公子の「まとめ」である。子どもたちが何人も「乗れる電車」の制作は、技術的に大変むずかしい活動であるに違いない。それを「子ども達が考え合い、発見し合って」すすめられ、「ひとりひとりが自分達の仕事に自信をもち、見通しをもって行動する」ことができたことには、おどろかされる。

なお、「のりものごっこ」の4歳児、5歳児の指導計画は、次のように立案されている。10月から11月にかけて、4週間から6週間をめやすにしている。（本間英美子「〝のりものごっこ〟についてかく考える——全教師の共同研究・討議をふまえて」和光鶴川幼稚園研究部編・前掲書、所収）〔図表6、7〕

和光幼稚園の電車ごっこ（和光幼稚園編・発行『和光幼稚園の教育』1992年）

〔図表6〕 4歳児の「のりものごっこ」

段階	子どもの活動	教師の視点	教材・準備など
1	○どんなのりものを知っているか。乗ったことがあるか。 ・描きあらわす ・話す ・見る	○のりものの種類、乗った経験のあるものをあげさせる。 ○そのものの特長をつかませる	○絵本 ○写真 ○遊具
2	○のりものの役割について知る。 ・話を聞く ・スライドを見る ○町や駅や造成地などにいって実際を知る。 ○乗りものの働きについて知った上で役割別に分類していく。	○そののりものが何をするものかを実際にみせていく。 ・人をはこぶしごとをするもの ・物をはこぶしごとをするもの ・工事現場ではたらくもの ○その分類	○分類を視覚化したもの ○絵本 ○スライド
3	○電車や駅で働く人とその役割がわかる。	○絵本や物語から実際を捉えさせる、また子どもの知っていることを話させ具体的にしていく。	○絵本 ○物語
4	○でんしゃごっこをする。・役割分担をする。 ・あそび方を共通確認する。	○役割を知ってその分担をしてあそびにはいる。 運転手 車掌　　三者関係 乗客　　がわかる 駅長　　ようにする 駅員 売店ではたらく人 掃除をする人 ○あそびのルールの共通確認	○なわでんしゃの導入
5	○でんしゃづくり ・どんな電車にするか。	○なわでんしゃの限界にぶつかり新しいでんしゃづくりを志向させる。 ○材料のもつ特長などについてつかませ技術を指導していく。イメージの共通化をはかる。	○ダンボールでんしゃ作り（大型）に必要な素材準備 ○でんしゃの見取図をつくる。
6	完成したでんしゃを使ってみんなであそぶ。	○あそびのルールの確認	

〔図表7〕 5歳児の「のりものごっこ」

段階	子どもの活動	教師の視点	教材・準備など
1	○知っているのりものについて話す。 のりものを機能別に分類する（子どもの生活の範囲で）	○見聞・経験を出させる。 ○子どものもっている乗物についての知識をとらえる ○のりものの原理について考えさせる	○月組のときの資料（4歳児） ○遊具（家庭から持ちよる） ○絵本 ○分類したものを視覚化したもの
	○どんなのりものごっこをするか話しあう。	○月組のときの活動の反省の上にたって計画案を作る ○子どもたちに見通しをもたせる ○でんしゃごっこの方向をもって考えさせる	
3	○でんしゃごっこに必要なこと（物）を考える	○ごっこあそびの展開予想を立てる	○駅のしくみ ○そこで働く人の仕事のなかみをまとめたもの
4	○駅の見学に行く ・予想と実際とのちがいを知る ・どんなことをしっているか ・どうそれがあそびとかかわっていくの	○予想をたて問題をもっていく ○内容 ・でんしゃをみる ・駅の機構（ごっこに必要な最低限にしぼる） ・駅で働く人 ・駅周辺のようす（商店街、タクシー、バス）	○予想図 ・教師が用意するもの ・子どもといっしょに作りあげていたもの ○問題点を視覚化したもの ○駅の人との話しあい
5	○駅見学のまとめ ○予想と実際について話をする	○でんしゃごっこをするために必要なことやものにしぼりまとめる ○でんしゃづくりの計画をする	○予想図と実際とを図示する

段階	子どもの活動	教師の視点	教材・準備など
6	○でんしゃづくりをする	○技術や材料の知識をもたせていく ○材料の使い方の工夫をさせ、正しい使い方の指導をする	○3クラス共通の材料を用意する ○設計図 ○でんしゃのミニチュア
7	○作ったでんしゃであそぶ	○役割や交代のルールをみんなで考え確認する	○園舎のまわりの路上を使って動かす
8	○さらに必要な附属品づくりや装飾をする （↕この反復活動）	○ごっこをおもしろくしていくために必要なものを作る　必要なことは何かを考えさせ次の展開にもっていく	○附属品作りに必要な材料準備
9	○星ブロック全体であそぶ	○ルールの共通化	○あそび⇔話し合い →次のあそびをする
10	○全園であそぶ	○ルールを全体に徹底させる ○月組（4歳児）は主としてお客にする	

4　「のりものごっこ」の意義

和光学園の幼稚園がなぜ、「のりものごっこ」にこだわり、毎年、とりくんで来たのだろうか。この和光鶴川幼稚園研究部編の冊子（前掲）で小松福三は「私たちの『ごっこ観』について　〝ごっこ〟の教育的意味について」と題して、巻頭論文を書いている。ここから、この答えを知ることができる。

小松は、ごっこ遊びについて、次のような教育的な五つの要素をもっていると考える。

一つは、「社会認識の素地をつくることができる」ということである。たとえば、「おうちごっこ」を通して、それまで自分の家庭のケースだけしか知らなかった子どもが、他の家庭のケースを知り、社会認識の広がりがでてくる。

二つは、「問題解決思考の初歩をつくることができる」ということである。「ごっこ」は、その活動過程で、しばしば新たな問題に出会うので、そのつどその問題を考えさせることができる。

三つは、「集団の教育ができる」ということである。「ごっこ」では、それぞれ役割をもち、その役割を果たさなければならない。ときには役割交代も必要となる。「ごっこ」は、子どもたちに〝集団〟を意識させたり、自覚させたりするだけでなく、集団的思考と行動を学ばせる内容をもっている。

四つは、「集中的なとりくみと創造のよろこびを持たせることができる」ことである。「のれる電車を作ってのりものごっこを」という目標のもとに、どうしたらほんとに乗れる電車ができるか、ということを協議し、設計や製作法を確認し、目標にむかってとりくむ。そこには、創造のよろこびがある。

五つは、「〝ごっこ〟は総合的活動である」ということである。その活動には、生産・労働の教育、集団・人権の教育、文化創造の教育が総合的にふくまれているのである。

以上、「ごっこ」には教育的な五つの要素を含むものである。しかし、どんな「ごっこ」にも、これらの要素がすべて含まれているとは限らない。子どもが面白がるからといって放任してしまうのは好ましいことではない。どういう「ごっこ」をとりあげるのがよいか、また、それをどのように展開させるのか、幼稚園としては「ごっこ」を選択することが必要である。その点、「のりものごっこ」は推奨されるものの一つではないかと、小松は考えるのである。

「ごっこ」については、これまでも多くの批判が寄せられてきている。新しい時代の中で「ごっこ」をどう再生させるかは、幼稚園にとって大きな課題でなければならない。

小松は同巻頭論文の中で、次のように述べている。

子どもはおとなの生活その他、自分たちの生活からはなれた生活を模倣することによって、自分たちの遊びの中にそれを再構成してみるのをよろこぶ。そのことによって、子どもは、自分たちとことなった生活を、感覚的・行動的に認識していく。このようなごっこあそびのもっている成長への有効さを、教育活動の中にとり入れて、計画的な授業計画に位置づけることがなされてきた。とくに、経験主義に立つアメリカの新教育運動の中では、これが学習活動の単元を形成するほどの役割があたえられ、さらにこれがプロゼクトへと発展させられていくことが期待されていた。第2次大戦後のわが国の新教育の中でも、ごっこあそびはかなり普及をみたが、表面的に子どもの興味に迎合するものにとどまり、計画的・組織的に、必要な教材を子どもに順をふんで身につけさせることに失敗しているとの批判を受けた。ごっこあそびは、子どもの興味を呼びおこす学習への導入の段階や、ならったことを現実的な生活場面に適用させるための、一つの教育活動の場面を提供することはできる。だが、子どもの内面から発する探求的な学習意欲にささえられて、継続的に順序をふんで、教材を身につかせるためには、あまりにも偶然的で、表面的な興味におわるおそれが強い。そればかりか、ねばり強く、努力的な働きかけの中で興味をいっそうふかめていくという過程を知ることは、子どもにとって必要である。たとえ低学年のばあいでも、ごっこあそびは学習過程の一つの場面としてみとめられるほどのものと考えたい。

以上、小松の言うように、ごっこ遊びが偶然的な「子どもの興味に迎合するものにとどまる」ものではなく、探求的な学習意欲にささえられて「興味をいっそうふかめていく過程」であり、幼児期の「学習過程の一つの場面」として認められ、「プロゼクトへと発展させられ」位置づけられなければならないものである。そのためにはどうしたらいいか、と問いかけているのである。いわば、それは、また、幼稚園カリキュラムの全体的構造を明らかにする課題にもつながるものであろう。

おわりに

和光学園の幼稚園のカリキュラムは、戦後の保育カリキュラムの出発において、民間団体コア連の研究討議の中で作成された注目すべきカリキュラムであった。そして、このカリキュラムは、戦前の代表的な保育カリキュラムである『系統的保育案の実際』（１９３５年）と比較すると、そのすぐれた伝統を受け継ぐものであることがわかる。

『系統的保育案』は、その土台に「生活」（自由遊戯と生活訓練）を置いている。同じように久保田案も、その土台に「基底になる生活」（自由遊び、生活指導、集団づくり、健康管理）をすえる。（図表8、9を参照）

そして、両者ともにカリキュラムの中心は、「誘導保育案」や「中心になる活動」であり、名称は違うが、ともに、アメリカのプロジェクト・メソッドの影響のもとに、構想されたテーマのある、計画的な「生活経験単元」活動であり、プロジェクト活動である。そして、そのテーマは、両者とも土台である「生活」からうまれてくるものであると考えられている。

『系統的保育案』は、戦前の国家主義的体制のなかで、制約を受けざるをえなかったが、久保田案は、戦後民主主義体制のなかで、プロジェクト活動を、さらに発展させたのである。

久保田案は、戦前の『系統的保育案』を引き継ぐものであるが、久保田らが、直接、『系統的保育案』に学んだという証言はない。久保田案は、戦後のコア連の運動のなかから、3層4領域論の影響のもとで構築されたカリキュラムである。その結果、『系統的保育案』と類似した構造になったのである。

久保田案は『系統的保育案』の伝統を受け継いだものであるが、そこには、戦前と戦後の違いを見出すことができる。その違いというのは、戦前の保育5項目を主とする「課程保育案」と戦後の系統性をめざす「領域別活動」である。コア連の3層4領域では、学力論争をとおして、文化遺産を系統的に教育するため「系統課程」を3層の一つとして位置づけている。久保田案もそれに学んで「領域別活動」

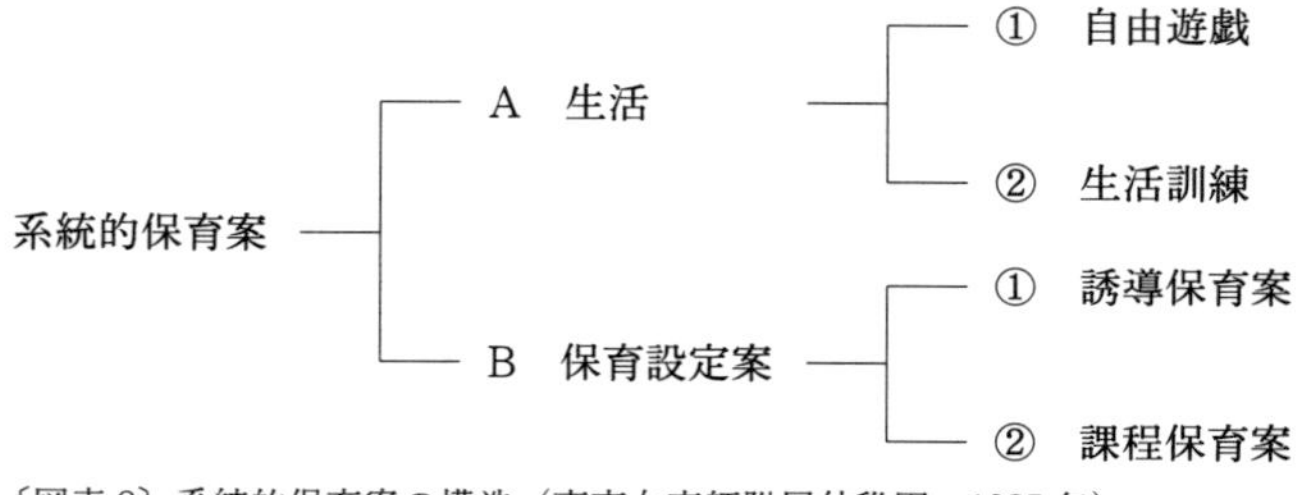

〔図表8〕系統的保育案の構造（東京女高師附属幼稚園、1935年）

（自然、社会、言語、造形、音楽、体育、文学、数量形）を積極的に、3層の中に位置づけている。久保田は「中心になる活動」が「総合」であれば、「領域」は「分化」であり、「総合」と「分化」は矛盾するものではなく、相補い、相応じながら、子どもの活動を構成し、発展させていくものであると考えている。

戦前の倉橋らが「課程保育案」を位置づけたことは卓見であったが、「その課業性の危険を警戒」（倉橋）するあまり、保育5項目は「誘導保育案」の中に溶け込ませてしまうほうがよいと考えていた。久保田案が「領域別活動」の独自性を意味づけ、その積極性を主張したこととは大きな違いがあった。この違いは構造全体のあり方にもかかわっている。久保田案では、3層である「基底になる生活」と「中心になる活動」と「領域別活動」とが相互に関連しあい、ダイナミックに発展していくものとして把握される。「領域別活動」は、「電車づくり」において、その木工的技術を発揮させることになり、それを成功に導いたのである。

とくに、3層相互の関連を展開させた原動力となったのが、子どもたちの問題解決のための「話し合い」であり、みんなで力をあわせることのできる「集団づくり」であったのである。このことも、戦前の「誘導保育案」での実践とは異なる点である。

和光幼稚園での小松福三による「電車づくり」「のりものごっこ」は、和光鶴川幼稚園をふくめて、幼稚園の代表的な総合活動、すなわち、「中心になる活動」になっている。「中心になる活動」とはなにかを追求するなかで、1960年代後半、

三つの層
- (1) 基底になる生活
  - 自由あそび
  - 生活指導
  - 集団づくり
  - 健康管理
- (2) 中心になる活動
- (3) 領域別活動－系列を主とする活動

〔図表9〕久保田浩の教育計画の構造（1970年）

この活動ははじまった。

戦前の『系統的保育案』の保育実践においても、「人形のお家」「大売出し」「自動車」「特急列車」など、すぐれたプロジェクト活動（「誘導保育」と呼んでいたが）が見られる。とくに「自動車」は、人が乗れる、ほんものそっくりの自動車をつくる活動であり、それまでには見られなかったみごとな展開である。[1]

和光幼稚園の「のりもの」をテーマとする活動は、みんながのれる電車を作ろうとはじまった活動であったが、直接、戦前の「自動車」を意識したものでもなければ、そこから学んだものでもない。子どもたちの生活と関心をひきだし、それを伸ばそうとして、試行錯誤で取り組んだ活動である。はじめは、リンゴ箱に、三輪車の車輪をつけて走らせてみたが、思うように曲がらない、人も乗れない、すぐ壊れてしまう。どうしたらいいのか。考えさせながら、4、5人乗せても、頑丈で壊れない電車を完成させて、全園あげて、「電車ごっこ」にとりくむことができたのである。

この「電車ごっこ」を戦前の「自動車」の実践と比較して考えさせられるのは、戦後の実践が、子どもたちの「話し合い」を通して、問題解決への試行錯誤の過程をていねいにおさえている——ということである。このことは、戦後の教育が子ども一人ひとりの主権者としての人間形成を理念としていることと関わっている。ここに、戦前をこえる戦後の保育実践と保育カリキュラムがあった。[2]

（1）戦前の「自動車」などの実践記録は、倉橋惣三『幼稚園保育法真諦』東洋図書、1934年所収。
（2）宍戸健夫「日本における保育カリキュラムの誕生」『同朋大学論叢』第90号、2006年3月参照。

和光幼稚園の子どもたち（和光幼稚園編・発行『和光幼稚園の教育』1992年）

和光幼稚園での実践は、戦前、倉橋惣三を中心とする東京女高師附属幼稚園での「誘導保育」の実践を受けつぎ発展させるものであったが、それは、横浜市・安部幼稚園をはじめ、多くの幼稚園・保育所のカリキュラムに影響を与えた。戦後、60～70年代における日本の代表的なプロジェクト活動であったのである。

〔参考文献〕

梅根悟『コア・カリキュラム――生活学校の教育設計』光文社、1949年。

梅根悟ほか『幼稚園教育（教育大学講座9）』金子書房、1950年。

久保田浩・馬場四郎『日常生活課程――子どもの学校を育てた記録』誠文堂新光社、1951年。

梅根悟『保育原理』誠文堂新光社、1968年。

久保田浩『幼児教育の計画――構造とその展開』誠文堂新光社、1970年。

和光学園四十年史編集委員会編『ある私立学校の足跡――和光学園40年の教育』明治図書、1973年。

小松福三『体当たり幼児教育――和光鶴川幼稚園主事の実践』あすなろ書房、1975年。

梅根悟『梅根悟教育著作選集』1～8巻、明治図書、1977年。

小松福三『子どもの発達としつけ』三修社、1980年。

大槻健『戦後民間教育運動史』あゆみ出版、1982年。

秋野勝紀『生活づくりと保育の創造』駒草出版、1983年。

宍戸健夫『保育の森――子育ての歴史を訪ねて』あゆみ出版、1994年。

川合章『生活教育の100年――学ぶ喜び、生きる力を育てる』星林社、2000年。

勅使千鶴・亀谷和史・東内瑠里子編著『「知的な育ち」を形成する保育実践Ⅱ』新読書社、2016年。

〔補論〕和光学園における幼稚園・小学校の連携
—プロジェクト活動を中心に

はじめに

本稿は和光学園における幼稚園・小学校の連携をとりあげて検討するものであるが、とくに、幼稚園におけるプロジェクト活動（総合活動）の状況とその小学校への連携のあり方について考えたい。

一　和光鶴川幼稚園と和光幼稚園

1　和光鶴川幼稚園での保育実践——4歳児クラスの場合

２００９年11月、和光大学で、「幼児期に育てたい力—幼小接続問題と和光鶴川幼稚園の保育[1]」をテーマに和光大学保育ワークショップが行われた。ここでの、保志史子（和光鶴川幼稚園主事）の報告「和光鶴川幼稚園の保育が大切にしてきたこと」は、たいへん興味深いものであった。以下、その報告をかいつまんで紹介したい。

和光鶴川幼稚園（鶴川幼と略す）は、１９６９年に創立された東京・町田市にある幼稚園で和光学園の幼・小・中・高・大の一貫教育を担っている幼稚園である。「自分の好きなことをとことんやれる子どもであり、人と一緒に何かをすることが楽しい、ここちいいと感じられる子どもに」育ってほしいと願っている。そして、「ものとかかわる力」「人を信じながら文化をおもしろがる力、

（1）和光大学保育ワークショップ『幼児期に育てたい力—幼小接続問題と和光鶴川幼稚園の保育』和光大学現代人間学部心理教育学科、２０１０年3月。

（2）同右、12～13頁。

自分に取りこめる力」「人を信じ、人とつながりあう力（人とかかわりあう力）」「仲間と共に未来をつくりだす力」などが「育てたい力」であるとしている。

とくに「仲間と共に未来をつくりだす力」を育てるためには、「〜がしたい」「やってみたい」という思いの実現に向けて、「どうなるかな？」とわくわく、どきどきを共有しながら、教師や友だちと知恵や力を出し合い、自分たちの納得できるものを作りだすその年のその子どもたち、先生とでしか作り出せない1回限りの活動に取り組んでいる。それを「総合活動」と呼んでいる。それは、テーマ（動物、のりもの、お店、虫、魚、家、忍者、きょうりゅう、昔の生活、遊園地など）が、子どもたちの興味・関心によって行われるクラス活動である。

「総合活動」は、主として5歳児の保育活動であるが、そのためには、3、4歳児の時期の物づくり活動、体育的な活動、絵本を読む、絵を描くというような活動を土台としている。

◎4歳児の紙袋づくりの場合②

S先生はB4の紙をおいて横に折るやり方を伝えました。そうしたら、まさはる君が縦に長く折ったのです。間違わせないということを考えたら、先生が言ったことと違うから間違い（？）ですよね。縦は難しいから、初めてやるときはみんな横でやりなさい、普通だとそういう指示になってしまう。でもS先生は、そこで立ち止まって、指示しないでいたらどうするかなと待つことができたのです。そうしたら、まさはる君が縦に作ったものが、子どもたちに受け入れられた。すごく面白いのができたねというふうになって、私も作りたい、僕も作りたいという子たちが出てきた。長細い袋ができたので、遊びの方もいろいろと子どもたちが考え出しました。手を入れたら指人形みたいになったり。それは計画していたS先生からすれば思いもよらぬ展開でした

以上のような実践について、職員会議であらかじめ話

しあっていたことは、①袋の作り方を失敗させたくないからと指示するよりも、失敗でもそこから学ぶものがあること、②袋での遊び方も、自分たちで作りださせる方がいいのではないか——の2点であった。

一人の子どもが縦の長い袋づくりに挑戦したことがきっかけとなり、みんながそれに関心をむけ、それにとりくみ、これまでにない楽しいプロジェクトになったのである。職員会議の話しあいが、生かされた実践となった。

2 和光幼稚園での保育実践——5歳児クラスの場合

2011年1月、東京都世田谷区にある和光幼稚園で、公開研究集会が行われた。和光幼稚園（和光幼と略す）は、和光鶴川幼稚園とともに、和光学園に所属する幼稚園である。

ここで、星1組（年長組）担任の大和有志『食』を通して（プロジェクト）」と題する次のような実践報告があった。

和光幼は農園をもっている。毎年のように春になって、かぼちゃの苗を植え、かぼちゃをつくっている。今年もいつものように5月に苗を買ってきて、9月になり、さあ収穫だというときに、かぼちゃにまざって巨大な楕円形のとうがん（冬瓜）のあることを発見する。「これはなんだ。これでもかぼちゃだろうか?」と子どもたちがさわぎだすところからこの実践ははじまる。

その概略を紹介すると次のようである。[3]

① はじまりは、9月はじめの農園での収穫からかぼちゃの苗を5月に植えたところ、9月のはじめには収穫ができるまで。収穫作業のなかで、楕円形の巨大なとうがん（冬瓜）を子どもたちが発見。「なんだろう。かぼちゃだろうか」と論議になります。

② とうがんか、かぼちゃか
いろいろ試して調べます。包丁で切って中身をたしかめる。ゆでて食べてみる。図鑑で調べる。母親にきいて「とうがん」をもってきてもらう。調べた結果、どうやら、かぼちゃではなく、とうがんらしいということになります。

③ とうがん料理に取り組む
母親からとうがん料理のつくり方についてきいてくる。とうがんスープやあえ物をつくる。隣のクラスでもうわさになっており「おすそ分け」をする。
④ とうがんパーティーをやることになる
またまた、農園で巨大なとうがんを発見。「どうしようか」という話しあいで、「年少、年中組みを招待して、とうがんパーティーをしよう」ということになる。
⑤ とうがんパーティーの準備
招待状づくり、部屋の飾りつけ、料理の試食など準備に取くむ。
⑥ いよいよ、とうがんパーティーがはじまる
小さいこどもたちがやってきた。席に案内すること、「ちょっと待ってて」とカレーの盛りつけをするもの、「おいしいですか」「おかわりはどうですか」など、「みんなたくさん食べてくれた」と子どもたちは、おお喜びでした。

以上の実践に対する大和担任の感想は、次のようであった。

「2学期「食」から始まったプロジェクト活動でしたが、後半には子どもたちの気持ちはパーティー作りに向かっていき、よい準備ができていたのにもったいないなかったなと、つくづく思います。しかし、『パーティーをやるんだ！』とクラスが動いてきたパワーやその中での個人個人のアイデアや気持ちの変化、そしてそこからつながる関係など、色々な物が見えてきて、プロジェクト初体験のぼくにとってはパーティー作りがおもしろかったです。『食』にこだわって調理活動を続けていたころは今思うと正直苦しい事もありました。調理活動をする中で、何か子どもたちに気づかせたい、どうしたら面白い展開につながるか、と悩んでいました。パーティー作りに移行してからの子どもたちの積極的な様子を見ると、そんな苦しさを子どもたちも感じていたように思います。」

——以上、担任の感想にあるように、この実践の焦点は「パーティー作り」にあった。「パーティー」をやろうと

(3) 和光幼稚園「公開研集会報告書」(2011年1月22日)より、宍戸が作成。

いう発想は、「まだ、たくさんあるとうがんをどうするか?」という相談をしたときに、子どもたちのなかから出てきたもので、「やろう!」となったものの、さて、「パーティーってどんなことをするの?」ということからはじまり、「料理をだすって、どんな料理をつくるの?」ということで、「ゴチャゴチャ」になる。それでもなんとか、料理のメニューをきめ、さらに、「パーティーってどうやるの?」ということになる。ポスターをつくったり、かざりつけをしたり、いっぱいやることがでてくる。そんな「苦しさ」を乗りきっての楽しいパーティーであった。

3 和光の幼稚園におけるプロジェクト活動（協同的学び）について

前記、和光幼での公開研究集会で、大瀧三雄園長の全体報告があり、そのなかで、「プロジェクト活動（協同的学び）」についても報告されている。その要点を紹介すれば次のようである。[4]

① 和光幼では、1970年代前半から「どうぶつ」「のりもの」などをテーマにプロジェクト活動にとりくんできている。

② しかし、当初の「子どもと試行錯誤しながら、自分たちの生活をきりひらいていく」という世界から大きくかけ離れていっていることに気づき、どうしたらいいのかと実践的な検討をはじめたのは4年前からである。

③ 「お店屋さんごっこ」「虫の世界」「原人の生活」「畑作りから食の世界へ」「バッタの世界」など、子どもたちが興味をもったテーマをよりどころにして、調べたり、体験しながら、その時々のテーマにそって取りくむようになった。

④ 一人ひとりがもった疑問は、関連性がないように見えるが、その関心が広がり深まるなかで、新しい好奇心が生まれ具体的な活動になり、「知的探求の世界」をつくっていくのだと思う。

⑤ 今年の「食」をテーマとするプロジェクトは、「食」をテーマにしているが、最後は「食」というより「パーティー」に子どもたちの関心が向っている。ここが、こ

（4）同右、参照。

れまでとは違った「世界」をつくっているところである。

――以上、大瀧園長の報告である。プロジェクト活動は教師の意図によってスムーズに展開されるよりも、「子どもと試行錯誤しながら自分たちの生活をきりひらいていく」ところに重点がおかれなければならないとするものである。鶴川幼の「紙袋づくり」の実践も、和光幼の「パーティーづくり」の実践も、子どもたちと教師とが「わくわく、どきどき」を共有する「試行錯誤」の実践であったということができる。

二　幼児期の教育と小学校教育の円滑な接続の在り方に関する調査研究協力者会議の「報告」（2010年11月）から

2010年11月に「幼児期の教育と小学校教育の円滑な接続の在り方に関する調査研究協力者会議」によって「幼児期の教育と小学校教育の円滑な接続の在り方について（報告）」が発表されている。（以下、「接続の在り方報告書と略す）。

そこでは、次のような要点が挙げられている。

① 近年の子どもの育ちについて

近年の子どもの育ちについては、基本的な生活習慣、他者とのかかわり、自制心や規範意識が充分育っていない。また、知識は増えているものの、それらは断片的で受身的なものが多く、学習に対する意欲や関心が低い。小学校1年生などの教室において、学習に集中できない、教員の話が聞けずに授業が成立しない状況（いわゆる「小1プロブレム」）も見られる。

② 幼児期から児童期への円滑な移行の必要

幼児期は「学びの芽生え」というべき時期で、遊びを通して総合的に指導される時期である。いっぽう児童期は「自覚的な学び」の時期であり、各教科等の授業によって、自覚的に学ぶ意識が育てられる。

幼児期の「学びの芽生え」の時期から「自覚的な学び」の時期への移行は円滑に行われなければならないものであり、幼小の接続を積極的に進めるためには、幼児期と児童期との「接続期」を重視したい。

③ 幼児期における接続期の留意点

幼児期の終わりにおいては、社会の構成員としての自覚をもって活動を始める重要な時期である。みんなと相談したり互いの考えに折り合いをつけたりしながら、クラスやグループみんなで達成感をもってやり遂げる活動を計画的に進めることが必要である。また、今まで学んできたことを総合化し、小学校生活に向けて学びを高めていくため、これまでの生活や体験の中で感得した法則性、言葉や文字、数量的な関係などを組み合わせて課題を解決したり、場面に応じて適切に使ったりすることについて、クラスやグループみんなで経験できる活動を計画的に進めることが必要である。

④ 児童期における接続期の留意点

児童期（低学年）においては、学校教育活動全体を通じ、与えられた課題について友達と助け合いながら、自分が果たすべき役割（学習や仕事）をしっかり果たすといった集団規範性の形成を図る活動を計画的に進めることが必要である。また、各教科等の指導を通じ、日常生活に必要な基礎的な国語の能力、生活に必要な数量的な関係の正しい理解や基礎的な処理能力、身近な自然物や材料の形や色などから、発想や構想の能力などの育成を図るための活動を計画的に進めることが必要である。

⑤ 幼稚園、保育所、認定こども園と小学校との連携

幼稚園、保育所、認定こども園と小学校との間で、子どもに対する連続性・一貫性のある教育を推進するため、相互に連携協力し、子どもの実態や指導の在り方などについて理解を深めるとともに、幼児期の生活や教育の成果を積極的に生かして、スタートカリキュラムを編成することが重要である。このことは、それぞれの役割と責任の再確認、広い視野に立った教育活動の改善充実にもつながるものである。

このほか、幼児と児童の交流など幼小合同での活動を適宜取り入れることも考えられる。

――以上が「接続の在り方」の要点である。これらの指摘は、検討にあたいするものであろう。とくに注目していいのは、③「幼児期における接続期の留意点」である。

子どもたちの発達状況をふまえ「（みんなと）相談したり互いの考えに折り合いをつけたりしながら、クラスや

グループみんなで達成感をもってやり遂げる活動を計画的に進めることが必要である」こと、また、「これまでの生活や体験の中で感得した法則性、言葉や文字、数量的な関係などを組み合せて課題を解決したり、場面に応じて適切に使ったりすることについて、クラスやグループみんなで経験できる活動を計画的に進めることが必要である」ことを明らかにしていることである。共同の課題（テーマ）にむけて、相談したり、考えあったり協力しながら「みんなで達成感をもってやり遂げる活動」とは、前述した和光幼などでのプロジェクト活動（総合活動）と重なりあうものである。

そこで、もう少し、和光学園における幼・小の連携について考えて見たい。

三　和光学園における幼稚園と小学校との一貫教育について

さいしょに、和光学園の幼稚園での保育実践――とくにプロジェクト活動を紹介したが、改めて和光学園における幼稚園はどういう教育をしているのか、小学校との連携はどうなっているのかを考えてみたい。ここに、大瀧三雄・行田稔彦・両角憲一共著『育てたいね、こんな学力―和光学園の一貫教育』（大月書店、２００９年）がある。幼・小・中・高の「一貫教育」をめざす和光学園のそれぞれの幼稚園、小学校、中学校、高校の責任者が目ざす目標と具体的な教育実践について述べられている。以下、この本からその要点をとりあげ、紹介したい。

１　和光学園の幼稚園の場合

①　二つの目標と教育活動

和光幼は二つの目標を大切にしている。一つは「自分が夢中になれる世界で楽しさを実感する」（自然とかかわり、五感をはたらかせて楽しむ／ものをつくる楽しさと工夫するおもしろさを味わう／体を動かし、あそぶ楽しさを実感する／いろいろな文化にふれ、楽しみを広げていく／知的探究心をもち、自分で考えるおもしろさを広げる）ことである。二つには、「自分が受けとめられる安心感をもち、他者とのかかわりを豊かにしていく」（実感ある本当の楽しさ、うれしさ、つらさ、悲しさを友だちと共有する／友だちは自分とはちがうからこそおもしろいと感じる／自分のことは自分で決める）ことである。[5]

以上、二つの目標をめざして、教育活動は、四つの柱から構成されている。a．生活文化の獲得、b．探索的・探求的活動、c．文化共有活動、d．総合（プロジェクト）活動（5歳児）――の四つの柱である。[6]〔図表1〕

a．生活文化の獲得

「生活文化の獲得」とは、子どもたちが仲間とともに、家庭とはちがった新しい集団で生活する基本を学んでいくことをねらいとするもので、「日常生活」「誕生会」「飼育」「栽培」などの具体的活動がある。

b．探索的・探究的活動

「あそび」などの夢中になれる世界を体験しながら、自然や物を探求するおもしろさを実感していくことをねらいとするもので、「遠足・散歩」「あそび」などの具体的活動がある。

c．文化共有活動

文化とかかわり、表現するおもしろさ、人と共感する

〔図表1〕幼稚園の教育活動の構成

	ねらい	具体的活動
生活文化の獲得	ともに生活するための基本	日常生活
		誕生会
		飼育
		栽培
探索的・探求的活動	夢中になれる世界	遠足・散歩
		あそび
文化共有活動	表現するおもしろさ 人と共感するよろこび	ことば （絵本・文学・ことば）
		体育
		音楽 （うた・リズム・太鼓）
		描画
		造形
総合（プロジェクト）活動	未知の世界に挑戦	生き物・自然・社会など

（5）大瀧三雄・行田稔彦・両角憲一共著『育てたいね、こんな学力―和光学園の一貫教育』大月書店、2009年、19～20頁。
（6）同右、20～21頁。

よろこびを実感していくことをねらいとするもので「ことば」「体育」「音楽」「描画」「造形」などの具体的活動がある。

d．総合（プロジェクト）活動（5歳児）

未知の世界を知り、疑問を考えあうことを、友だちや教師と楽しみながら、知的探究心をはぐくみ、人とのかかわりを豊かにしていくことをねらいとするもので、「生き物」「自然」「社会」などの具体的活動がある。

以上のように、和光幼では、「文化共有活動」とともに「総合（プロジェクト）活動」が教育活動の全構成のなかに、きちんと位置づけられていることに注目したい。

②　幼稚園での教育実践――ごっこあそびから紙芝居づくりへ

以上、四つの柱に含まれるそれぞれの活動は、個別に切り離されたものではなく、すべての活動がつながってつくられているものであるとされている。

5歳児の「総合（プロジェクト）活動」として、「虫の世界」[7]がとりあげられている。公園に散歩に出かけたときに、一人の子がバッタを見つけ、つかまえたことをきっかけに「虫採り」がはじまり、それが「虫の飼育」となる。「虫はなんで葉っぱを食べるのか?」「ほかに何を食べるの?」といろいろ質問がでる。教師は質問を紙に書いて貼りだし、それを昆虫館の専門家に子どもたちといっしょに聞きにいく。「虫の飼育」は、虫を絵に描いたり、木材を使って虫をつくる造形活動にもなる。また、「虫ごっこ」も始まる。それは短い物語になっていて、教師はその展開を写真にとって、紙芝居のようにして、写真にあわせて子どもにことばをつけてもらい、できあがったものをみんなに見せたところ、翌日から「新しいの考えたから写真撮って!」と声があがるようになり、6編の紙芝居ができた。紙芝居ができると、おたがいに読みあったり、他のクラスの子どもたちにも見せたりするという活動が生れた。

子どもたちがはじめにもった関心が広がり深まるなかで、新しい好奇心が生れ具体的な活動になっていくのである。

（7）同右、23〜43頁。

2　和光学園の小学校の場合

①　授業づくりの五つの要素（目標）

和光小では「学力」を育てるために「五つの要素」[8]を大切にしている。

a．本物との出会い・体験を重視し、五感を大切にして、モノ・コト・ヒトと豊かにつながる。

b．子どもの問いを大切にし、問いの質の発展をはかり、連鎖的につながる探求的な学びをつくる。

c．地域とつながり、人と出会い、学ぶ。

d．学んだことをまとめ、表現し、伝える活動を重視し、理解を深め、子ども自身のことばを育てる。

e．自然や社会の事物は本来つながっている。教科教育と総合学習の還流を重視する。

以上の五つの要素（目標）をもちながら、教育課程は三つの領域から構成されている。「教科教育」と「行事自治活動等の教科外教育」と「生活勉強・総合学習」の3領域である[9]。3領域を横軸に子どもの発達段階を縦軸にして6年間の教育カリキュラムが編成されるが、3領域は相互に作用して、一人の統一した人格が形成されるものと考えられている。また、「基礎・基本」と「総合学習」などでの「活用力」とが2元的に扱われる傾向があるが、そうではなく「基礎・基本」を追究するなかで「活用力」は育ち、「活用力」をめざす学習は「基礎・基本」への学習意欲を育てるものであり、両者は還流しあうものである。いいかえれば、「総合学習」を通して「問いをもって学ぶことの楽しさ」がわかった子どもたちは「教科教育」にも意欲的になるということである[10]。

②　生活勉強

和光小では、1、2年生に「生活勉強（生活科）」がある。これは低学年の社会科、理科、学級活動の時間を総合したもので、3年生になると「総合学習」の時間となるものである。

「生活勉強」は、入学式の翌日からはじまる[11]。

教師は、入学式の日に「なぞの種」といって、一人ひとりに植物の種をくばり、教室のプランターにも種をまく。数日たつと、植えた種の変化に関する子

(8)　同右69頁。
(9)　同右、69頁。
(10)　同右、123頁。
(11)　同右、74頁。

どもたちからの発表がはじまる。発表を聞きながら、芽や葉が出るよろこびを共有。次第に子どもたちの種への興味がふくらみ、種の発表がつづく。1学期の終わりには70種類を超える種がビニール袋に入れられて壁面には られた。タンポポの綿毛についた小さな種からマンゴーの大きな種まで集まった。興味や関心の高まりのなかで、種→芽→葉・茎→花→種という一連の学習がすすみ、子どもたちの事実認識の芽がふくらんでゆく。

――以上が、和光小での1年生を対象とした「生活勉強」。入学早々の一場面である。その後、「生活勉強」でとりあげるテーマは「春を食べる」「梅ジュースづくり」「染める」「縫う」等々、さまざまなモノ・コトであり、子どもたちの興味・関心に応じたものである。

3　和光学園における幼・小の連携

これまで、和光学園の幼稚園と小学校の状況を『育てたいね、こんな学力―和光学園の一貫教育』の中から紹介してきたが、「幼・小の連携」という観点から、和光学園の幼・小はそれぞれ、どういう特色をもっているのだろうか。次に四つの特色をあげたい。

①　幼稚園における教育構想

和光幼における四つの教育活動の構成は、小学校への連携を考えるとき重要である。日常生活をはじめとする「生活文化の獲得」が土台になって、その上に「探索的・探求的活動」と「文化共有活動」と「総合(プロジェクト)活動」が位置づけられている。

遠足・散歩やあそびを含む「探索的・探求的活動」は、幼稚園において、もっとも中心となっている活動であり、小学校の「行事自治活動等の教科外教育」(「教科外活動」と略す)へと結びついていくものである。

また、「ことば」「体育」「音楽」「描画」「造形」などを含む「文化共有活動」は、小学校の「教科教育」へと発展している。和光幼の教育活動が、あそび活動を重視するとともに、それと関わって、「文化共有活動」を位置づけていることは、幼・小の連携の上からも大切な観点であろう。

②　「総合(プロジェクト)活動」と「生活勉強・総合学習」

和光幼における「総合（プロジェクト）活動」は、「未知の世界を知り、疑問を考えあうこと、友だちや教師と楽しみながら、知的探究心をはぐくみ、人とのかかわりを豊かにしていく活動」である。

和光小でも「和光の学力」の第1に、「子どもの現実から出発し、子どもの興味や関心から学習課題を引きだし、『なぜ？　どうして？』と問いが生まれ、連鎖的に発展する学びを大事にする」ことを挙げている。それは、「生活勉強・総合学習」のねらいでもある。

和光幼の「総合（プロジェクト）活動」と和光小の「生活勉強」とでは、取組み方法・内容に、発達上、多少のちがいはあるものの、幼稚園の「総合（プロジェクト）活動」が、小学校の「生活勉強・総合学習」へと接続していくことを、幼稚園と小学校とが共におさえていることは注目してよい。

③　各々の教育活動が連動しているということ

和光小の報告のなかで、子どもたちは、「総合学習」（あるいは「生活勉強」）を通して「問いをもって学ぶことの楽しさ」がわかり、「教科教育」にも意欲的になる―ということがある。逆に「教科教育」は「総合学習」をいっそう豊かなものにしていく可能性をもっている。領域ごとの教育活動は、別々のものでなく、子どもたちの人格形成にむけて連動し、一体となって効果をあげるものである。

このことは和光幼の教育でも言えることであり、その報告のなかでも四つの教育活動が「つながってつくられている」ことが強調されている。子どもたちの主体的活動は、一つの活動から次の活動へと発展していくものであるという視点が幼・小の教師に共有されているということは、連携の上でも重要なポイントになるものである。

④　一冊の本が連携をつくりだす

『育てたいね、こんな学力―和光学園の一貫教育』という本は、和光学園の教育実践のそれぞれの成果が語られているものであるが、それは同時に、幼・小・中・高のそれぞれの学校の実践を通して「一貫教育」をどう創造するのか、という課題を追究するものであろう。

この本を通して、各園、各校の職場で討議が行われ、論議がすすむなかで「一貫教育」をいっそう深化させるものとなるであろう。

おわりに

文科省の調査研究協力者会議「接続の在り方」報告書は、「接続期」の重要性を指摘し、そこでの幼児期（幼稚園）と児童期（小学校）での教育の「留意点」を明らかにした。そこでは「クラスやグループみんなで達成感をもってやり遂げる活動を計画的に進める」ことであり、そして、それは「これまでの生活や体験の中で感得した法則性、言葉や文字、数量的な関係などを組み合わせて課題を解決」する活動を推奨するものである。それは、今日、プロジェクト活動と呼ばれるものであり、世界の幼児教育界でも有力な潮流となってきているものである。

そうした「接続の在り方」報告書の提案に相応ずるかのように、和光学園の「一貫教育」では、プロジェクト活動（総合活動）を教育の一つの軸とする活動が、すでに展開されてきていることを知ることができる。

この和光学園で見逃せないのは、「子どもの問いを大切にし、問いの質的発展をはかり、連鎖的につながる探求的な学びをつくる」ことであり、「学んだことをまとめ、表現し、と伝える活動を重視し、理解を深め、子ども自身のことばを育てる」という観点であろう。これは和光小での「学力」づくりの重要な「要素」として挙げられているものであるが、これはそのまま、和光学園でのプロジェクト活動の重要な「要素」になっているものである。子どもたちの「主体性」を無視するような活動はプロジェクト活動とは無縁である。

その意味で、プロジェクト活動でも、子どもたちの発達に応じた活動の展開がある。「接続期」のプロジェクト活動の内容（テーマ、目標、探求過程、発表）についての実践的な検討は、はじまったばかりである。

第四章　集団生活の発展を軸とする保育

一　戦後3冊の実践記録

1　戦後の保育実践のスタートをきった岸和子『幼児時代』

戦後の注目された実践記録に、岸和子（1925～2004）による『幼児時代』（麦書房、1957年）がある。

岸和子のこと

岸和子は、1925（大正14）年、福島県会津若松市に生まれるが、父の勤務で中国にわたり、敗戦を中国で迎える。1947（昭和22）年、帰国。愛知県のトヨタ自動車会社社宅のトヨタ幼稚園に勤務。この幼稚園で、東京の民主保育連盟から派遣されていた畑谷光代と出会い、保育活動の手ほどきを受ける。1949年、ふるさと福島にもどり、福島駅の西側にある福島隣保館保育所に就職。ここで小学校教師たちとの研究交流を通して、生活綴方教育の精神を学び、それを保

岸和子『幼児時代』

育活動に生かし、実践文集をつくる。それが東京で生活綴方関係の実践書を出版していた麦書房の編集者の目にとまり、『幼児時代』の出版となった。

4月入園の4歳児たち

『幼児時代』は、4～5歳児の2年間の記録である。

第1章「小さなかたまり」は4歳児篇で、その扉には、次のように書かれている。

> 新しい服、真っ白なハンカチの子どもたちが、新しい服をタンスにおさめて、いつも着ている服に着替え、白いハンカチがよごれるようになると、やりたいと思うことをやりだし、いいたいことをいいだした。そして、やりたいことがぶっつかり合い、いい合いが起こって、どうしたらいいべと考える。一人ひとりが、ちょこんと坐っていた椅子をはなれて、かたまる。このかたまりは、だんだん固く、ひろがって、子どもたちの眼を、耳を、手を、大きく、たしかなものにしていく。

岸 和子

この文章は、短い文ではあるが、4月に入園してきた、子どもたちの様子を的確に表現している。子どもたちは、やがて「やりたいことがぶつかり合い、いい合いが起こって、どうしたらいいべと考える」子どもたちである。ここには、岸和子の指導方針が現われている。

というのは、この実践記録は、集団生活のなかでの子どもたちのトラブルをとりあげながら、「なぜ?」と考えさせ、「どうしたらいいのか?」と意見を出させ、もう一度、やってみて、その意見が正しかったか、どうかを再び考えさせるような実践の数々が画かれているからである。

その一つに、次のような「おしくらまんじゅう(1)」という実践がある。

おしくらまんじゅう

（岸が）指絵をした後、バケツに水を汲んできて、部屋の中央におく。「さあ、手を洗って…」で、さあっととび出してきて手を突込む子などおしくらまんじゅうとなる。ついに大洪水となり、ズックやズボンがぬれて泣きそうな子もでてくる。やっとみんなが洗い終ってから、「みんなテ、きれいに洗った?」と岸は問いかける。

「うん、きれいになった」

「今みんなで、洗うとき困ったことあったたね」

「水、こぼしたの」「ばけつ、でんむぐしたの（ひっくりかえしたの）」

「そうね、ばけつ、ひっくりかえして大洪水だったたね」

子どもたちは、ほがらかに笑っています。

「どうして、大洪水になったのかな」

「みんなして、おしたから」

「バケツ、ちいちえからだ」「子どもいっぱいだからだ」

「そうね、でも子どもいっぱいいて、バケツが小さいと大洪水になるのかな」

「ちがう、おしたから、おさねといいの」

岸和子（前列中央）と『幼児時代』の子どもたち

(1) 岸和子『幼児時代』麦書房、1957年、15～19頁。

「ジュンちゃんはタクオちゃんより早く洗いたい、タクオちゃんはヒロちゃんより早く洗いたい、ミヨちゃんも、一番早く洗いたいでしょう。だから、押したんでしょう」

指名された子たちは、素直にうんと、うなずいています。私は、早くきれいな手になりたい、誰よりも早く洗いたいという子どもの気持ちと行動を、初めから、ダメよとか、順番でとかで一方的に処理してしまいたくはありません。子どもの先頭になりたい、きれいになりたい願いを一応認めた上で、他人を押しのけても、ころばしても、自分だけはよくなろうとするのでなく、自分のことと一緒に他人のことも考えられる生活の仕方ができるようになるために、こんな話しかけをしました。

「おしっくらしているうちに洪水になっちゃった。おさないでやるといいといったけど、押さないで、うまくやるにはどうしたら、いいかな」

「ならんで洗うといいべした、きた順々で」

「きた人から、ならんで洗うといいって、タクオ君が言ったけど、本当にならんでやったらいいのか、もう一度洗ってみようか」と子どもたちにさそいかけてみました。

「うん、やっぺ」とたのしいあそびをするような調子で、のってきます。

のろのろしている子も、安心して手洗いをしました。こうして、順番ということが、子どもたちの生活のきまりになっていきました。

以上が、「おしくらまんじゅう」という実践である。

岸は、この実践のあと、さらに「廊下に早くならんで」と言って、保育室から一斉にとび出させて、出口で押し合いが生れることを子どもたちに経験させ、「おしくらまんじゅう」について考えさせている。[2]
そして、「(集団生活のなかで) 身体と身体をぶつけ合いながら、その時々に起きた問題をとらえて考え、話し合って集団生活をたのしくするための、きまりを決めていく[3]」のである。

かけまわる子ら

第2章「かけまわる子ら」は、第2年目、5歳児組の生活がえがかれ、「食べる、ねる、かけまわる、生活の中で、目をみひらき、耳をすまし、手にふれ、つかみとって考える。子どもたちは、走りたいから走る。でもかけまわっているだけではない、かけまわりながら、ほんとうのものをみつけようとしている。ほんとうはなんだろうと考えている。過去に自ら、手にふれて感じたものを土台にして、これはこうだと話す。ねがっていることを現実にむすびつける。じっとみじろぎもしないで物をみつめたり、しゃべりまくったり、かけまわる[4]」というのが、テーマになっている。「かけまわる子ら」は、かけまわりながら、たくさんのものを学び、仲間づくりをすすめ、みんなで「お話づくり」にとりくみ、紙芝居を共同でつくりあげるなど、共同の活動にむけて協力しあう。子どもたちは話しあいながら、それぞれの役割をたしかめ、それをやりとげ、紙芝居を完成させるのである。

児童心理学者の乾孝は、岸の『幼児時代』について――

「本来、人間独得の『心』は、人間関係の中から生れ、そこで育つものなのです。幼児たちの発達も、自然の成長にまかせるのではなく、しかも頭から押しつけるのでもなく、小さい仲間たちと一緒に、お互いがぶつかり合うなかで、通じあい、支え合って、しっかりと自分たちの力を身につけていくのです。その筋目をとらえた指導の過程がここにみごとに描きだされています[5]」と述べている。

---

(2) 岸、同右、19頁。
(3) 岸、同右、19頁。
(4) 岸、同右、73頁。
(5) 岸、同右、「序にかえて」

戦後の日本の教育実践は無着成恭編『山びこ学校』（１９５１年）で、その幕をあけたと言われるが、岸和子『幼児時代』は『山びこ学校』に見られる日本の伝統的な生活綴方教育と同じように、東北の生活綴方教師たちとの共同研究のなかから生れたのである。それは、戦後日本の保育実践の幕開けを告げるものであった。

2 集団生活の発展に着目した海卓子『幼児の生活と教育』

海卓子のこと

１９６０年代に注目された実践記録に海卓子『幼児の生活と教育』（フレーベル館、１９６５年）がある。

海卓子《かいたかこ》（１９０９〜２０１１）は、１９０９（明治42）年に、東京に生れ、東京府立第三高等女学校を卒業。「律動遊戯」で有名な土川五郎の創設による昭和保母養成所に入学。ここで、倉橋惣三らの講師から新しい「自由保育」を学んだ。１９２８（昭和３）年、卒業後、東京・麻布の東京市立麻布幼稚園に就職する。

そして、１９３６（昭和11）年、城戸幡太郎を会長とする保育問題研究会（保問研）が設立されると、海は、この会に入会し、積極的に研究発表を行い、注目されるようになる。

戦争がはげしくなると、海は病弱であった母とともに、一時、山梨県に疎開するが、戦後、城戸幡太郎から、要望され東京に帰ってくる。

そして、城戸が所長をしている国立教育研修所（後に、国立教育研究所）に三木安正を中心として設立された実験保育室（後に研究所付属幼稚園）の「研修所員」（専従所員）となる。１９４７（昭和22）

年4月、実験保育室は開室され、3歳から5歳までの就学前児童36名が入室、海を主任保育者とする順調なスタートであった。ところが、この研究所付属幼稚園に文部省からクレームがつき、研究所にはふさわしくないとされ、研究所の外に独立した、学校法人白金幼稚園を設立することになる。1951（昭和26）年8月のことである。

このとき、城戸は、北海道大学教育学部長として研究所を去り、替って村上俊亮が所長兼園長に就任。三木安正は引きつづきこの幼稚園とかかわり、海の保育実践をバックアップした。

海が研究所の実験保育室に就任以来、三木らとともにとりくんだ研究課題は、さまざまであるが、特に「個と集団との関係」（一人の子どもの行動を発展させるための、仲間の構成としごとや遊びの条件の分析）は主要なテーマであった。(6)

この研究テーマは、次に述べる海卓子『幼児の生活と教育』や三木安正編著『年間保育計画』（フレーベル館、1959年）などの出版と結びついていくことになる。

『幼児の生活と教育』は1989年に「改訂版」を出版。そのほか海卓子の著書には『子どもの危機』（1979）、『幼児をのばす保育の視点』（1982）などがある。

三輪車をめぐるトラブル

海卓子『幼児の生活と教育』の中で、戦後―それは、遊具もあまり買えなかった戦後まもなくのこと、保育実践に重要な転換をもたらした一つのエピソードが述べられている。

海 卓子

(6) 海卓子『幼児の生活と教育』フレーベル館、1965年、56頁。

けんいち（5歳）が朝早くきて「サンリンシャニノッテイイ？」と聞く。もちろん、自由に乗っていいのである。ところが、20分くらいたって、子どもたちの顔ぶれがそろうと、けんいちの姿は、三輪車からいなくなる。力の強い子どもたちに三輪車が独占されてしまうからである。そこで、一つの実験が試みられる。三輪車は幼稚園のものであり、だれでもが乗ってよいことを理解させたうえで、まず、「レコードがなったら、乗りたい人は出てきてよい」と指示する。最初にとびだしてきたのは、力の強い仲間たち。その子たちが三輪車で部屋を2周してから、部屋の外に出る。そして、また、レコードをかけるということをくり返す。そうしてわかったことは、「一人の子どもの行動の積極性は、相手の子どもとの力関係で決まる」ということであった。自分より強い子どもがいれば消極的になり、そうでないときは積極的になるということであった。

この発見を契機として、「現在一人ひとりの発達を固定的に考えないで、集団のなかで、集団そのものを高めることによって、子ども一人ひとりの能力を高めていく」という集団づくりの実践がはじまるのである。

この本は、満4歳から就学までの2年間の保育の記録である。入園してきた子どもたちは、その入園当所の状況からどのような指導のもとで、どのような成長をみせるのか、その保育過程を明らかにしている。

白金幼稚園における集団生活の発展

白金幼稚園での2年間の集団生活の発展過程は「好ましい集団生活の在り方」という観点から、その特長を次のように8期としている。

第1期は「バラバラの子どもたち―先生を中心に集まって」であり、「教師が子どもの1メンバーとなって、子どもと一緒に遊びながら、だんだんと子ども同士交渉をもつようにさせる」時期である。

第2期は「ボスの芽―言いなり次第になる子どもたち」であり、ボスにたいして「仲間の中から、『正しい抗議』がでるようにしむける」時期である。

第3期は「2、3人の仲間ができてくる―相手の言い分も受け入れるようになる」「かわるがわる提案して遊びを発展させるようにする」時期である。

第4期は「グループ、組としてのまとまりができて」くるようになり、「正しい主張は、みんなで助け合いながら、どんどんするような気風を、もりあげていく」時期である。

第5期は「日常の生活の中から新しい課題の発見と試み」が生れる。「子どもの旺盛な意欲をいつも出し切って、取り組めるような生活全体への魅力を持たせる」時期である。

第6期はグループのなかで、意見が対立しても、意見の対立をとおして「新たな方向へと生活の流れにすじをつけていく」時期である。

第7期は合宿などの行事をとおして「それぞれの子どものよいところを認め合って、お互いに他人を尊重する」時期である。

第8期は「一つの目的の下に、計画をたて、役割や仕事を分担して集団遊びや共同作業ができるようになる」時期である。

海は以上のような「集団生活の発展」をとおして「入園当所のバラバラな子ど

白金幼稚園と椎の木

もたちの集団が、次第に2人、3人のグループができて、卒園前には、各々のグループが相互に交渉をもって、一つの仕事やあそび（ごっこあそび、開戦ドンなどのゲーム）ができるように組織化されていく[7]」ことをめざそうとしたのであった。

第8期の実践—「道路工事」

これは、2年間の幼稚園生活が終わりに近づいた寒い1月の実践の概略である。

園庭が舗装されていないので、気温が上がってくると、霜どけになやまされる。A子が友だちを追いかけようとして転び、ズボンをどろどろにしてしまう。それをきっかけに、朝の集会でこのことが問題となり、みんなが困っているので、年長組の力で何とかしようということになる。

ゴザを敷くことなどの案もだされるが、「砂をまこう」ということになり、仕事の計画が立てられる。

a．砂場から砂を運ぶこと。

b．運んだ砂をきまったところにまくこと。

c．地ならしをすること—などがあげられる。

そこで、「砂運び」をどうしたらいいのか。

砂はバケツに入れて運ぶこと、運ぶために園にあるトロッコを使うことなどの方法が確認され、A、Bグループが担当することになる。

次の「砂まき」の係は、Cグループとなる。

そして、「砂をたいらにする係」はD、Fグループである。道具には竹ぼうきがよいことを思いつく。

（7）海、同右、158頁。

以上の分担のもと「道路工事」が始まり、そして完了する。

「汗びっしょりだね」「なまけものはいなかったね」―と子どもたちの「道路工事」は、子どもたち一人ひとりにとっても満足できる協同作業であった。

「大人がちょっとした助言とヒントを与えれば30人以上の仲間で、これだけの規模の仕事ができる」ということがわかる「頼もしい」子どもたちである、というのが担任教師の感想であった。[8]

以上は、幼稚園生活の最終段階8期目の子どもたちの活動である。ここには自分たちのクラスだけにとどまっているのではなく、園全体のために自信をもって活躍できる子どもたちへと成長してきていることを物語っている、

子どもたちは「それぞれのよいところを認め合って、他人を尊重する」(7期の目標)ことや「一つの目的の下に、役割や仕事の分担ができるようになる」(8期の目標)など、入園当所の「バラバラな子どもたち」が、「道路工事」のような大きなプロジェクトにも挑戦し、それをやりとげる子どもたちへと変わっていったのである。

それは、みんなでやって見たいという要求のもとみんなの目標に向けて、話しあい、みんなで協力しあえる子どもたちであった。

3 一人ひとりの要求をみんなの要求に―畑谷光代『つたえあい保育の誕生』

畑谷光代のこと

海の著作につづいて、白金幼稚園で海のもとで働いたことのある畑谷光代による『つたえ

---

(8) 海、同右、156頁。

あい保育の誕生』（文化書房博文社、1968年）が出版される。

畑谷光代（1919〜2001）は、1919（大正8）年、東京に生れる。1936（昭和11）年、東京の青山女学院を卒業。その年、彰栄保育専門学校に入学。1938（昭和13）年、同伝習所を卒業すると私立瑞穂幼稚園に就職。その後、虚弱児施設や東京市赤坂方面館託児所を経て、1942（昭和17）年、保育問題研究会（保問研）の「実験保育園」といわれた戸越保育所に勤務。同保育所の主任となり、1944（昭和19）年11月には、経営母体（大日本母子愛育会）が同じであった愛育隣保館（旧東大セツルメント託児所）の主任保母鈴木とくと協力して、埼玉県桶川・平野村へ集団疎開を断行する。その間、東京での空襲で母と妹を失う。

敗戦後、民主保育連盟（民保）（会長羽仁説子）に参加。「青空保育」にとりくむ。1947（昭和22）年、トヨタ自動車労働組合の要請で、幼稚園づくり（ここで岸和子と出会う）に民保から派遣されるが、1年半で東京での労働者クラブ保育園設立のため帰京。1948（昭和23）年11月同保育園開園とともに同園の主任保母となる。

1953（昭和28）年4月、労働者クラブ保育園を退職、海卓子の白金幼稚園に就職するが、2年ほどで退職。豊川保育園が設立され（1955年8月）、同園の主任保母（後に園長）として活躍することとなる。

1953（昭和28）年の第2次保育問題研究会（保問研）の再建に参加。全国保問研代表をはじめ、東京都社会福祉協議会保母会会長、全国私立保育園連盟研修部長、全国保育団体連絡会常任幹事など全国的な保育運動において、中心的な役割を果たした。(9)

畑谷光代著『つたえあい保育の誕生』（1968年）

保育実践の二つの「カギ」

畑谷光代は、『つたえあい保育の誕生』のなかで、戦後の『保育要領』時代のもとで、保育実践を通して新しい指導方法を模索していたのであるが、その中で二つの「カギ」をつかむことができたことを書いている。

第1の「カギ」は、「一人の乱暴ものを、一対一で保母がいましめるより、みんなの問題にした方が効果が的確にあらわれる」[10]ということだった。

例えば、政勝のこと。朝の集会で政勝がおくれてやってきても、先頭の空席の椅子にいつも坐るようになっていた。友だちが政勝のために席を確保しているからである。「みんなは、それでいいの?」と保母が聞く。「イヤ」「ズルイ」と小さい声で子どもたちはこたえる。「そんな小さい声で言ったって政勝ちゃんにはきこえないよ」と保母。「コワインダモン」と子どもたちは言う。「なんだみんなは弱虫だね」と保母。すると、とたんに火がついたように「ズルイゾ」「ウシロニイケ」との声。さすがの政勝も、椅子をもって列の最後につくことになる。

こうして、保母は政勝には直接、指一本ふれずにこの「弱肉強食関係」を解決することができた。

以上、日常生活のなかで生れる問題を「みんなの問題」としてとりあげ、「なぜ」「どうしたらいいか」と考えさせ、みんなの力で解決するという方法—これが第1の「カギ」であった。この第1の「カギ」は、後に(1950年代後半)「話しあい」保育として、[11]いっそう明らかにされることになる。

第2の「カギ」は、「集団における問題児の傾向」は、「その集団のその時期の質によって

(9) 丸尾ふさ作成の年表参照(『保母双六には上りがない—畑谷さんを偲ぶ会』2001年10月)

(10) 畑谷光代『つたえあい保育の誕生』文化書房博文社。1968年、34頁。

(11) 畑谷、同右、118頁。

発生する」ものであり、そのために「集団の質をたかめる」には、どうしたらいいのか、ということであった。[12]

例えば、砂場遊びで、それぞれ、自由に2～3人のグループであそんでいるところへ、「大バケツ一杯の水を合図なしに、流しこんでみる」と子どもたちは「水路」をつくりはじめ、グループごとの作品が水路で結びつき、砂場は活気づき、「一つの協同遊びに発展し、一時間余り興味は続いた」のである。[13]

砂場での個々の遊びを「協同遊び」に発展させたのは、「バケツ一杯の水」であったが、ここから子どもたちの「協力性を高めるために、それぞれの生活の場に、協力させ得る骨組を設定するのが保育者の働きかけである」ことが、第2の「カギ」としてつかまえられたのである。子どもたちを協力させる「骨組」とは何か。それをつかむのはどのようにして可能なのか。そのことがはっきりするのは、「話しあい」保育を深めるなかであったことを次に紹介したい。

「話しあい」保育について

「話しあい」保育は、畑谷の第1の「カギ」に見られるように、日常的な集団生活において生れた問題（トラブル）の中から、保育者が判断し、みんなの「話しあい」のテーマにしていく実践である。みんなで話しあい、考えあい、問題を解決するためのきまりや方法をきめていく。しかし、それが「話しあい」だけに終わって実行されないことも多く、そのまま、ほっておくと同じような問題が、2度、3度、生れてしまうことになる。

畑谷は、「『話しあい』で、きめられたことでも守れない子もいる」、そこで、もう一度、「話しあい」の場に返すことが必要になってくる。「話しあい」→「行動」の「繰り返し」によって「その課題を（行

(12) 畑谷、同右、36頁。
(13) 畑谷、同右、37頁。

動のなかで）たしかめさせ、子どもたちを集団の一員として成長させていくことができる」[14]のではないか、というのである。

こうして「話しあい」保育は、問題解決法としての「話しあい」ばかりでなく、「行動」を通して、「話しあい」の結果が、実行されたかをたしかめる（検証する）ことのできる集団の力を形成していくことに気が付いたのである。

第1の「カギ」は、日常生活上の諸問題を解決していく上で効果があり、子どもたちが集団生活における約束（ルール）を守り、トラブルもおこらず、「集団の質」を高め、楽しい共同生活を実現する上で、一定の成果があった。しかし、反面、マイナスの面が生れていることにも畑谷は気がつく。すなわち、「約束の型」を子どもたちに押しつけ、子どもたちを畏縮させせかねないかという面が生れはじめていたことに気がついたのである。[15]

一人の要求をみんなの要求に

年長組（5才児組）40名の新学期（4月）である。この年、園全体のクラス編成のやりくりで、30名であるべき年長組が40名にならなければならなかった。その上、40名のうち10名が新入園児であった。バラバラな要求をもっている新入園児と園生活を体験してきている在園児とのかかわりをどうするのか。これは、この年の年長組の最大の課題であった。「（クラスの40名が）一つの方向をむいて、一緒に歩きだすために、だれもが関心をひき起こすような集団生活の課題が提示されなくてはならない[16]」と考えたのである。

そこで選んだテーマは「畑つくり」で、収穫が早く、給食のみそ汁の具にもなるというので、二十日（はつか）大根にとりくもうということになる。これまで在園していた旧グルー

---

(14) 畑谷、同右136頁。
(15) 畑谷、同右241頁。
(16) 畑谷、同右343頁。

プにとっては慣れた作業である。それぞれシャベルをもって、土を掘りおこすことからはじまった。掘りおこした土はバケツに運んで、竹竿を三脚に組んでつくったふるいでふるいにかけ、細かい土の山をつくった。みんな一生けんめい。昼食のことも忘れてがんばった。

新入園の新グループは、旧グループのやることを見守るだけの第一回目であったが、第二回目は、新入園児の新グループ10人でやり残した仕事をやって、みごとに畑づくりは完成し、新旧グループが共に達成感を味わうことになるのである。

畑谷の感想は、「(畑つくりという「共同作業」は) 共通の目的をもった課題をやりとげることによって、仲間感を肌に感じるような集団に一歩踏みだした[17]」ということだった。

これは、子どもたちの協力性を高めるため「それぞれの生活の場に、協力させ得る骨組を設定する」という二つ目の「カギ」の実践であった。

第2の「カギ」は、「ばらばらの要求を、個々に実現して、無意味な摩擦を起こすより、一つの目的に向って、自分の要求を仲間の要求につなげ、仲間たちと集団的に行動した方がたのしい―得をするという実感が子どもたちに定着[18]」させることであり、言いかえれば「自分の要求を仲間の要求に拡げていく[19]」ことなのである。それは、「5歳児組なら、自主的に計画をたて、一つの仕事に取り組めるような経験を組んでいく[20]」ことにほかならなかった。

4　岸、海、畑谷の実践記録の共通点

「おはなしつくり」の実践

敗戦後の何もかも焼けてしまった中で、保育者たちが、いきいきととりくんだ保育実践に「おはなし

(17) 畑谷、同右349頁。
(18) 畑谷、同右258頁。
(19) 畑谷、同右267頁。
(20) 畑谷、同右268頁。

つくり」がある。

「おはなしつくり」は、はじめ「おはなしあそび」とも呼んだ。保育者が子どもたちと自由に話しあっているのを、保育者がメモして、一つの「おはなし」をつくる。そのあと、子どもたちにそれを読んできかせる。「オモシロイ」「先生、オハナシヲツクロウ」と子どもたちのなかから、「おはなしつくり」の要求がでてくる。ここから、いろいろなテーマの「おはなし」が生れていった。[21]

以上は、畑谷光代『つたえあい保育の誕生』のはじめに述べられている保育実践である。

岸和子『幼児時代』にも「おしゃべり会」という保育実践がある。グループごとに、「おはなしつくり」がはじまる。保育者はグループに呼ばれて、そのお話をメモしていく。グループのお話は、クラスのみんなの前で、保育者から紹介されクラスのお話となっていく実践である。[22]

敗戦後のその頃、無着成恭『山びこ学校』という山形県の山村の中学校での綴方集が評判になり、ベストセラーになった時代である。

「(『山びこ学校』をはじめとする教育の実践の記録を)私たちは吸いつくようにして学びました[23]」と畑谷は言っている。そして、「綴り方をかかせることのできない幼児たちに、言葉による表現を指導し、保育者が綴り、その言葉にひそむ、幼児の考え方、感じ方を汲みとることを保育実践の心棒としてきました[24]」とつけ加えている。「おはなしつくり」の実践は、やがて「話しあい保育」「伝えあい保育」とその名称を変えて、その理論を追求していくことになる。

海卓子『幼児の生活と教育』でも、「ことば」による表現活動の実践を追求している。

戦後、日本の伝統的な生活綴方の復興のなかで、保育者たちも、子どもたちの言語表現を重視し、「話しあい」のなかで、個々の子どもたちのことばと認識の力を伸ばし、子どもたち

(21) 畑谷、同右80頁。
(22) 岸、前掲102頁。
(23) 畑谷、前掲97頁。
(24) 畑谷、同右97頁。

一人ひとりの言葉の世界をつくった保育実践は、高く評価されてよいであろう。

また、子どもたちのことばをしっかりと記録し、表現をきちんと記録し、保育者の実践記録として、保育研究の仲間たちに発表し、討議することで日本の保育実践の質を高めていったことも忘れることはできない。

「話しあい」から「行動」へ

子ども同士の話しあいの中では、他の子どもとのくいちがいは当然、出てくる。そうしたとき、それは「どちらが正しいかを追求する能力」を育てるチャンスにもなりうるものである。

海は、話しあい保育の要点を次のように提案する。(25)

① 具体的な生活場面で問題を先ず発見する。

② 対立した意見や事実と比べさせる。

③ 各々の理由をたしかめたり、考えたりする。

④ 「もしかすると○○かもしれない」という仮説を立てて実際にためしてみる。

⑤ 予想に反した場合、また新しい仮説を立てる。

⑥ 以上の繰返しによって、次第にものごとのすじみちを（子どもたちは）発見してゆく。

以上のように、海の主張は、「話しあい」は「仮説」づくりであり、それが正しいかどうかは、「実際にためして」みて、また、「話しあい」にもどしていくことの「繰り返し」を重視するという立場である。

いっぽう、畑谷も「話しあい」から「行動」へ、そして、「行動」から「話しあい」へ——と海の提案を簡潔化して、「繰り返し」の重要性を明らかにしている。

畑谷の『つたえあい保育の誕生』のなかで、「靴のだしっぱなし(26)」という実践がある。何回も話しあっ

(25) 海、前掲264頁。

(26) 畑谷、前掲136頁。

て約束したはずなのに、9月になると出しっぱなしの靴をもって「先生、マタ出タ」と手柄顔にもなってくる。というような状況で、また話しあいになり、「ミンナデ注意シテ言ツテアゲル」ということになる。その翌日、皆きちんと下駄箱に入っている。ところが、「シマイナヨッテ　オシエタラ」けんかになるトラブルも発生していたようだ。「(注意された子は) どうしたらいいのかな?」と保母、「シマウヨウッテ言ウ」と子どもたち。「話しあい」ですべてが終ったのではなく、「子どもたちの行動がどう変ったか」、その後の「行動」に保育者は注目しなければならないのである。「話しあい」⇄「行動」の繰返しによって、はじめて「その課題をみんなのものとすることができる」のであって、そうしてこそ子どもたちの相互理解を深め「子どもたちを集団の一員として、成長させていくことができる」(27)のである。

子どもたちの集団生活のなかで、さまざまな問題が生れ「話しあい」に持ちこまれるが、「話しあい」で終ったのではなく、「話しあい」は課題をもった「行動」をつくりだすことであり、課題をもった「行動」が、新しい問題を発見して、さらに話しあうことによって、一人ひとりのことばと認識をたしかにすることになる。ゆったりとした「繰り返し」は、子どもたちの思考力を高めるだけでなく、共同しあう人間関係をつくりあげていくことになるのである。

(注) 著名なアメリカの教育学者J・デューイに"learning by doing"―すなわち「学習(learning)」は「行動(doing)」することによって、はじめて得られる」という主張がある。デューイは『民主主義と教育』上(岩波文庫)のなかで、「(算術でも、読み方などいずれの学習でも)それらの方法は、生徒たちに、学ぶべきことではなく、なすべきこと(to do)を与える、そして、そのなすこと(doing)は、思考すること(thinking)、すなわち意図的にいろいろな関連に——

(27) 畑谷、同右136頁。

（28）畑谷、同右259頁。

注目することを要求するようなものなのである」（245頁）――と「なすこと（doing）」――を強調している。それは「なすこと」が「思考すること」や「いろいろな関連に注目すること」と切りはなせないものとしていることであるとデューイ研究家の松野安男は指摘している。「話しあい」が「行動」と結びつくこと、そして「行動」が「話しあい」に結びつけることが、身体的にも、精神的にも、子どもたちに大きな成長を保障するものであることをおさえておかなければならないのではないか。

この意味で、戦後の「話しあい」⇅「行動」は、日本の保育実践の質を高める上で、大きな発見であった。

ばらばらな要求をみんなの要求へ

畑谷は、前述したようにクラス集団が高まってくると大きな変化が生れてくると言っている。それは、「ばらばらの要求を、個々に実現して無意味な摩擦を起す」レベルを卒業して、「一つの目的に向って、自分の要求を仲間の要求につなげ、仲間たちと集団的に行動した方がたのしい[28]」ということを実感することのできる計画的なレベルへと一段上ることである。これが畑谷の第2の「カギ」である。

その状況は、海『幼児の生活と教育』では「道路工事」であり、畑谷『つたえあい保育の誕生』では「畑つくり」である。岸『幼児時代』においても、「みんなでつくった紙芝居」などの年長組の実践が紹介されている。

こうした、レベルの一段上ったクラス集団には、子どもたちの主体的な「計画」が登場してくる。「計画」はこのレベルにおけるキーワードである。

その「計画」のプロセスを畑谷は次のように明らかにしている。(29)

a 〈やりたい〉—提案する

b 〈どうしたらやれるか〉—話しあい、考えあう。

c 〈計画をたてる〉—目的をきめ、そのために必要な準備を分担しあう。

d 〈あとしまつ〉—計画どおりにできたかを点検しあう。

以上は、「協同の計画を協同で経験させる」活動のプロセスである。「自分と自分たちの力に、自信をもち、年少児たちへの思いやりも細やかになり、〝友だち〟の存在はお互いに明確」になってきたクラス集団だからこそできる協同的な活動の誕生である（海の実践記録では第8期にあたる）。

この活動は、あくまでも子どもたちの主体的活動であるが、保育者との協力をぬきにしてはむずかしい。しかし、その「協力」は慎重でなければならない。「計画」と「実行」の主体は子どもたちである。「計画」とその「実行」は、それが、成功するにしても、失敗するにしても、子どもたちが、そこから多くのものを学び、仲間意識もいっそう強くなり、次の課題（目的）にとりくむ意欲を育てていくものでなければならないからである。

この「協同的活動」の実践は、第五章の「プロジェクト活動」の実践へとつづくものである。

畑谷さんを囲んで（畑谷宅にて）1985年
左から宍戸、畑谷、松浦治、水野恵子

(29) 畑谷、同右268頁。

二　集団生活の発展を軸とする保育カリキュラム
——三木安正『年間保育計画』

１　三木安正と『年間保育計画』

三木安正のこと

はじめに『年間保育計画』（フレーベル館、１９５９年）の編著者である三木安正（１９１１〜１９８４）について紹介しておきたい。

三木安正は、１９１１（明治44）年、東京に生れ、東京大学文学部心理学科を１９３６（昭和11）年に卒業。東京大学医学部脳研究室研究生を経て、１９３８（昭和13）年、恩賜財団愛育会愛育研究所の専任の研究員となる。

１９３６（昭和11）年、城戸幡太郎を会長とする保育問題研究会（保問研）が発足すると三木はこの会に参加、第3研究部会「困った子供の問題」の責任チューターとして活躍する。同じ愛育研究所にいた山下俊郎も保問研に参加、第2研究部会「幼児の保健衛生」の責任チューターになっている。

愛育研究所は、農村の保健・保育の指導のため、各地に「愛育村」と称する指定村を作っているが、三木はここにも、積極的に参加、また、畑谷光代の項で述べた愛育会の集団疎開事業にも協力した。

戦時体制がきびしくなるなかでも、保問研の研究活動は続けられたが、その中心となっていた三木は、１９４３（昭和18）年10月、治安維持法違反容疑で検挙され、つづいて会長の城戸幡太郎も、翌年６月に検挙されるが、両人とも不起訴で釈放されている。やがて、敗戦をむかえる。

三木は、敗戦の年、12月、国立教育研修所（後の国立教育研究所）の所長となっていた城戸に声をかけられ、同研究所の専任の研究員となっている。ここで聾唖児研究もはじめている。

フレーベル館が保育誌『保育の手帖』を発刊したのは、1956（昭和31）年4月のことであるが、発刊前から保育案研究委員会がつくられ、「保育案」についての記事を連載するという計画がすすめられた。その責任者は三木であり、委員会のメンバーには、海卓子、畑谷光代、秋田美子など、戦前の旧保問研の会員たちの名前が並ぶこととなった。そして『保育の手帖』に「保育案」についての連載がはじまり、1957年の4月には、『保育の手帖』が臨時増刊という形で『年間保育計画（昭和32年年度試案）』が発表され、さらに、同「試案」への批判にもとづき、検討され、その結果が単行本、三木安正編著『年間保育計画』（フレーベル館）が発売された。

1959（昭和34）年のことである。(1)

三木安正編著『年間保育計画』の発刊

『保育の手帖』（フレーベル館）の保育案研究会（メンバーは、海卓子、畑谷光代、秋田美子、小山田幾子、鹿野京子、副島ハマ、豊田いと、福知トシ、石井達子、黒田成子、青木きみ）である。

三木は『私の幼児教育論』（フレーベル館、1973）の中で―カリキュラムの「基本的な筋」をどう考えたらいいのか迷ったが、「幼児教育のねらいを〝幼児期における望ましいパーソナリティの形成〟というところにおき、それは幼稚園・保育

三木安正

(1) 三木安正先生を偲ぶ会編・発行『三木安正と日本精神薄弱教育』（1985年）、三木安正著『私の幼児教育論』フレーベル館、1973年を参照。

園の集団生活の指導を通じて行われるのだというところから、まず子どもたちが集団生活にはいったとき、どのような様相をしめすか、そして、それに対してどのような指導を行うべきかということを考え、子どもたちに豊かで正しい集団生活の場をつくらせ、集団に入っていけないような子どもたちは徐々に仲間に引き入れてやり、やがてはすべての子どもが集団の一員として自律的な行動がとれるように導き、そうしたふんいきのなかで、望ましい人格を育てていこうということを大筋とした[2]」

――ということで、カリキュラムの基本的な「大筋」は、子どもたちの集団生活を通して「望ましいパーソナリティの形成」（ここでは「望ましい人格」の形成とも言っている）をめざそうとするものであった。

ところで、『学校教育法』第78条（現行では、第23条）には五つの「幼稚園の目標」が示されている。その第2項には「園内において、集団生活を経験させ、喜んでこれに参加する態度と協同、自主及び自律の精神の芽生えを養うこと」とある。

三木は、この第2項に注目した。これこそ、「パーソナリティの形成ということをねらい」としているものであり、「（幼稚園の目標の中で）最も基本的なものであって、其の他の条項（第1、3、4、5の項目）はそれの基盤になったり、それを助長したり、肉付けたりするものである[3]」と考えたのである。この第2項こそ、「パーソナリティの形成」を意味するものなのである。

そして、それはまた、城戸の「社会協力」論（第二章参照）を受けつぐものであった。保育カリキュラムの中核は「集団生活の発展」であり、「人間形成の場である『集団生活』を軸として、身辺にふれてくる社会生活の流れにそったことがらの中から適切な経験となるものを選んで、子どもが興味をもって

(2) 三木安正『私の幼児教育論』フレーベル館、1973年、100頁。
(3) 三木安正編著『年間保育計画』フレーベル館、1959年、9頁。

展開してゆける遊びと仕事の生活を用意することが『保育計画』である」とするものであった。(4)

2　集団生活の発展の大筋を探る

三木安正編著『年間保育計画』は、「年少組」(4才)「年長組」(5歳)の2年間を7期に分けてその「集団生活の発展」を軸として計画化している。その要点を紹介すると、次の様である。

第1期(年少組・4月—5月)

まだお互い同士が知りあわず、いっしょにいても、たんなるかたまりであって、一人ひとりが直接先生に結びついている段階である。まず(楽しいわらべうた遊びなど)集団の中に引き入れ、安定感をもたせるように配慮する。

集団生活に必要な最小限のきまり(持ち物の始末、1日の生活の約束など)が守れるようになるため、園生活の実地指導や、お話しなどをしてあげる。

第2期(年少組・6月—9月)

グループとか組の一員ということが、ようやくわかってくるが、それは部屋、座席、持ち物置場などを手がかりにして理解している程度なので、これを次第に人との結びつきに発展させるように、適当な相手をえられるようにしむけ、遊ばせ方や仕事の種類を考えていく。

混然とした集団の中に小さなかたまりができはじめるので、自分から友だちの中に入っていく勇気のない子どもには、適当な相手を見つけて、いっしょに遊ぶ機会を多くしていく。

集団生活に慣れてくると、勝手なことをする者も出てくる。そういう場合、それを強く禁止しないで、どうすればいいか話しあいをして、約束やきまりを守っていかなければならな

(4) 三木『年間保育計画』前掲、29頁。

いことをわからせる。

第3期（年少組・10月―2月）

数人の気のあった者同士が自然にまとまって遊んだり、仕事をするようになるが、さらに新しい仲間と数多く接触させ、対人関係の場を広げるようにしむける。

いろいろのグループ遊びができるように遊びの種類も多く工夫し、道具や材料を豊富に用意し、環境を整えて子どもたちがすすんで遊び、仕事に入るようにする。

集団生活に慣れてきて、個々の要求が自然に出てくるようになるため、要求のぶつかりあいや他人の行動の批判が多くなる。そこで個々の子どもの行動をよく観察して、正しい要求は満足させ、あまりにも自分勝手な要求はおさえるとともに、それが不当な要求であるということを次第にわからせていく。

第4期（年少組から年長組へ・3月―4月）

自分たちが入園当初、友だちと遊んだときの、「うれしかったこと」「困ったこと」などの話しあいから、「新しい子どもが入ってきたら」どうするかと、めいめいに抱負をもたすようにする。

3月いっぱいの子どものようすを手がかりにして、子どもの組替えをしたり、新しい仕事、新入園児の世話などをさせて、積極的に行動するようにする。

年長になったという解放感から、かえってはしゃいだり、暴れたりすることもあるので、年長組になった期待を満足させるような、あそびや仕事をする。

当番のさせ方、持ち物、遊具・器具の整頓の仕方などもかえるようにする。

第5期（年長組・5月―6月）

互いによい刺激となるような仲間を、新しくできた交友関係をもとにしてつくっていく。年長組としての生活に慣れるにつれて、必要な「きまり」は多少他律的なものであっても、みんなで決めさせ、これを守るように指導する。

グループごとにままごと遊びをする。他のグループとお客さまごっこをするなど交渉がうまくいくように心をくばる。

第6期（年長組・7月―8月）

きまりの必要がわかり、共通の目的にむかって協力できるようになる。

数人で話しあって一つの遊びや仕事ができるようになる。

一人のすることが仲間の動きに関係があるということを、ゲームや、共同の遊びや仕事をとおしてわからせる。

他人のやるのを見て要領を覚えたり、自分でやってみて要領をのみこんだり、実際にやってみて「うまいやり方」をみつけるようにする。

第7期（年長組・10月―3月）

集団生活で、協力する楽しさを経験させ、創造的な遊びや仕事を長時間つづけられるような指導をする。

話しあいで、目標を決め、分担を決めて、その責任をなしとげるように、見守り、飽きやすい子、自分勝手な子には、とくに注意して働きかける。

将来、学校生活のような、さらに大きな集団生活に参加しても、集団の一員としての行動が積極的にとれるよう、その土台となるような態度を身につけさせていく。

園の行事（遠足、運動会、クリスマスなど）についても、子どもたちと相談し、自主的、計画的にすすめるようにする。

仲間同士で、お互いの能力を認めあい、共同の仕事をすることで、相手を尊重するようしむける。

年少児に対しては親切に指導するという気持で、年長児としての自覚と自信を強めていく。

進学という新しい生活に期待をもたせ、生活の変化に自信をもって入っていけるように指導する。


以上のような2年間の集団生活は、入園当初の不安でいっぱいの子どもたちから出発し、安定感をもたせるため、かごめ、かごめ、花いちもんめなど、うたいながら楽しく遊んだり、グループづくりをしたり、環境を整えたりしながら展開されていく。そして、個々の要求が出され、ぶつかりあいが多くなってくるなかで、きまりの大切なことをわからせ、共通の目的にむかって協力することを教えていく。不安でいっぱいだった子どもたちが、不安を解消し、やがて仲間とともに創造的な遊びや仕事ができる子どもたちへと、一人ひとりが成長していく、という過程であることを明らかにしている。これによって、日本の子どもたちが、集団生活の中でどのように成長していくかが、初めてとらえられたといってよいであろう。大きな発見であり、各園の保育計画づくりに影響を与えることとなった。

また、「六領域」として『幼稚園教育要領』などに示されている「保育内容」と「集団生活の発達」との関係はどうなっているかという課題がある。これについて、三木安正らは今後の残された課題としているが、「集団生活の発達」と「保育内容」との関係は「縦糸」と「横糸」との関係として、今後、研究を深めてゆきたいとしている。(5)

(5) 三木、同上32頁。

三　2年間の保育を6期とした大場牧夫『幼児の生活とカリキュラム』

大場牧夫のこと

1931年、水戸市で生まれる。1955年、茨城大学心理学科卒業。同年、桐朋幼稚園教諭となり、やがて同幼稚園の主任として活動する。大妻女子大学講師、東洋英和女学院短期大学講師などを兼務。日本保育学会理事としても活動。著書に『保育の実践と理論』編著（1969）、『幼児の生活とカリキュラム』編著（1974），『大場牧夫保育対談―幼児教育の本質を求めて』単著（1981）、『幼児教育の基本を考える』単著（1988），『原点に子どもを―大場牧夫の保育論』単著（1994）など多数。1994年死去。

『幼児の生活とカリキュラム』の出版

東京の桐朋幼稚園では大場牧夫主任を中心として作成された保育計画が、『幼児の生活とカリキュラム』（フレーベル館、1974年）という本になって出版された。それは、幼稚園での子どもたちの集団生活が変化し、発展する状況を「幼稚園生活の流れ」として把握、「一人一人の子どものもつ流れを生かしながら、学級集団としての、また、園全体の流れを作り出す」ことが、幼稚園教育の「マスタープラン」であり、幼稚園の「教育課程（カリキュラム）」であるという考えのもとに作成されたものであった。

その「まえがき」では、次のように述べている。

「このマスタープランを作成するについては『年間保育計画』(三木安正編著)によるところが大である。むしろ、この『年間保育計画』において追求された集団生活の構造化を一つの幼稚園で具体化したものがこのプランであると言ってもいいかもしれない」と。

そして、4歳で入園し、幼稚園の集団生活をおくる2年間の「幼稚園生活の流れ」を次のような6期に区分し、計画化している。

○園生活1年目(年少組)

第1期　不安を取り除き、生活に慣れる時期。

園のスタートの時期である。新しい生活圏での不安を取り除くことが、まず必要である。まず、先生と子どもの間に信頼関係が成り立つよう努力しなければなるまい。

第2期　学級生活にも一応の自信ができ、友だちとの結びつきがはっきりしてくる時期。

友だちとの結びつきがはっきりしてきた。生活グループでの諸活動(グループ単位での当番活動など)の経験も子どもたちの仲間意識を育てる点で確実に積みあげていきたい。

第3期　仲間とのぶつかりあいからまとまりへの時期

年少組なりに問題解決をしようとする動きが活発になってくる。必ずしも解決できなくても、この動きを大切に育てていくことが必要である。

○園生活2年目(年長組)

第1期　年長組としての生活の発展とあらたなぶつかりあいの時期。

年長組としての態度を要求するよりも、年長組として生活の発展的変化を自覚させることが大切である。年長組になったという解放感はとかくすると調子に乗りすぎてトラブルを起こす。年長組としてのあらたなぶつかりあいとも言える。たとえ園生活二年目でも、ここに前進のためのゆさぶりがあることを重視してゆきたい。

第2期　活動が拡大し、組織的に高まる時期

仲間遊びが活発に展開され、そこで起きたトラブルも自分たちで解決しようとする動きが見られてくる。仲間への批判の目も鋭くなってくると同時に、当番や係の活動でも責任感をもてるようになる。課題に対して役割の分担をどうするかということなどに、活発な意見が出されるようになってくる。

第3期　個人、集団での目標に向かう意識が明瞭になり、充実感、満足感、そして自信をもつ時期。

クラス全体に「仲間だ」という雰囲気がみなぎってくる。園生活の総まとめの時期として日々の生活の中で充実感、満足感そして活動に対する自信をもたせたい。遊びや課題についてもかなり論理的な思考が働くようになり、技術的に緻密なものになってくる。集団生活の最終段階として、一人ひとりの心を大切にしあう気持ちを育てたい。

――以上、2年間の6期の生活それぞれの特色である。これが保育カリキュラムの「マスタープラン」であるが、それだけでは終わらない。大場牧夫のそれは、「今、子どもたちに何が必要なのか」を考えて、教師たちが、具体的に「働きかけ」をする保育活動とのかかわりを重視するところに特徴がある。その「働きかけ」が「遊び」「生活と仕事」「課題に向かう活動」の3層と「6領域」（健康、社会、自然、言語、音楽、絵画）であるとして構造化された保育カリキュラムとなっている。これらの活動でもっとも重視されるのは「遊び」である。（図表1）

また、「生活と仕事」とは、「幼児なりの生活の自主管理としての生活労働的活動」のことであり、当番や係りなどの役割活動がふくまれる。

〔図表1〕　桐朋幼稚園の3層6領域構造

課題に向かう活動					
生活と仕事					
あそび					
健康	社会	自然	言語	音楽	絵画
個人集団の変革					

「課題に向かう活動」とは、「遊びや生活の発展としての課題的な経験や活動」のことであり、夏になればプール活動、秋になれば運動会など、動物園のパノラマづくりや劇活動などもある。

以上、「3層6領域」として構造化されたカリキュラムである。保育構造については、次の章で述べたい。

四　丸尾ふさの集団指導計画論

丸尾ふさのこと

1927年、東京に生まれる。千代田女子専門学校を卒業。労働者クラブ保育園に就職。保育者として畑谷光代のもとで働いた後、白金幼稚園に勤務。海卓子園長のもとで保育実践にうちこむ。1963年、日本福祉大学の専任講師として学生の指導にあたる。5年間の勤務の後、1968年、安部幼稚園に転勤、その後、再び白金幼稚園に復帰。ここで定年を迎える。横浜女子専門学校講師、いわき短期大学講師、全国保育問題研究会常任委員などでも活躍。著書に『現代保育入門』共著（1967）、『幼児の遊びと集団づくり』共著（1969）、『幼児の集団生活』編著（1985）、『つぶやきにドラマを見いだして』単著（1993）などがある。

丸尾ふさの「子ども集団の指導」（宍戸健夫ほか共著『現代保育入門』風媒社、1967年所収）は、三木安正らが明らかにした就学までの2年間の「集団生活の発展」の過程に学びながら、年齢的な発達からではなく、実践的な指導論という側面から、その過程を明らかにしようとしている。

その概要は以下のようである。

1　集団生活4段階論

第1期　集団生活の基調となるリズムを保育者が中心となって創り調えていく段階

この期の特徴は、子どもたちの中に有機的なつながりがなく、バラバラであり、集団的なものの感じ方はまったくできていない。

まず、子どもたちが、気楽にふるまえる条件を保障してやることが第一である。子どもを保育者に従わせるというような上下の関係ではなく、保育者と子どもが同じ生活の基盤にたった民主的な関係をつくることからはじまる。そして、集団生活を維持していくうえでの必要な最小限の決まりや、必要なことば（並ぶ、集まる、みんな、順番など）を実際と結びつけて理解させることなどは欠かせない。また、みんなで一緒にあそぶというような、理屈抜きに楽しい活動をたくさん用意して、初歩的な仲間感を育ててゆく。

第2期　集団の中で一人ひとりの要求を大切にしながら、方向づけていく段階

子どもたち一人ひとりに、自分の要求を出すようにさせる。しかし、当然、それが仲間の要求や保育者の要求とぶつかることに出会う。それを保育者が一方的に処理したりするのではなく、子どもに「自分と同じ要求をもつ子どもが自分以外にもいる」ことに気づかせて、そこから、「ではどうしたらよいか」と話しあい、考えさせ、保育者が方向づけをしながら、きまりの必要の自覚をうながしていく

丸尾ふさ

こと。そして、子どもたち同士の自主的、主体的な生活をつくりだしてゆくこと。

第3期　子どもたち自身が中心になって活動していくなかで、集団生活の内容を充実させ、整えていく段階

生活グループの編成やそれを基盤にした、当番、係の仕事、共同作業、遊び、その他のあらゆる活動を、子どもたちの自主性のうえに発展させてゆく。とくに、集団生活の中でも日常的におこるさまざまな疑問や出来事を積極的に教材化しながら、子どもたちに、話しあい、考えあい、行動しあい、確かめあっていく態度を身につけさせ、そのなかで意識内容の変革をきめ細かく指導してゆく。

そのことは、一人ひとりの立場や独自性を大切にしながらも、そこに共通の課題や希いを見つけ、協力してそれを実現していく方向や方法をうみ出していくことにもなる。

また、子どもたちの活動が充実してくるこの段階では、組織的な行動力も目立って成長する。協力しなければでき得ない活動をより多く課すことにより、それをさらに強化してゆくことも大切である。他のクラス集団との交流を深め、さらには全園的な規模での集団活動へと広げてゆく。

第4期　一人ひとりの成長を集団の発展のなかで確かめあい、次の発展のエネルギーを育てていく段階

年中児では生活グループの当番が、グループリーダーとしての役割を遂行。年長児ではリーダーを中心に自律的なクラス運営ができるようになる。さらに、自分たちのクラス集団の問題から一歩進んで、全園的な各種の協同活動（行事）に参加、年長組としての自覚のもとにその役割を発揮する。また、これまでの集団生活における個々の成長が、共に過ごした仲間との関係のなかでとげられてきたことを、子ども自身に意識的にとらえさせ、次の生活への意欲と自信を持たせてゆく。

以上が、丸尾の4段階論である。

2　時期区分の柔軟性

以上のように、丸尾の集団保育の発展は、第1期は、はじめて集団生活をする子どもたちであり、「有機的なつながりがなく、バラバラであり、集団的なものの感じ方ができていない」状況にある。それから出発して、第2期の子どもたちは、それぞれが「自分の要求を出すと同時に、当然、それが仲間の要求や保育者の要求とぶつかる」状況を経て、子ども同士の自主性、主体性のある集団をつくりだしていく。第3期では、集団生活におこる「さまざまな疑問や出来事を積極的に教材化」していくことを通して、「集団生活の内容を充実」させていく時期へと発展していくこととなり、第4期では、集団生活が安定して、各種の「協同活動」などが展開、「集団の発展した段階」へとすすみ、「一人ひとりの成長を集団の発展のなかで確かめあう」ことで、いっそう充実した集団生活をめざそうとする時期ということになる。

しかし、この時期区分は、「一応のめやす」である。「初期（1期、2期）とはその集団が一定の形成をみた時点」であり、「後期とは一応の終結」となる、しかし、「進級や進学によって異なった条件におかれる時点」でもあるとしている。(1)

丸尾案は初期から後期までを、1年間とすることもできるが、3年間を4期に区分したらどうなるのかということを考えて見ることもできる。

丸尾は「(集団の発展過程は、年齢や条件でちがってくるものであるが、ここでは大方の方向として）年齢や保育経験年数の多いほど、第1期、第2期は短くなり、第3期が長期かつ充実して行なわれ、逆にそれぞれの少いほど第1期、第2期は比較的長期にわたるということで

(1)　丸尾「子ども集団の指導」『現代保育入門』風媒社、1967年、129頁。

ある」[2]と考えられている。

とすると、3歳のときから継続して3年間の保育となるとどうなるのだろうか。3歳児組では、第1期に重点を置きながら第2期への発展をめざす。4歳児組となると、第2期に重点を置きながら、第3期への発展をめざす。5歳児組では第3期に重点を置きながら第4期への発展をめざすということが考えられるであろう。

丸尾案は、第1期の「有機的なつながりがないバラバラの集団」を出発点としながら、「次第に有機的なつながりと、仲間同士の相互理解に支えられた内容豊かなふくらみをもった段階へと高まっていく過程[3]」を年齢にとらわれず、とは言っても、一人ひとりの発達をおさえて、柔軟にその発展過程を、それぞれの保育条件のなかで考え、その指導のあり方を工夫していくことを示唆するものであろう。

丸尾の見解は、三木安正『年間保育計画』に学びながら、年齢と集団生活の発展にかかわる保育カリキュラムに、具体的な保育活動をおさえ、子どもたちの主体性を大事にしながら集団生活の発展を柔軟に考えようとする、新しい見解を提起したものとして注目されなければならないであろう。

3　協同活動の組織化

丸尾の「集団の発展段階」での第3期は「共通の課題や希いを見つけ、協力してそれを実現」していこうとする「組織的な行動力」が成長してくる時期としている。それは、日常的な生活の上でたまたま発生した問題を「話しあい」で解決していく問題解決活動のレベルを一歩ふみだして、すこし先の目的のある「計画」にむけて、どのようにして実行するのかという計画的な「協同活動」のレベルへと発展することを意味するものであった。それでは「子どもの協同活動をどう組織するか」である。丸尾は、こ

（2）丸尾、同上129頁。
（3）丸尾、同上124頁。

の時期の協同活動には、「遊びによる協同活動」「しごとによる協同活動」「教科の面での協同活動」の三つの協同活動があるとして、その類型を次のように明らかにしている。

遊びによる協同活動

「役割遊び」は早い時期から子どもたちが好んであそぶ遊びである。しかし、年長組にでもなると、「楽しい遊び」ではあるが、それまでの「運転手」と「お客」だけだった「乗り物ごっこ」とはちがって、駅舎ができて駅長が登場したり、車掌や運転手が交替したりして、役割分担がひろがり、その担当責任への意識もうまれてきて、いっそう、協力しあう関係の質がたかめられてくる。

「ルールある遊び」でも同じである。鬼ごっこやボール遊びでも、簡単なルールから複雑なものへ変わり、技術も向上、それが競技的な遊びへと進展して、いっそう高度な協力関係を必要とするようになってくる。

しごとによる協同活動

ここで取り上げられているのは「生活条件をつくりかえる協同作業」と「楽しみを中心とした協同作業」である。前者は、園生活を快適にするために、みんなで園庭の雑草や障害物をみんなで除いたりする作業であったり、畑づくりであったり、みんなが力をあわせなければできないような建設的作業のことである。後者の「楽しみを中心とした協同作業」とは、遠足で拾ってきた栗をゆで食べたり、畑で収穫したいもの焼きいもパーティの開催であったりである。「純然たる仕事」とは、少しちがう「楽しみ中心」の協同作業をさしている。

なお、この論文では、「しごとによる協同活動」として、別に章をたてて「子どもたちの生活の運営上にかかわる仕事」である当番や係りなどの仕事が大きくとりあげられている。そして、出席調べや給食の準備などの当番活動では、クラスに5～6人のグループをつくり、グループ単位で活動することが効果的であることなどを指摘している。

教科の面での協同活動

ここで「教科」と言っているのは「課業」のことである。器楽合奏、紙芝居づくり、劇あそび、粘土制作などがあげられている。協同による創造活動であり、文化活動でもある。「創ることだけではなく、その創ったものをみんなで使う、創ったものでみんなが楽しむといったことまでも含めて、一つの協同活動ととらえる」ものである。

以上、丸尾は協同活動の三つの類型をあげ、その「指導の要点」について、こうしたそれぞれの協同活動が、一定の技術をともなうものであり、「低次のものから高次なものへの筋みち」をおさえることが大事ではあるが、固定的にならないように「保育者の創意工夫で多様に変化させていくことがのぞましい」ものである。また、「こうした活動が『与えられたもの』にならないように充分配慮」されたものであり、子どもたちの要求にもとづく「子どもにとって楽しみと喜びにみちた活動であることを第一の条件にしなければならない」と述べている。

すなわち、協同活動の第一条件は、「ごっこ遊び」のように「楽しい活動」でなければならないものであるが、しかも、「(その活動は) 子どもたちのなかに友交関係をつくりだし、一人ひとりが力を出し合い、役割分担し、協力しあって一つのことを成功させていく」(4)という計画的な活動であるということである。その過程では、ゆきづまりもあり、失敗もある。それを話しあい、考えあい、協力しあいで解決していかなければならない。そうして、「一つの課題を達成する喜びと行動様式を身につけていく」(5)のが協同活動であり、それは一人ひとりの人格形成のうえで「大きな教育的意味」をもっている活動である。

---

(4) 丸尾、同上145頁。
(5) 丸尾、同上149頁。

五　集団生活の発展を軸とする保育の意義

これまでのまとめ

本書の序章で、日本の保育カリキュラムには、三つの潮流のあることにふれている。本章は、三つめの潮流である「集団生活を軸とする保育カリキュラム」について述べている。

この潮流は、戦前、戦時下において保育研究の理論と実践との統一をめざした保育問題研究会（保問研）で、日本ではじめて、検討された課題であった。当時の保問研の会長であった城戸幡太郎は、その著書『幼児教育論』（1939）のなかで「（幼稚園、託児所の）保育案は『社会協力』ということを指導原理として作製さるべきもの」であると述べている（第二章参照）。保問研はこの「指導原理」のもと研究をすすめたが、きびしい戦時下においては、完成が不可能となり、この課題は戦後にもちこされることとなった。

戦後、この課題を引き継いだのは三木安正である。三木は戦前の保問研で、城戸会長のもとで活躍、戦後、海卓子や畑谷光代など、戦前の保問研に所属していた現場の保育者たちをふくめて研究グループをつくり、「集団生活の発展」を軸とする『年間保育計画』（1959）を出版したのである。この保育計画論は、戦前の保問研の成果をうけつぎつつ、それまでの保育カリキュラムとは異なる新しい視点を提供することとなり、今日まで大きな影響を与えることとなる。

三木たちの保育計画がうまれた背景には、戦前の保問研の研究があると同時に、もうひとつ、無着成恭『山びこ学校』（1951）などの生活綴方教育がある。

畑谷光代は、前述したように、当時のことをふりかえりながら「『山びこ学校』その他のすぐれた教育実践の記録を、私たちは吸いつくようにして学びました」と述べている。そして、「綴り方を書かせることのできない幼児たち」に言葉による表現を指導し、その言葉にひそむ、幼児の考え方、感じ方を汲みとることを、「保育実践の心棒」としてきたのである。こうして畑谷たちの「ありふれた経験を言語化する」実践の積み重ねを土台としながら、「話しあい」保育（後につたえあい保育）の実践が展開されていく。

「話しあい」は、子どもたちの言語表現の水準を高めていくだけでなく、日常的なトラブルを話しあいによって解決する方向を見つけだすこともできるようになり、子どもどうしの関係を改善されていくことにもなる。しかし、子どもたちは言葉でわかったつもりでも行動の場面では、ふたたびもめごとを再発させることはしばしばである。

「話しあい」から「行動」へ、そして、「行動」から「話しあい」へとくりかえされるゆっくりとした取りくみが必要である。そうしたくりかえしが、子どもたちの認識をたしかなものにし、相互理解をすすめていくこととなり、一人ひとりがクラスを構成するものとして、どのように生活すればよいかが、わかるようになる。それは、子どもどうしの人間関係をゆたかなものにし、集団生活を発展させていくこととなる。「話しあい」は「集団生活の発展」のカギをにぎるものであり、『年間保育計画』には「話しあい」が、しばしば登場し、強調されているのはそのためである。

『年間保育計画』が提起したものは「話しあい」だけではなく、集団生活において、子どもたちが「きまりの必要性がわかり、共通の目的にむかって協力できるようになる」（第6期）のにはどういう経過をたどることになるのか、そしてその「共通の目的」にむかう「協力」とはなにかということを問うことになるものである。畑谷の保育実践では「協同の計画を協同で経験させる」ことが可能になるレベルとしている。これを受けて丸尾論文は「協同活動」論として、その実践と理論をふかめたのである。これは「話しあい」が、日常的な問題の解決であったレベルから、もっと遠くを見通した目的の達成にむけての「協同活動」を創造する活動（行動）の展開というレベルになることである。ここでも「話しあい」は不可欠であるが、その「話しあい」は、課題（目的）をはっきりさせ、それにむけて計画をたて、どのように活動するのか、そして、その役割分担とその責任についてどう考えるのかなどのレベルの高い「話しあい」が行われる。そして、活動の過程においても「話しあい」は何回も繰り返される。そうした「話しあい」のもとに実践される「協同活動」こそ、集団生活の核となる活動である。

「集団づくり」の実践の展開

「集団生活の発展」をめざす保育実践は、その後、1960年代に入って、「集団づくり」という呼称でその実践と理論がふかめられている。それは、子ども集団の自立的・民主的発展をめざし、そのことを通して、個々の社会的な人格形成をめざそうとする三木安正たちの『年間保育計画』にはじまる「集団生活の発展」を軸とする保育カリキュラムの潮流と密接にかかわる保育研究と実践である。その実践は子どもたちのあそびや課業、しごとや行事など保育全般にわたり、「話しあい」を重視しながらも、子どもの集団活動そのものに焦点をあて、個々バラバラな集団を民主的で自治的な集団へと変えようとする実践と理論であった。それは、丸尾が提起した「協同活動」を、協同作業や発表会などの行事において、いっそう発展させようとするものであった。また、当番、係り、グループ（班）とリーダーなど、日常的な生活にかかわる仕事の自主運営をどのように組織していくかについての実践的研究がふかめられた。

その研究業績には、次のようなものがある。

全国保育問題研究会協議編『人と生きる力を育てる—乳児期からの集団づくり』（新読書社、2006年）、全国幼年教育研究協議会・集団づくり部会編『支えあいそだちあう乳幼児期の集団づくり』（かもがわ出版、2012年）、久田俊彦・岡喬子・大阪保育研究所編『集団づくりの「見取り図」を描く—友だちのなかで育ちあう』（かもがわ出版、2013年）などである。また、「集団の組織化」を通して「知的な育ち」の形成を明らかにする研究として、勅使千鶴・亀谷和史・東内瑠里子編著『「知的な育ち」を形成する保育実践—海卓子・畑谷光代・高瀬慶子に学ぶ』（新読書社、2013年）がある。

第五章　プロジェクト活動と保育カリキュラム

一　日本におけるプロジェクト活動の展開

はじめに――日本におけるプロジェクト活動

畑づくり（栽培活動）や家畜などの飼育活動の実践は、日本的なプロジェクト活動として注目されていいものではないだろうか。ここでは、畑づくりなどが、戦後どのように登場し、どういう意味をもったのかの検討を通して、戦後保育実践の歴史的性格を明らかにしようとするものである。

はじめに、畑づくりをはじめとするプロジェクト活動の戦後の歴史的な流れを略述しておきたい。

①　**戦後の出発**　文部省「保育要領」（１９４８）のもと、戦前の保育5項目主義をのりこえるような、ごっこあそび中心の保育が展開された。また、保育項目には「自然観察」などがあり、「社会」や「自然」とにかかわる活動への関心を高めるものがあった。

②　**6領域の登場**　「幼稚園教育要領」（１９５６）は、「自然」を6領域のなかに位置づけるとともに、「種をまいたり、植えたり、水をやったりする」などの栽培活動をとりいれている。

③　**1960年代の実践**　この時代には、室外の自然との関わりを重視する保育実践が生まれる。岐阜県中津川・恵那地方の実践では、園庭にみんなで大きな池をつくりあげる「池づくり」の実践のほか、畑づくりや収穫した野菜でのごちそうづくりなどの実践が展開された。それは「子どもの持っている、自立的な部分、野放しにされている部分を大胆に教育にもちこもう」とする保育カリキュラム改革の運動であった。

④　**1970年代の実践**　自然保育の実践は大きく広がっていった。この時期に埼玉県深谷市のさくら・さくらんぼ保育園の実践記録『あすを拓く子ら―さくら・さくらんぼ保育園』（1976）とそれにつづく記録映画「さくらんぼ坊や」（パート1は1978）が注目された。また、横浜市の安部幼稚園の記録『幼児に土と太陽を―畑づくりから造形活動へ』（1980）は、戦後の畑づくりの実践を代表するような実践が登場している。

1　中津川（恵那）の教育と保育実践
―池づくりから畑づくりへ

子どもをどうつかむか――中津川（恵那）保問研からの提案

中津川（恵那）の生活綴方教育は東北のそれと並んで、戦後、注目されていた。大田尭『教育とは何かを問いつづけて』（岩波書店、1983年）のなかで、次のように評価している。「（生活綴方教育は）身の回りを直視し、自分を直視することによって、自分を回復するというプロセスを助けうながす、そういうものとして外から入ってくるものを位置づけていく。（中略）そういうプロセスの進行を促し合うことが、生活綴方の教育価値の貴重な部分を占めている」[1]

こうした生活綴方教育が戦後も展開されるなかで、岐阜県は、1960年代にはいると新しい危機的状況を迎える。その背景には「共同体の解体」があり、「子どもたちもばらばらになった状況のなかで、どうしたら子育て・教育の連帯を創造し、子どもたちの自立と連帯、自治をとりもどすことができるか」[2]という「新しい課題」が、中津川（恵那）では自覚されるようになったと、大田は述べている。

以上のような中津川（恵那）の生活綴方教育は、小学校の教師を中心としたものであったが、幼稚園、保育園の保育者たちも無関心ではいられず、それが、どのように保育活動の中に生かされるのかという課題に取り組んでいたのである。

そうしたなかで、1966年8月の第5回全国保育問題研究集会（全国保問研と略す）での、中津川保問研（高山三保子）による全体会提案「子どもをどうつかむか—教育実践の創造」[3]は、恵那の保育者たちの「教育実践」にとりくむ基本的な方針を明らかにする。

その提案は、次のようなものであった。

① 保育者と子どもの間に肌でふれ合う関係をつくり出すこと。保育者が子どもの生活全体の中へ深い根をおろさないかぎり、子どもの魂へ手は届きません。そのためには保育者は、子どもの不信感を徹底的にとりのぞかねばならないと思います。

② 子どもたちの人間的感情、生活の問題に肉迫した表現の追求をさせる。通り

恵那綴方の会編『恵那の子ども』1952年（恵那の綴方は保育実践にも大きな影響をもっていた）

(1) 大田尭『教育とは何かを問いつづけて』岩波書店、1983、125頁。
(2) 同右、177頁。大田はここで、岐阜の「教育正常化問題」に触れている。
(3) 中津川保育問題研究会の全体提案「子どもをどうつかむか—教育実践の創造」『季刊保育問題研究』第17号、1966年10月。

いっぺんの表現でなく、あくまでも問題を追求する。

③　園や教室の枠にこだわることなく、真に自覚した子どもの集団をつくり出す。集団のもつ本質をもっともっと明らかにしなければならないと思います。

④　まったく新しい、子どもたちの文化的社会的行事やあそびの創造。子どもの新しい動きを保育者は援助していく立場が大切であり、園などでいろいろな行事が行われ、それをどうするかということより、みんなで行事を創り出していくことが大切である。

⑤　子どもの現実の生活に根をおろさせるためにあらゆるかたちで実生活への参加―労働の尊重と、労働への参加をたえず強調する。単にお手伝いさせるということでなく子どもに親といっしょに生活そのものに参加させていくこと。

以上、今日の子どもたちが、バラバラにさせられ、無気力、無関心になっているという現状にふれながら、どうしたらいいのか、保育の実践的課題を提案するものであり、保育者と子どもの間に肌でふれ合う関係をつくり出すことを通して、子どもの直面している問題をあらゆる表現で追求することを表明するものであった。

この提案は、参加者の共感を呼ぶとともに、どういう実践なのか、具体性に欠けているという批判もだされていた。

池づくりの実践とその後

その批判に応えるようにして、中津川保問研が、翌1967年8月の第6回全国保問研（京都）で報告したのが「池づくりの実践[4]」であった。

この実践の概略は――

（4）岐阜県保育問題研究会「池づくりの実践」『季刊保育問題研究』1968年5月。

保育園の金魚鉢では、魚が死んでしまうということから、大きな池をつくろうということになる。どこに、どういう池をつくるのか、相談し計画する。おおきな穴をつくったものの、水を入れると、どろんこになるだけ。そこで、セメントで固める。最初は消極的であった子どもたちもふくめ、全員が目を輝かせてセメント塗りにとりくむ。そして完成。

この実践をとおして、保育者は、子どもたちの創意や工夫のすばらしさや集団の力を発見することとなった。

――というものであった。

この実践が成功した理由には、次のような四つのことが考えられる。

第1は、各家庭には池があり、コイやキンギョを飼っていて、子どもはそれをよく知っており、そういう池で魚を飼い、えさをやれば、魚がそう簡単に死ぬものではないということを、経験しているということである。そうした、地域で経験している興味のある生活を、保育園の保育として取り入れたことである。

第2には、はじめ有志でとりくんだのが、やがてみんなのものになってくるというように、池づくりが子どもたちに魅力的であったのは、それがこれまでにはなかった新鮮な活動であり、あえて挑戦してみたいという意欲を駆り立てることのできる大型のプロジェクトであり、しかも、魚を育てたいという子どもたちの要求にもとづくものであったからである。

第3には、池づくりはどんな子どもでもそれぞれに参加できるものであり、仕事を分担しあいながら協力しあって、一人でできないことをみんなでやりとげる

恵那の保育実践「池づくり」の中心にいた梶田福子と子どもたち

ことのできる喜びと自信をつくり出すことができた、格好の課題であったからである。

第4には、この池づくりの指導過程が、たえず「どうしたらいいだろうか」と問いかけ、相談しながら、完成に向けて一つひとつ活動の見通しをつくっていく。それは、上から教えこむ指導とは質の違う、保育者と子ども、子どもと子どもが対等な立場に立って、伝えあい、考えあうことを通して、よい方法を見つけあっていくような指導であったということである。

畑づくりの実践

この池づくりに続いて、中津川保問研・坂下サークル「〝池づくり〟その後」(5)では、みんなでクッキングにとりくむ「合宿」、畑をたがやしてのキウリづくり、子どもたちでつくる「運動会」等の実践が報告されている。

以下の報告は一泊の合宿保育（園内合宿）での一場面である。


みんなで畑をたがやしてまいたキウリが実りたべられるようになった。「みんなでつくったキウリが大きくなってたべれるが、何をつくってたべようか」「サラダガイイ」「コノアイダ　ツクッタデデキル」、「サラダサ」と言うことになり今日もグループごとで作り、お弁当のおかずにして食べることになった。子どもの口には入らないくらい大きいキウリの輪切りがあったり、2センチもの厚さのソーセージがあったりで、

「コノマエ　ツクッタノヨリ　モットモット　ウマカッタナア」

「ボクンタノ　ツクッタ　キウリヤモンデ　ウマカッタ」

「ホントウニ　ウマイナア」「キュウショクセンターノサラダ　マズイゾ」「ウンイツモ　ツクッテタ

（5）岐阜保問研・坂下サークル「〝池づくり〟その後」『季刊保育問題研究』第23号、1968年5月。

ベヨウカ」など、言ってたべている。まだたくさんのキウリがなっている。畑へとんでいっては「オイ　コイツ　デカイ　モウ　クエルゾ」

「15モナットル」「シオ　ツケテ　クッテモ　ウマイゾ」と生産の喜びを味わっている。

以上、子どもたちのなかから「コンドハ　マンジュウ　ツクロウ」など冗談めいた発言もあり、食べたいものはなんでも、畑をたがやして、つくって食べようという意気ごみが感じられる記録であった。こうした、畑づくりの実践は岐阜保問研を中心に広がっていくのである。

「焼きいもうまいな」──畑づくりの実践

つづいて、中津川保問研の恵那・上野サークルは「実践記録・畑つくり―焼きいもうまいな」(岐阜保問研編集『民主保育』第4号, 1968年8月)を発表している。

この実践記録はクラスで何を畑に植えようかという話しあいからはじまる。さつまいもを植えることとなり、さつまいもの苗を植え、秋になってそれを収穫、楽しい焼きいもパーティーが開催されたことまでが、次のようにくわしく報告されていたのである。

「先生　今日　焼キイモ　焼クワケヤッタッテェ」「ハヨヤニ」

「そいじゃ　みんなで準備しよまいか」

運動場の真中に石をならべ、「ぬか」をまく。その上にいもを並べ、わらをかぶせ、杉の葉をもやす。

「ワー焼ケルゾ」「火ガツイタゾ」「ニオウ　ニオウ　イイニオイ」「インディアン　ミタイヤナ」「焼キイモ　ホカホカ焼ケルネット」「杉ノ葉　モット　ヒロイニイクゾ」

「早ヨウ　食イタイナ」

子どもたちのよろこびようは大変なもの。火のまわりを踊りまわり、歌をうたい、杉の葉をひろいに走る子どもたち。

「アーウマカッタ」

「モット　クイタカッタ」

——以上、記録のほんのひとこまであるが、食べることの喜びがよく記録されている。

「人間にとって食べることは最も大事なことであるし、それを通して、子どもたちが少しづつ変ってきたように思う。みんなが楽しみながら、ひとつの事をやりとげた喜びを知った。また、いままで自分のいいたいこともいえなかった子も、みんなと同じように「クイタイ」「タルイ」とはっきり意思表示することができた」ことが保育者の評価である。

いっぽう、母親の感想は—

・自分たちでやって、つくってみることはいいことだと思っています。

・夜、目を通させてもらいました。ほんとうに笑いが出てしまい一人で笑って読みました。

・焼きいもの話をよくしてくれました。いもはたくさんあるか、ないかとか、夏休みは「なす」を切り、しょう油でつけものを作って食べていました。家では、ちょっとしたところに「わけぎ」を自分で植えています。芽が出て大きくなったら味噌汁の中に入れてやろうと思っています。

・園での生活のほんとうにたのしいことが読んでわかりました。

以上、「畑づくり—焼きいもうまいな」の実践記録の一部である。畑に何を植えようかということからはじまり、焼きいもパーティーを持ったことまでが、くわしく、記録されている。母親の感想も貴重である。

私たちの教育課程づくり

1970年代にはいると、中津川保育問題研究会は、『ちいさいなかま』誌（ちいさいなかま社）への連載をはじめる。1975年7月号から1976年8号まで、テーマは「私たちの教材・教具」である。そして、1976年9月号から1978年3月号まで、テーマは「私たちの教育課程」である。合計33回にわたる連載であった。そのねらいは与えられた「教育課程」ではなく「私たち」の「教育課程」を創造しようとするものであった。

その基本姿勢について、園原則子は次のように述べている。

「私たちは四年ほどまえから教育課程づくりのための研究を、園、保問研、市教研などで手がけてきました。でも、いつも、教育課程っていったいどうすればできるのだろうか、ということになっていました。しかし、園内で、実践をだしあうなかではっきりしてきたことがあります。それは子どもを深くつかみ、より大きく変え、生きる力をつけていくために――

① 子どもの実態を明らかにする。

② 実態の上にたって、どういう力をつけなければならないか、をはっきりさせる。

③ そのために、どんな活動をさせていくか。

これらを個々の保育者の中ではっきりさせ、園内で共通にしていくことが必要ではないだろうか、そして、園ぐるみの実践をうちたてていくよう努力しなければならないのではないか、ということです。[6]」

(6) 園原則子「どろどろした教育課程づくりから」『ちいさななかま』第82号、1978年3月。

こうしてはじまった「教育課程づくり」であったが、それは、石ころ、草花、新聞など「身近なものを教材化し、それをあそびきるような見通しをもち、いきいきした子どもにかえていくような教育課程」であった。荒地をたがやし、さつまいもを育て、いもきんとんをつくって食べる子どもたち（松田）、製材所から木切れをもらってきて、船をつくり、川へいって流して遊ぶ子どもたち（園原）、山すべりを楽しむ子どもたち（丸山）、広告紙でタコをつくったところあがらず、竹からひごをつくってもらい、骨のあるタコづくりがはじまり、それがあがったことで、タコあげに夢中になる子どもたち（大脇）など、さまざまな創造的な活動が生みだされるような教育課程であったのである。

それは、これまでのような「どんな活動をどうさせるのか、表になっているような教育課程」とは異なり、子どもたちが「自分から求めてあそぶ生活をつくりだす」ことを、まず出発点として、つくりだす教育課程であり、「どろどろした教育課程」（田原則子）と呼べるような、子どもたちがつくる創造的な教育課程であった。

中津川（恵那）の保育実践から何を引き継ぐのか――まとめとして

これまで紹介してきた恵那の保育実践の性格は、以下のような4点を挙げることができるであろう。

① 地域の生活のなかから、子どもたちが新しい教材を見つけ、遊びをつくりだしていくことを積極的にとりあげ、それを子どもたちとともに発展させていく。とくに自然と関わる遊びを重視する。

② 保育の展開過程には、かならず、保育者をふくめた子どもたちの話しあいがある。どうすればいいのか、もっといい方法はないのか、みんなで話しあい、認識を高め、問題解決の手がかりを子どもも自身が見つけるようにしている。

③ 保育者は子どもたちの日常的な遊びを重視すると同時に、子どもたちが、遊びとは異なる畑づく

りのような実生活的な大型の作業（労働）に取り組んでいくことをすすめている。

④　保育者は子どもたちとともに、それぞれの知恵とちからを発揮させながら、ひとりではできないことを、みんなの力で実現していくことの「見通し」と喜びをもてるような「どろどろとした教育課程」を創造しようとしたことである。

以上、これらの性格は、遊びを大事にする日本におけるプロジェクト保育の伝統を受けつぐものであると同時に、日常生活の中の子どもの遊びにその発端がありながら、自然にかかわる生産活動（労働）を積極的にとり入れたことである。それは、東京女高師付属幼稚園でも和光幼稚園にも見られないことであった。自然にかかわる保育の意義をあらためて見直すとともに、生産をめざして共同してとりくむ子どもたちの協同性を高めていくものとして大きな意義をもつものである。そして、この実践は、1970年代における飼育・栽培活動を主軸にすえるカリキュラム改革にむけての先駆的な保育実践であったといってよいであろう。

2　さくら・さくらんぼ保育園の実践
──自然とのかかわりと表現文化の創造

自然のなかの「あすを拓く子ら」

1970年代は高度経済成長期である。自然破壊がすすむいっぽうで、逆に子どもたちを自然のなかで育てたいという願望が高まった時代である。子どもと自然とのかかわりは、自然への関心と認識をひろげ、表現活動を活発化させ、創造的なプロジェクト活動を展開させる端緒を生みだすものであった。

さくら・さくらんぼ保育園の実践が注目されるようになったのは、斎藤公子〈文〉、川島浩〈写真〉共著『あすを拓く子ら―さくら／さくらんぼ保育園の実践』（あゆみ出版、１９７６年）の出版である。

敷地は約３０００坪。建物も３００坪の広い保育園である。園児は「10数名の、全盲児をはじめさまざまな障害をもつ子どもを仲間に〝学童〟を含めて３００名」、それに、70数名の職員のいる大規模な保育園である。(1)

この本は、大型の写真集でもあり、２１５頁の60％は、子どもたちの絵や写真である。手にとった保育者たちは、まず、子どもたちの絵や躍動する写真に魅せられてしまう。当時としては高価な本であったが、10年たたないうちに15版も重ねるほどであった。

この写真で見られる絵や身体表現は、どうして生れたのだろうか。その背景には、子どもたちの自然とかかわる生活を重視しようとする保育がある。斎藤公子（１９２０―２００９）は次のように述べている。

「水や太陽、土、虫や動物、広い空間と仲間、これは人間の子どもを人間として発達させる最初の、そしてもっとも大切な条件である。水やどろと遊び、虫をつかまえ、動物を世話し、野の花をつんで感動し、青空の高さを知り、雲の動きを見て空想し、友だちとけんかをし、仲直りをし、テレビからではなく、先生からいろいろな生の話をきいて育つこと、はだしでふむ、やわらかい土の感触を知る。このような生活は都会ではもう夢だという人がおおぜいいる。（中略）でも私たちは、最初からこうした広い土地が与えられたのではないことを話すのである。ほんとうに子どもたちに広い自然が必要だと、身にしみて理解した父母の一致団結した努力が人を動かし、土地を求めることができたのである。(2)」

（１）斎藤公子・川島浩『あすを拓く子ら―さくら・さくらんぼ保育園の実践』あゆみ出版、１９７６年、78頁。

斎藤公子著『あすを拓く子ら―さくら／さくらんぼ保育園の実践』（１９７６年）

上記のように、子どもたちは「水やどろと遊び、虫をつかまえ、動物を世話し、野の花をつんで感動」する。そうした楽しいあそびや生活が絵やリズム遊びに表現されるのである。リズム遊びのなかには、「かえる」「とんぼ」「めだか」「あひる」「かに」「うさぎ」「うま」「でんでん虫」「ちょうちょ」など、虫や魚や動物をテーマにしたものがたくさんある。

例えば、「ちょうちょ」では、野原を無心に舞うちょうちょが表現される。「つぎつぎと舞うちょうちょは、一匹として同じ姿をしていない。すこし知恵のおくれた子らしい、からだつきの重い、身動きの鈍い子は、どたどたとした動きなのに、ことばにならぬほどかわいい。表現の明るさが全身を走っており、顔が笑っている。不器用に動いているのに、その幼い指のゆらめきがかわいいのだ。きっと、この演技が、表現が、子どもたちは大好きなのだろう[3]」と斎藤は書いている。

自然のなかでのちょうちょとの出会いが、こうした「ちょうちょ」を表現させるのである。その表現も、リズムであったり、描画であったり、である。自然のなかで楽しくあそび、自然とのさまざまなふれあいを大事にすることで、子どもたちの表現力を高め、その表現力は子どもたちの自然のなかでの遊びをゆたかなものにさせていく。遊びと表現との連動が、さくら・さくらんぼ保育園の保育実践の基本だと言ってよいだろう。

うさぎ小屋づくり—映画「さくらんぼ坊や」(パート1)

『あすを拓く子ら』につづいて、さくら・さくらんぼ保育園への関心を高めたのは、その保育実践がドキュメンタリー映画「さくらんぼ坊や」(全6巻)として映画化されたことである。第1巻は1978年に完成(第3回東京教育映画コンク

斎藤公子(自宅にて)

(2) 同右、90頁。
(3) 同右、105頁。

ールで金賞）、第6巻（完結編）は1985年に完成する。そして、全6巻の総集篇「アリサ―ヒトから人間への記録」は1986年につくられ、キネマ旬報賞文化部門第1位を受賞している。

「さくらんぼ坊や（パート1）」は、最初に桑畑と雑木林に囲まれた広々とした園舎と園の近くを流れる川に入り、ざりがにとりに夢中になる子どもたちの姿を写しだす。「自然は子どもたちの教科書」というナレーションが入る。

つづいて、うさぎ小屋の製作活動にとりくむ子どもたちである。子どもたちは、うさぎを飼育するためのうさぎ小屋を園庭に建てようとしているのである。

まず、みんなで動物園にうさぎ小屋の見学に行き、それをモデルにして自分たちのうさぎ小屋を設計、うさぎ小屋づくりがはじめられる。

子どもたちは協力して、土を運んだり、ペンキ塗りをしたりして、見事なうさぎ小屋が完成する。それは、積木での小屋づくりとはちがい、子どもたちにとっては、むずかしい作業であったはずである。

園長の斎藤公子は、広木克行の質問に答えて、このうさぎ小屋づくりの経過を次のように語っている。[4]

①（うさぎ小屋をつくるにあたって、私たちは）動物園に行ってウサギの飼育法を学んできました。ウサギは穴を掘りますから、土が必要です。土山をつくってウサギが安心して子どもたちがそばにきても、かくれたところで赤ちゃんを産めるようにしてやらなければなりません。広い土地が必要です。もっと大きなうさぎ小屋も必要だ。こうしてイメージがふくらんできました。

②（土はすこし遠いところにあって）スコップで一輪車に入れて運ぶようにしました。（映画では）真中に重い自閉の子どもを入れて、何も指示を与えないのですけど、そのまわりをやさしい女の子

（4）『斎藤公子保育実践全集』第5巻、創風社、119〜128頁。

たちが運んでいました。一つのバケツを2人でもっている子どもたちもいました。

③（いろんな事情で2年間も保育園にきてくれなかった子が）ウサギ小屋のデザインの下絵を描いてくれました。すばらしいウサギ小屋の絵で職員会議でもすごく感動しました。

④ウサギ小屋は、全部子どもがつくったわけではありません。やっぱり大工さんの力も借りています。それで分担しながら、子どもたちのできるところはどこかって話し合って、自分たちのできる範囲でやってもらう。こういう全体の流れや分担を最終的に組織するのは、園長の仕事です。園長は、組織者であり、演出家でなければならないわけです。

⑤ウサギ小屋は10カ月かかった。それは子どもの主体的な取り組みを尊重したから。でも6歳でないと、ここまでできない。（6歳になると）ちゃんと長い年月の計画性をもって、みんなが分担しながらやっていけるのです。

⑥（大人の力も借りるのだけど）すばらしいなあという成功感を味わえる。自分はたった一つしかつくらなかったけれど、それが、こうして集まったときにすばらしい作品になる。こういう喜びが人間的な喜びだと思うんです。この喜びを味わわして、保育園を送り出してやりたいとせつに思うんです。

——以上が「うさぎ小屋づくり」の経過のあらましである。「うさぎ小屋づくり」は10ヵ月もかかった大プロジェクトであった。

切り絵による集団制作—映画「さくらんぼ坊や」（パート6）

これらの映画製作と平行して、映画監督山崎定人と斎藤公子との共著『さくらんぼ坊やの世界』（労働旬報社、1983年）、『さくら・さくらんぼの子どもたち』（労働旬報社、1985年）の2冊が刊行されている。この2冊は、映画「さくらんぼ坊や」（パート6）の理解を深めるとともに、さくら・さくらんぼ保育園の保育実践の全体像を明らかにすることとなった。

さくら・さくらんぼ保育園には、自由遊びをはじめとする日常的な保育実践のいっぽうに、「鯉のぼり」づくりや「運動会」「クリスマスのツリー」づくりのような季節ごとの行事や、子どもたちの要求をふまえた集団的なプロジェクト活動がある。映画「さくらんぼ坊や」（第6巻）では、切り絵による集団製作（絵巻づくり）が紹介されている。

卒園を前にして斎藤から「黄金のかもしか」の物語を聞いて、切り絵による集団製作（絵巻づくり）がはじまる。

「子どもたちは物語のなかに出てくる動物たち、野山に咲き乱れる草花や樹木を、まず絵に描き、彩色する。描き上げると、ハサミを器用にさばいて切り抜く。切り抜いた絵を園舎の外まわりのガラス戸に物語の順に貼るのである。完成までに3日間を要した。貼られた切り絵は1人が10点としても、1000点は下らない。延べ25メートルほどのガラス戸は大絵巻物に変貌したのである。それは、子どもたちの理解力と表現力であり、まさに100人の子どもの創造力の結晶であった。(5)」

――以上は山崎定人監督による経過と感想である。

また、斎藤公子は集団製作にとりくむ保育者のあり方を「たった一つのお城に3日もかけた子どももあり、それによってこの絵はひきたち、黄金のかもしかを描く子と、その足でけってだした金貨だけを

（5）斎藤公子・山崎定人『さくら・さくらんぼの子どもたち』労働旬報社、1985年、127頁。

さくら／さくらんぼ保育園の子どもたち
（斎藤公子著『あすを拓く子ら―さくら／さくらんぼ保育園の実践』1976年）

描く子もいた。でも、それを一つにはってやることによって絵は生きた。（中略）空の雲なら描ける子もいたし、鳥が得意の子どももいたし、象がすきという子もあり、だからだから〝100人のアリサ〟はすばらしいのだ。それも組織するのが教師であり、それぞれの力を精一杯出させて、一つのハーモニーを生み出し、一つのオーケストラの曲にして演奏させるのが教師である」と述べている。(6)

「鯉のぼりづくり」の実践

映画「さくらんぼ坊や」（パート6）に出てくる「鯉のぼりづくり」の実践を考えてみよう。(7)

鯉のぼり―この共同活動は、4月下旬頃から始まるのかと思うとそうではない。4月、5月は気候がいいので、部屋に閉じこもっての鯉のぼりづくりはやらない。「4月5月は外あそびや畑仕事に終始する時期である」と斎藤は言う。

鯉のぼりづくりは、6月の梅雨どきに始まるのである。なぜかと言うと、4、5月は散歩中に鯉のぼりが泳いでいるのを子どもたちが見つけて歓声をあげ、前年の年長組がつくった鯉のぼりをあげて自分たちも創りたいという気持ちを強める。夏の日ざしのなかで、プール掃除をして水を入れ、鯉を放し、鯉と遊ぶ――というような準備期間を経て、鯉のぼりづくりにようやくとりかかるのである。

① 鯉のぼりづくりの相談をする。
② 大きさを自分たちで決めて、布をはかる。
③ どの部分を描くかという分担や、どんな色にするかは話し合って決める。
④ 1枚1枚うろこを描きあげていく。
⑤ 同じ形を裏にもうつして、またていねいに目やうろこを描きあげていく。
⑥ 布を切って、保母に縫いあわせてもらう。

（6）同右、193～194頁。
（7）斎藤公子・川島浩『ヒトが人間になる』太郎次郎社、1984年、186～187頁。

⑦　ひれをつける。
⑧　口に竹を通す。
⑨　ひもをつける。
⑩　みんなで外にかかえてゆき、空にあげる。

――という1カ月以上の工程である。

「梅雨あけ、待ちにまった青い夏空に自分たちがつくった大きな鯉が泳ぐのを見上げるときは、まことに壮快である。（中略）鯉のぼりの鯉の口の単純な大きさ、いくえにも色をかえた目、思いきったうろこの模様、実物からはなれながら、滝をのぼる鯉のたくましさをみごとに表現した創造のすばらしさ。子どもたちへのかぎりない愛が、未来への期待をこめてつくりあげたといえよう[8]」と斎藤は述べている。

それは、あらかじめ教師がカリキュラムを作ってカリキュラム通りにやらせていくということではなくて、子どもたちの中からテーマを発見し、子どもたちの中から創りたいという意欲が生まれ、それをやりとげようとすることを教師が援助するという考え方である。

さくら・さくらんぼ保育園のカリキュラム

ところで、さくら・さくらんぼ保育園のカリキュラムについて、どういうカリキュラムがあるのかということである。

斎藤は、「なにか一斉に一定のことを教師が教えるのが保育計画だ、という考えをすてることです。（中略）（しかし）年間通してほとんど毎日のように、リズムあそびは、これは他の年齢も全員しています。私の園で一定の時間になると先生が声をかけて一斉にするのはこのリズム遊びだけでしょう。年長児は、ほぼ全員6歳をむかえる冬の頃になると、子どもたちは掃除がおわると、すぐ竹馬つくりにかかったり、

（8）同右、187頁。

荒馬をつくったり、水彩画を描いたり、ナワトビのなわのみつあみをしたり、私からお話をきいたり、映画をみたり、遠い園外保育に出かけたり、とてもとても張りのある毎日をすごします。このようにその年齢や発達に応じて、その子どもたちの発達に必要なことはいったいなにかを、たえず保育者はさぐり合って、素材を提供したり、あそびをさそいだしたりするのであって、〝全員おあつまり〟であるとか、〝一斉保育〟〝自由保育〟などということばはここにはありません。[9]」とこたえている。

この答えだと、さくら・さくらんぼ保育園はカリキュラムを持っていないのだろうか。自由保育というものを建前にしているのだろうか。でも、自由保育ではない、と言っている。自由な遊びを大事にする一方で、リズム遊びは、低年齢児から年長にかけて順序だてて、毎日子どもたちにさせている。リズム遊びの実践は1冊の本にもなっている。原則的にさくら・さくらんぼの保育は、子どもの主体性、自主性を大事にする保育である。一斉に保育者がカリキュラムを組んで計画を立てて子どもたちに教えるようなことはしていない。しかし、リズムだけは「一定の時間になると、声をかけて一斉にします」と言うように、計画をたてて指導をしている。

リズム遊びのほかにもう一つ、斎藤が力を入れているのは「語り聞かせ」で、「〝6歳〟のときの語り聞かせに、私は全能をつかって話をえらび、精魂をこめて話をする[10]」と言う。映画「さくらんぼ坊や」のなかにも斎藤さんの「語り聞かせ」の場面がでている。

「斎藤公子の保育絵本」には、インド民話『黄金のかもしか』、中国民話『錦のなかの仙女』、マルシャーク『森は生きている』などがある。斎藤隆介の『八郎』『花咲き山』、モンゴル民話『スーホーの白い馬』などの絵本もとりあげられている。また『西遊記』『チボリーノの冒険』『ドリトル先生アフリカゆき』などの長編物語なども語られている。[11]

---

(9) 斎藤公子『子育て—錦を織るしごと』労働旬報社、1982年、124~125頁。
(10) 斎藤公子・川島浩『ヒトが人間になる』前掲、165頁。
(11) 斎藤公子『子育て—錦を織るしごと』前掲、第1章参照。

斎藤は、子どもたちに文化的な遺産を伝えていく、そして、子どもたちに文化を再生産していく力を形成していくという「文化の再生産と創造」という観点を持っていた。そういう意味では、リズムにしても「語り聞かせ」や絵本の読み聞かせにしても、あるいは絵についても、文化的な基礎的な力の育成を行ってきたと考えていいと思う。しかし、斎藤は、知識の伝達で終るような保育を嫌っていた。子どもたちの遊びのなかで見られるような創造的な力をいかに伸ばしていくか、ということが斎藤にとっては大きな課題であった。

子どもの創造的な能力をどう培っていくのか、そのためには先生の教える通りにやりなさいというような保育は絶対に避けたい、そうではなくて子どもたちと一緒に考え合い、一緒に協力し合って一つの目標に向って活動を展開する。そういう創造的な活動を援助したり、協力したりする保育者の立場ということを考えていきたいと、斎藤は思っていたのである。それが「子どもたちの発達に必要なことはなにかを、たえず保育者はさぐり合って、素材を提供したり、あそびをさそいだしたりする」という斎藤の前述のことばに現われている。

映画「さくらんぼ坊や」の実践を見ると、「うさぎ小屋づくり」「鯉のぼりづくり」「切り絵によるパノラマづくり」「畑づくり」などの集団活動が展開されている。斎藤は「年長児になると、1枚の絵をひとりの世界にひたって描くだけではなく、大勢の友だちと議論をし、相談し、考えあい、一緒に協力して創りあげていくという楽しさを経験することがあってもよい(12)」という控えめな言い方をしているが、協力して創り上げ、共同していくような活動に子どもたちが、自然と高まっていく、それを援助したり、協力したりするのが保育者の役割、主体はあくまでも子どもたちにある、という保育観に立っていたのである。

(12) 斎藤公子・川島浩『ヒトが人間になる』前掲、186頁。

さくら・さくらんぼ保育園の実践―まとめ

「鯉のぼりづくり」では、1カ月以上をかけて、それが成功してその大きな喜びは、次の新しい課題に挑もうとする意欲をわきたたせ、次々と成功させていくのである。それを1年間やった時に、子どもたちが1年間の中で、そういう成長を遂げてきた、皆で力を合わせればこれだけのことができたという自信と誇りをもった人間として成長してきたという記録ができることになる。1年間、子どもと共に共同的な活動を展開していくことによって創造的な記録がつくられていくということは、言いかえれば、カリキュラムが子どもたちと共に作られるということである。次の年度のカリキュラムは去年やった実践を参考にしつつ、あくまでもそれは参考であって、今年のカリキュラムは子どもたちがどういうものをテーマとして選ぶだろうか、それに向ってどういうものを創造していくだろうか、そういう観点で今年のカリキュラムを作成して行かなければならないと思うのである。

以上のように、さくら・さくらんぼ保育園のカリキュラムは、子どもたちの創造的な遊びや共同活動が主軸になっている。しかし、それとリズム遊びや「語り聞かせ」などの「文化の再生産」活動とはどのようなかかわりがあるのだろうか。「さくらんぼ坊や」パート6の中で『黄金のかもしか』の語りの後に、ホールをとりまくガラス戸いっぱいに、切り絵の共同制作がはじまる。「語り聞かせ」と切り絵はりとは連動しているのである。このように「文化の再生産」活動は、直接的な共同活動へと連動していく。リズム遊びや「語り聞かせ」、そういうこれまでの

斎藤公子と子どもたち

子どものための文化遺産をきちっと子どもたちに伝えていくという仕事と連動させることによって共同的な活動が生かされていくのである。

3　幼児に土と太陽を—安部幼稚園の場合

『幼児に土と太陽を—畑づくりから造形活動へ』（あゆみ出版、1980年）の著者、安部富士男（1930〜）が園長をしている安部幼稚園は、武蔵野の面影をのこす横浜の丘陵地帯の雑木林のなかにある。敷地3000坪。3歳以上の園児230人、教職員16人の幼稚園である。安部園長は次のように言っている。(1)

「開園以来、地域を教材化する視点を大切にしてきましたが、園周辺で自然を破壊しながら大規模な宅地化が進むにつれ、地域の失ったものを園内にとりこむことの大切さを痛感し、当初約1200㎡にすぎなかった園地を、神奈川県や隣接地の地主さんのご協力を得て、10か年計画で少しずつ拡大してきました。現在では約10000㎡の起伏に富んだ土地がそのまま園地になって、1000㎡ほどの雑草園、山羊とうさぎの600㎡ほどの牧場、ちゃぼ小舎、木登りを楽しめる雑木林、子どもと一緒に作ったアスレチック・コーナー、さらに畑などができています。果樹も柿、梅、栗、木いちご、桑、ぐみ、ゆすらうめ、ぶどう、ざくろ、あけび、いちぢく、梨、桃、ひめりんごなど数か所に分散して植えられ、四季折々のに子どもと収穫を楽しむことができます。」〔図表1〕

安部幼稚園はこうした幼稚園をなぜつくってきたのか。「自然破壊が子どもたちの生活歪みを生み出し

（1）安部富士男「横浜市安部幼稚園」高杉自子・森上史朗編『園経営とクラス経営』第2巻、明治図書、1980年。

安部富士男

安部富士男編著『幼児に土と太陽を』（1980年）

ながら進んでいる現在、私たちはこのような環境を大切に生かして、子どもたちの生活のなかに自然とのかかわりをとり戻すことを大切にしているからである。(2)

安部幼稚園における「自然にかかわる」保育には、山羊やちゃぼ、うさぎの飼育活動や柿、栗などのくだものの採集や畑づくりがある。また、園内だけでなく、積極的に園外の散歩にでかけることによって、園外の自然とのかかわりをつくっている。

その中でも、特に重視しているのは飼育・栽培活動である。

安部は畑づくりや飼育活動を「労働」(仕事)と呼び、「遊び」とは密接に関係しながらも、「遊び」とは区別している。

「労働」は4歳ごろからの「虚構遊び」や「競技的遊び」といわれる「労働につらなる遊び」から分化して、「価値(使用価値)を実現するために道具を使って素材に働きかけていく活動」すなわち「労働」が生れるのである。(3)

(2) 同右、61頁。
(3) 安部富士男『幼児に土と太陽を』あゆみ出版、1980年、85頁。

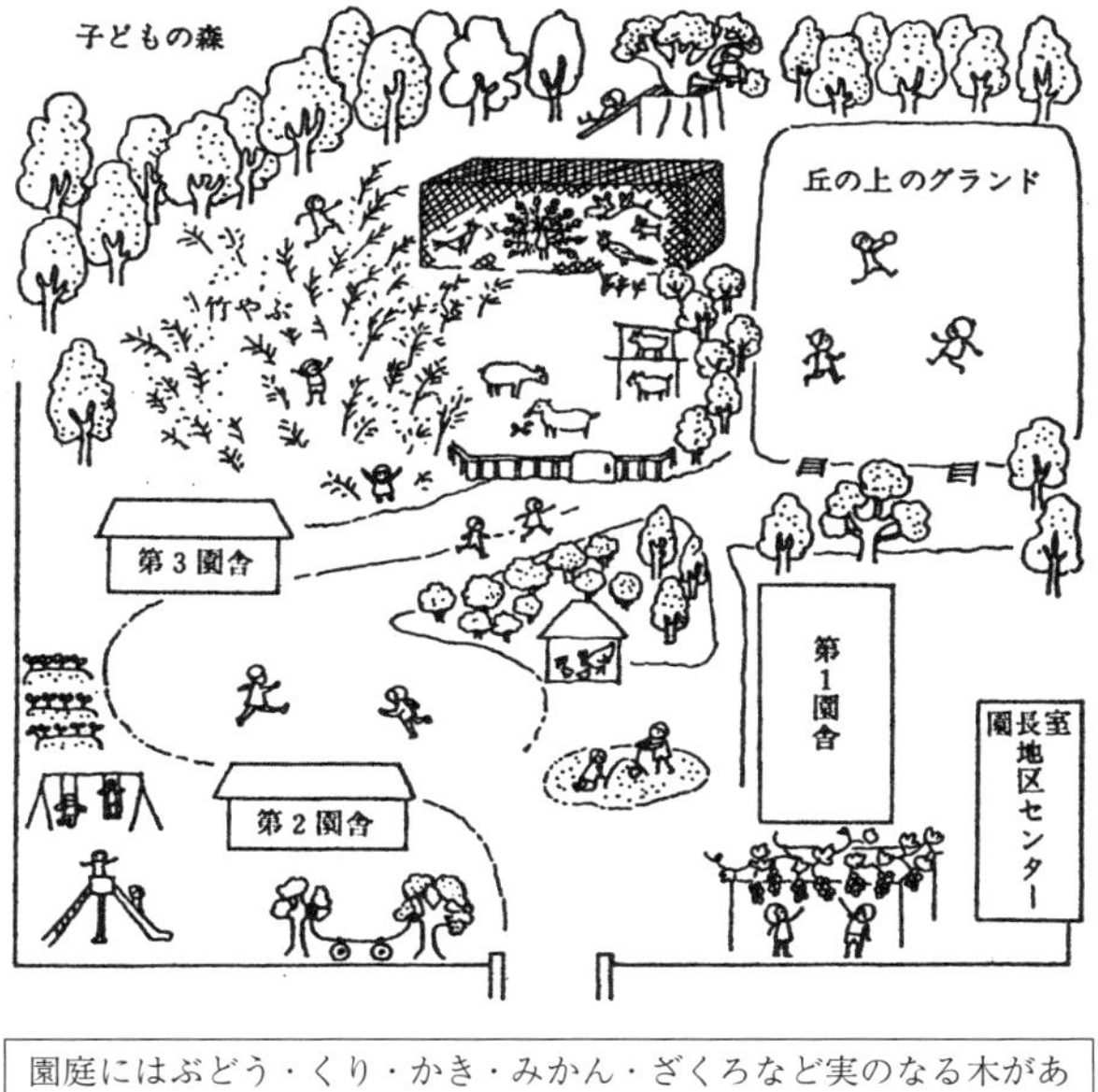

園庭にはぶどう・くり・かき・みかん・ざくろなど実のなる木があります。孟宗竹の林があって、筍がで、筍ほりは子どもたちの楽しい仕事。ヤギの牧場のほか、ウサギ・チャボなどがいて、子どもたちも世話をします。子どもの森には、木登りしやすい雑木があって、探検、栗やどんぐり拾い、虫取りの恰好の場になっています。

安部富士男『遊びと労働を生かす保育』国土社、1983年.

〔図表1〕安部幼稚園配置図

「労働」は「遊び」とは関連するものの質の異なる活動なのである。

稲づくりの実践

そこで、『幼児に土と太陽を』のなかの安部幼稚園の金丸久子（教諭）による「稲づくり」の実践を紹介し、考察してみたい。

安部幼稚園の稲づくりは、実家が農家である金丸教諭の実践であるが、スケールの大きい安部幼稚園らしい実践、年長組32名の実践である。

その経過の要点は次のようである。(4)

① 5月の連休あけ。金丸は田舎からもらってきたもみを子どもたちに見せて話しあう。
② 幼稚園が借りている田んぼで米づくりをしようということになる。
③ 田んぼ（幼稚園から30分近く）までいって、田んぼの掘りかえしをする。一日では終わらない。
④ もみを一晩、お湯につけて、苗代（なわしろ）にもみをまく準備をする。
⑤ 苗代に池から水を入れて、もみをまく。
⑥ もみまきから5日目、小さい芽がでる。
⑦ 6月23日、田植えの見学をする。田植えのしかたを農家のおじさんに教えてもらう。
⑧ 田植えをする。植え方を確認しあって、なんとかやりとげる。
⑨ 子どもたちは、田んぼの水がなくなっていないか、毎日、見にいく。
⑩ 9月5日、稲に花が咲く。毎日のように見にいく。
⑪ スズメ対策を考えあう。
⑫ 園の秋祭。年長組は「稲」をテーマに紙芝居、踊り、ミュージカルのグループにわかれて発表す

(4) 同右、176～190頁。（宍戸が要約する）

る。

⑬　いよいよ稲刈り。大きな鎌をもって順番に挑戦。刈った稲は束ねて稲架にほす。

⑭　農家をまわって脱穀機をさがすが、どこも処分してしまっていて見つからない。しかたなく、自分たちで手製の「代用脱穀機」をつくって成功する。

⑮　精米。これは一升ビンに、もみを入れて棒でつく方法を採用。

——以上が経過の要点である。このなかで、いちばん困った問題は、⑭脱穀機がない、⑮精米機がない——ことだった。それをどう克服したのか。記録は次のように述べている。

足踏み脱穀機を見せてあげたくて、近くの農家に聞いてみましたが、どこでも処分してしまってないとの事でした。しかたがなく話で済ませました。幼稚園にはそんな機械はないがどうしたらよいかみんなで考えました。

「こうやると実がとれるよ、こうやって」（手でこく真似をして）

「手が痛くなるよ」

「手に紙をまいたら痛くないよ」

「もっと良い方法はないかしら」と子どもに問いかけてみると、

「板と板を寄せるといいよ」とさとし君。やってみると本当にこきおとせました。

「さとし君って頭がいいね」と子どもたちは感心しています。さとし君はいつもフワフワしていてはずれるので、うとまれる存在でしたが、ここでみなおさ

安部富士男と子どもたち

れたようでした。

次の日みんなで、材料に竹、板、なわ、くぎ、ひもなどを準備し、脱穀機（?・）をつくりました。竹を割ってなわでしばって脱穀機をつくる子どももいました。広い板の上に細い板を重ね、一本のくぎで端をとめる子ども、板に長いくぎを何本も打ちつける子ども等、いろいろな工夫がみられました。自分たちでつくった道具で稲こきをしました。

「ぼくたちがつくった道具で本当に稲がこけたね」と子どもたちは自慢顔。精米は子どもたちがテレビで見たことがある一升ビンでつくる方法でやってみました。[5]

(5) 同右、186～187頁。

安部幼稚園の子どもたち

以上、子どもたちの「脱穀機」であった。このように子どもたちの集団思考がいろいろなアイデアを生みだし、やってみるとどれがいい方法であるのかがわかり、こどもたちの自信となっていくのである。であるから、「困った問題」は問題解決の重要な過程であったということができる。

畑づくりから造形活動へ

この「稲づくり」の実践を通して、二つの造形活動が紹介されている。一つは紙芝居づくりであり、二つには「ワラの家づくり」である。

ここでは「ワラの家づくり」を取りあげてみよう。

「ワラの家づくり」をしようという声は稲こきのときからでている。脱穀してワラが積み重なっていくなかで、「ワラで家ができるんだよね」「靴もつくれるんだよ」と子どもたちは話しあっている。金丸は

「もうすぐ冬休み、お正月が過ぎたらつくろうね」と約束。お正月に田舎に行く子どもは、おじいちゃんやおばあちゃんが何か知っていたら教えてもらってくることにしたのである。[6]

正月があけるとワラ馬をもってくる子がいたり、ワラをかかえてくる子がいたりで、ワラへの関心がもりあがる。金丸はワラで何かをつくる前に、ワラ（素材）へふれあいを充分にしてからにしたいと考え、なわないから始めることにした。

なわないの指導には、金丸は田舎からおじいちゃんに来てもらうことにする。子どもたちはおじいちゃんのてほどきを受けるのだが、なかなかむずかしい。おじいちゃんの手にかかると、まるで魔法がかかったようにきれいななわになる。子どもたちは感動して「おじいちゃんってすごいんだよ」と家庭で母親に話しをしたということではじめて接する「おじいちゃん」に子どもたちは感動したのである。

なわないとあわせて、「ワラの家づくり」の構想がひろがり、いっそう、なわづくりがすすむようになった。運よく幼稚園の森では伐採があって、自然木を見つけることもできた。

なわを使って、家を組み立てる仕事がみんなで選んだちびっこ監督のもとで、短時間ですすみ、ワラの家の完成。そして、自分たちで作ったお米を炊いてお祝い会をしたのである。[7]

以上が、「稲づくり」から「わらの家づくり」への発展である。

この取りくみについて、金丸久子は子どもたちがどう変わったかについて、と

安部幼稚園のやぎ小屋を掃除する子どもたち

（6）同右、187頁。

（7）同右、189頁。

くに2点あげている。[8]

第1は「事件や問題に直面して、自分なりに考え、友だちの意見にも耳をかたむけ、みんなの知恵を出しあって、自分たちで解決していけるようになった」こと。

第2は「素材の美しさに感動し、表現意欲が高まり、物をつくることの喜びを知る等、成長のあとがみられれ」たこと。

以上の2点は「稲づくり」にとりくんだ大きな教育的成果として評価されなければならないものであろう。「稲づくり」を通して生まれる「物をつくることの喜び」は、造形活動にとりくむ力をひきだすことに連動しているのである。それはプロジェクト活動を創造していく力でもある。

安部が「人間のあらゆる文化は、生活のありようも含めてすべて労働に依拠」するものであり、「造形活動もまた子ども文化を創造する営みの一つですから、労働とのかかわりを無視して造形活動を論じることはできません[9]」と述べていることに注目したい。

(8) 同右、189〜190頁。
(9) 同右、96頁。

4 恵那、埼玉、横浜の保育実践から学ぶもの

自然環境にかかわることを大事にしていること

中津川(恵那)の保育園も、埼玉のさくら・さくらんぼ保育園も、横浜の安部幼稚園も、共通するものは、自然環境を大事にしているということである。子どもたちは自然とかかわりあいながら、楽しくあそび、自然からたくさんのものを学び合っている。

恵那の坂下保育園で生れた「池づくり」は、金魚鉢の金魚が死んでしまったことから、「なぜだろう」ということになり、池をつくろうということになった。「池づくり」という発想には、地域の生活が関係

している。この地域では、多くの家で川から水をひいて、池をつくり川魚を育てているからである。

それでは、保育園でも、「池をつくればいい」ということになり、「やってみよう」と言う意欲をもやし、協同活動を生みだしている。

自然環境は、「なぜだろう」「やってみよう」という意欲を生みだし、共同の主題（テーマ）のもとに協同活動を展開していく、きっかけをつくる。

子どもたちの要求に根ざした協同活動

子どもたちの要求に根ざした主題・目標のもと協同活動が生れる。中津川（恵那）の「池づくり」、そしてそれにつづく「畑づくり」にしても、埼玉の「うさぎ小屋づくり」や「鯉のぼりづくり」そして、横浜の「稲づくり」にしても、子どもたちは、主題・目標にむけて、いきいきと活動している。

いずれも、子どもたちの要求に根ざしたプロジェクト活動（協同活動）であり、「一緒に協同して創りあげる」意欲と楽しさでいっぱいである。埼玉の「うさぎ小屋づくり」では、10ヵ月もかかった長期のプロジェクト活動である。「うさぎさんたちに小屋をつくろう」という子どもたちの声（要求）を受けとめ、まず、「うさぎ小屋」とはどういうものか、動物園に見学に行くことからはじまる。それをもとに、子どもたちが設計を考え、実行にとりかかる。うさぎには「土山」が必要だと知って、土山のための土運びがはじまる。障害のある子どもをふくめて、みんなが協力しあっている。こうした協同活動は、みんなで「創りあげた」という喜びと協同の力への自信をもたらすことになる。

保育の展開過程には子どもたちの「話しあい」がある

保育の展開過程には、かならず、保育者をふくめた子どもたちの「話しあい」があるということである。

横浜の「稲づくり」の実践では、やっと米の収穫があって、さて、どうしようか。脱穀機がない。精米機がない、これでは食べられる米にはならないということになる。

子どもたちが竹をつかって脱穀機の製作を試みるなど、それぞれアイデアを出しあい工夫してみる。こうした試行錯誤は、子どもたち同士の「話しあい」を活発化させる。

また、それは子どもたちの集団思考力をきたえ、個々の子どもたちの思考力を高めていくことになる。

畑づくりから造形活動へ・読み聞かせから集団制作へ

横浜の実践記録『幼児に土と太陽を』の副題には「畑づくりから造形活動へ」とあるように、このなかでの「稲づくり」の実践から「ワラの家づくり」や「紙芝居づくり」がはじまる。自分たちのやってきたことを紙芝居にして、年中、年少の子どもたち、親たちに伝えていこうという試みである。このように、「稲づくり」というプロジェクト活動が、課業的な造形活動へと連動する。

埼玉の保育実践でも保育者による物語の「語り聞かせ」が、切り絵の集団制作となり、「大絵巻」をつくることに成功する。課業的な「語り聞かせ」が集団制作活動へと連動したのである。

一つの活動が他の活動を生み出し、子どもたちの多方面にわたる発達をうながし、全体的な保育活動を展開させるものであることを私たちに教えている。

二　プロジェクト型の保育カリキュラムを国際的な比較を通して考える

1　プロジェクト活動とは何か―レッジョ・エミリアの場合

レッジョ・エミリア市の幼児学校

プロジェクト活動が世界的に注目されるようになったのは、アメリカの週刊誌『ニューズ・ウィーク』（1991年12月号）にはじまる。教育の各分野をあげて「トップの国はどこ？」という特集記事である。「幼児教育（Early Childhood）のトップにイタリアのレッジョ・エミリア市の市立幼児学校（保育園）」が選ばれ、「レッジョ・エミリアが草の根レベルのプロジェクトとして大成功をおさめ、世界中のモデルになっている」と報道された。

これより少し先に、日本ではレッジョ・エミリア市の保育実践は、田辺敬子「子どもの楽園を見つけた―レッジョ・エミリア市の幼児教育」（堀真一郎編著『世界の自由学校―子どもを生かす新しい教育』麦秋社、1985年）でくわしく紹介されていた。

レッジョ・エミリア市は、イタリア北部の人口13万人の小さな町であるが、平均所得が全国4位という豊かな都市で、3歳未満児のための保育園が13（同年齢の35%が在籍）、満3歳から6歳までの幼児学校が20（同年齢の47%が在籍）の市立の保育施設があり、そのほか国立や私立を含めると就学前教育は同年齢の92%に達している、と田辺は述べている。

その後、日本では、田辺をはじめ、木下龍太郎、佐藤学、秋田喜代美、石垣恵美子、玉置哲淳、角尾和子たちの研究・翻訳がつづいている。

レッジョ・エミリアのプロジェクト活動

ここで、木下龍太郎論文(1)を手がかりに、レッジョ・エミリアのプロジェクト活動の特長に

（1）木下龍太郎「子どもの声と権利に根ざす保育実践―レッジョ・エミリア・アプローチの意義と特徴」『現代と保育』第50号、2000年4月．木下龍太郎「イタリアの保育―レッジョ・エミリアを中心に」（宍戸ほか編著『現代保育論』かもがわ出版、2006年）、木下龍太郎「レッジョ・エミリアの保育：探究・表現・対話―プロジェクト活動に焦点化して」（角尾和子編著『プロジェクト型保育の実践研究―協同的学びを実現するために』北大路書房、2008年）ほかに、C・エドワーズ他編、佐藤学他訳『子どもたちの一〇〇の言葉―レッジョ・エミリアの幼児教育』（世織書房、2001年）を参照。

ついて紹介しておきたい。

レッジョ・エミリアのプロジェクト活動は、その保育カリキュラムの主要な要素・内容を占めているものであり、「発生的カリキュラム（emergent curriculum）」また、「予測型カリキュラム」とも言われたりしている。それは、従来のカリキュラムのように、あらかじめ保育者の側から目標をたてて、目標を達成させるための活動計画を設定、計画どおりに目標を達成したかどうかを評価するような保育ではない。そうかといって、「子どもの恣意的な選択」にまかしてしまうような放任保育でもない。「予測型カリキュラム」は、以上のような従来のタイプのものとはちがい、「観測者である教師と子どもとの間の対話のキャッチボールによって方向づけられている」ようなカリキュラムである。

つまり、「対話」のキャッチボールを通して、保育者は、子どもたちのもっている一人ひとりの要求や課題を的確にとらえ「主題」を選びだし、それを方向付けていくカリキュラムである。

プロジェクト活動には「主題」がある

プロジェクト活動での主題は、子どもたちの興味や関心にもとづいて、子どもたちから発案されるもので、たとえば、レッジョ・エミリアを有名にした「主題」の一つに「群衆」がある。[2]

「群衆」は、9月の夏休みあけに、その経験を話しあうことから生れている。ある子が「人がいっぱいいて、何も見えなかった」ことを話すと、他の子からも「ある」「ある」と共感するところから、「群衆」のプロジェクトがはじまる。各自が「群衆」のイメージを出しあいながら絵で表現するなかで、男の子から粘土で表現したいという要求がでる。どうしたらいいのか、話しあいがはじまる。そして、粘土による「群衆」の制作が展開されていくのである。

粘土で「群衆」を制作しようという作業は、子どもたちにとってやさしいものではなく、時間もかか

（2）木下龍太郎（2004年）、前掲。

るものであった。それに挑んでやりとげた子どもたちの力量―技術的な力、協力しあう力には感動させられるものがある。

プロジェクト活動は「群衆」のようにクラスやグループでの話しあいで取り組む活動であるが、はじめは、4～5人のグループの活動だったものがクラス全体の活動へと波及する場合も少なくない。それに従って、2～3週間で終る場合もあり、3～4か月もかける場合もある。

プロジェクト活動は共同的探究活動である

プロジェクト活動は、目に見える結果（作品など）を急いで作ろうとすることではなく、自分たちの経験してきたなかで生れた疑問や問題について、話しあい、やってみる。すると、それまで気づかなかったことに気づき、仮説を作りなおし、新しい活動へと展開されていく試行錯誤の活動である。それは、「共同的探究活動」であり、レッジョ・エミリアでは「大切なのは、答えではなく、過程―あなたと子どもが共に探索探究するその過程なのです」（カルリナ・リナルデイ）と言われている。(3)

言語表現と図像的表現がある

レッジョ・エミリアの保育実践の「過程」では話しあいが不可欠である。自分のやってきたことをふりかえりながら、どうしたらいいかを話しあい、考えあう。

しかし、話しあいのような言語表現だけでなく、絵や粘土を使う「図像的表現」がレッジョ・エミリアでは、多くの場面で登場してくる。

なぜか、それは「子どもが抱いたアイデアを明確化し、より伝達可能なものに変えていく手立てとなる」ことだからである。また、それだけでなく、レッジョ・エミリアでは「図像的表現の技法の追究」が、この時期の子どもの「学習課題」であるとされているからでもあ

（3）木下龍太郎（2006年）、前掲。

る。

レッジョ・エミリアのプロジェクト活動は、子どもどうしの「話しあい」や「図像的表現」によって、「主題」にむかって探究をすすめる子どもたちの共同的活動なのである。

ドキュメンテーションによる父母との連携

子どもたちのプロジェクト活動のプロセスは、絵画や粘土細工によって表現されるばかりでなく、教師のノート、写真、ビデオ録画などに記録され、教師のコメントをつけて、保育室や廊下などに展示され、子どもたちはもちろんのこと、毎日やってくる親たちにも見ることができるようになっている。

これらのドキュメンテーション（記録作成）は、子どもたちにとっては、これまでのプロセスをふりかえり、これからの課題を見つける手がかりとなるばかりでなく、また、親たちにとっては、幼児学校における子どもたちの日ごとの生活を知ることができる。

親の関心は、子どもたちにとって「自分たちのしてきた探究が実はより広い学びの共同体の文脈の中に位置づいていることを感じ取ること」になり、課題へのとりくみに、いっそう、意欲を燃やすことになる。

以上、木下論文のなかから、レッジョ・エミリアのプロジェクト活動といわれる保育実践の特徴をとり出させてもらった。これが、レッジョ・エミリアの保育実践のすべてではないが、そのすぐれた特徴は、理解されると思う。

2　日本におけるプロジェクト型の保育カリキュラムを考える
――安部幼稚園の場合

東京女子高等師範学校の附属幼稚園の主事（園長）をしていた倉橋惣三は、附属幼稚園の教師たちと協力して『系統的保育案の実際』（1935年）を完成。そのなかで「誘導保育案」（主題にむかって誘導する保育）を位置づけている。これは、遊びを中心とするカリキュラムであるとともに戦前の代表的なプロジェクト活動でもある。（第一章参照）

戦後、梅根悟、石山脩平を中心にコア・カリキュラム連盟を結成（1948年）、アメリカに学んで、従来の教科中心型のカリキュラムに対して、子どもたちの「生活経験」を単元とする問題解決型の教育実践を推進した。その研究運動の中から、久保田浩編著『幼児教育の計画―構造とその展開』（1970年）が完成、出版された。それは「経験単元」を「中心になる活動」と呼んでいるプロジェクト型の保育カリキュラムである。（第三章参照）

「中心になる活動」とは、「集団あそび」「行事活動」など「クラス全体でとりくむ活動―あそび」で、「すべての子どもが共通の目標をもち、それを実現するためにさまざまなやりかたで取り組む」活動であると久保田は述べている。[4]

安部幼稚園も、そのカリキュラムにおいて「中心となる活動」を位置づけている。久保田浩らの「幼児教育の計画」は、安部幼稚園をはじめとして、多くの幼稚園に大きな影響を与えることになった。

次にこの安部幼稚園について考察し、レッジョ・エミリアと比較して考えてみたい。

安部幼稚園の保育カリキュラム

安部幼稚園は、1965年に設立。「美しいものに感動できる子ども」「まわりのものに深い関心をよせ、自分の発見や考えを表現できる子ども」「友だちと協力して意欲的に行動できる子ども」「いのちを大切にする子ども」「自主的精神に充ち、個性ゆたかで創造的な子ども」

（4）久保田浩『幼児教育の計画―構造とその展開』誠文堂新光社、1970年、19頁。

の五つの子ども像をかかげている。

そして、この子ども像のもと、子どもたちの園生活を「土台となる生活」「中心となる活動としての遊び・労働」「課業的活動」の三つの活動を縦軸に、いっぽう横軸に「基本的生活習慣の形成」と「集団づくり」をおき、立体的な保育構造をもつ保育カリキュラムを作成している。〔図表2〕は安部幼稚園の保育構造図である。

以下、安部幼稚園の「保育構造」について、若干の説明をつけ加えたい。

安部幼稚園の保育構造とは何か

土台となる生活　まず、「土台となる生活」がある。

ここには、「生命を維持するための活動」とあるように、食事、排尿便、衣服の着脱、睡眠などの生命を維持するための基本的生活がおさえられ、それとあわせて「自由場面における遊び・労働（しごと）」を位置づけている。いわゆる「自由あそび」はここに入る。子どもたちが、砂場で自由にあそんだり、山羊やうさぎの世話をしたり、それぞれの「思い思いの活動」を安部幼稚園では「土台となる生活」として大事にしている。一人ひとりの意欲にもとづく、日常的な当番、係り活動などのクラス運営活動もここに入る。

中心となる活動としての遊び・労働　この「中心となる活動」は、自由場面における「遊び・労働（しごと）」とは異なり、「特定の集団（クラス・グループ）が持続的に展開する遊び・労働」なのである。〔図表2〕のコメントには、「自分達で遊具や遊び場を作ったり、畑で野菜を育てたり、チャボを飼ったりする」飼育・栽培活動であり、「劇づくり」なども入っている。安部は、とくに収穫を見通して、協同して働く「労働」の価値を高く評価しており、年長組になると、「畑づくり」のようなプロジェクト活動にとりくんでいる。

課業的活動　「課業的活動」とは、これまでの課業中心の伝統的な保育計画を受けつぐものであり、〔図表2〕のコメントにあるように、「子どもの興味・関心に依拠しながらも、造形、音楽、文学、体育など、いわば教師が指導する系統的学習」である。子どもたちが幼児なりにこれまでの文化を学び、文化を創造する力を育成しようとするものである。

基本的生活習慣の形成を基礎とする「集団づくり」　これまでの「土台となる生活」「中心となる活動」「課業的活動」の三層の活動を統一し、子どもたちの全面的な発達を保障するために「子どもたち同士の豊かな共感を培う集団の形成(5)」を安部幼稚園では重視している。〔図表2〕にある「集団づくり」である。すなわち「年間の保育の流れ」をこれまでのように、季節で「節どる」のではなく、「各園でそれぞれの保育実践をあとづけながら、子どもたち一人ひとりの発達の姿と、子ども集団の発展とを関連づけて生活の質の変化を捉え、その変化の時期によって、保育の流れの大きな節どりを設定することが原則(6)」であるとしている。

ここで、安部のいう「保育の流れの大きな節どり」とは何かということである。

(5) 安部富士男『ともに育ち合う保育を豊かに—計画と実践とのかかわりに視点をあてて』文化書房博文社、1990年、50頁。

(6) 同右、48頁。

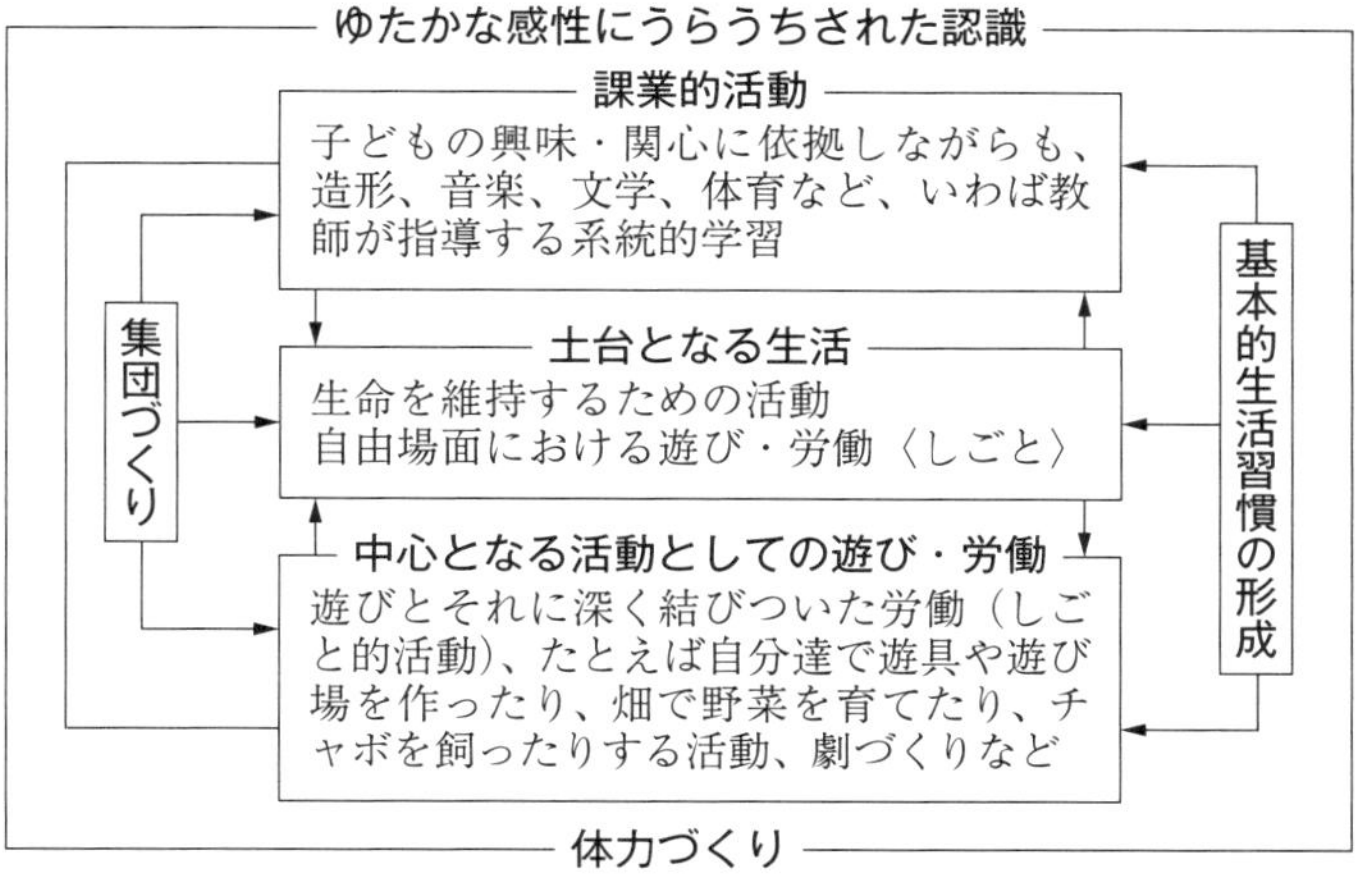

安部富士男『遊びと労働を生かす保育』国土社、1983年.

〔図表2〕安部幼稚園の保育構造図

安部は、三木安正編著『年間保育計画』（1959年）とそれにつづく丸尾ふさ「子ども集団の指導」（『現代保育入門』1967年）を評価、丸尾の四つの時期区分に注目している。[7]（丸尾ふさの時期区分については第四章を参照されたい）

安部はここに「集団の発展の質が大きく変わる節を捉える視点」に注目して、こうした「節どり」は長期にわたる子どもたちの園生活の「集団」の変化を明らかにするものであり、それは、長期の保育計画（年間保育計画）をたてる上でも有効であると考えている。

長期計画と短期計画

安部幼稚園では二つの指導計画をもっている。一つは長期計画（年間指導計画と期の指導計画）であり、もう一つは短期計画（週案と日案）である。

長期計画は、「期の指導計画」の集合体として作成される。「期」とは「第Ⅰ期4月はじめから6月中旬頃まで」「第Ⅱ期6月中旬から7月修了式まで」というように、子どもたちの「生活の変わり目に集団の質の変わり目を重ね、それを節とし、節と節との間を『期』と捉える」[8]ものである。「期」は、前年度の保育実践を各年齢ごと」に跡づけながら検討される。年間を5期とすることが多いようである。

長期計画は、前年度の実践を「教職員集団の目で跡づけながら分析し、実践を要約したものを長期の指導計画の枠取り（「子どもの姿」「目標」「子どもの様子」「生活・あそび」「課業的活動」など）の中に綴って、今後留意すべき事項を簡単に書き添え、指導計画」[9]としている。

このことから安部幼稚園の長期計画は、「後追い計画」[10]と呼んでいるが、これで年間計画の大筋をつかむことができる。

短期計画（週・日案）は、長期の「期の指導計画」を参考にしながらも、「今週の子どもたちの生活を

（7）安部富士男編著『保育実践に学ぶ指導計画』国土社、1992年、49頁。
（8）安部富士男（1990年）前掲、53頁。
（9）安部富士男（1992年）前掲、53頁。
（10）同右、53頁。

丸ごと理解し、そこに見られる生活の課題に対応する次週の保育の課題を明らかにし、この課題に即して、日々の保育の主活動、環境構成の在り方、指導上の留意点を記す[11]」ものである。

すなわち、短期計画は、今週の保育実践を検討することのなかから生れた、次週への「主なねらいと活動（予定）」なのである。教師のこうありたいという想いを子どもたちの提起している課題に即して、予測的な活動を書き込むようにする。

長期計画は「後追い計画」であるが、短期計画は、レッジョ・エミリアと同様の「予測型」の保育計画である。

短期計画の実践

安部幼稚園は、第五章で紹介しているように、自然がいっぱいという幼稚園である。子どもたちは、「虫探し」をしたり、木のぼりをしたりで自由に遊んでいる。

竪穴式住居づくり　子どもたちは、自然のなかで遊ぶなかで、いろいろなものを発見する。「(子どもたちは夢中で遊ぶ一方では）園庭で縄文土器の破片掘りに夢中になり、出土したものを縄文土器の写真集と見比べ、時には自分たちも作ろうと粘土をこねて野焼きにし、土偶や鍋・皿や鉢をつくり、縄文土器に見たてて遊んだり[12]」している。

そこから絵本を見たり、博物館で知った「竪穴式住居」に興味をもった子どもたちは、自分たちで「竪穴式住居」をつくって見ようということになる。

「(子どもたちは）園庭の片隅に森から集めた自然木で子どもなら10人位はゆうに住めそうな竪穴式住居を作り、ブロックでかまどを設け、畑でとれた野菜を料理して食べたり[13]」する。また「門入道（魔よけの人形）を作り、自分たちの竪穴式住居に飾ったり[14]」している。

（11）安部富士男（1992年）前掲、48頁。
（12）安部富士男『遊びと労働を生かす保育』国土社、1983年、74頁。
（13）同右、74頁。
（14）同右、74頁。

以上のように、安部幼稚園では、自然とかかわる自由あそびから、「竪穴式住居」づくりというプロジェクトを誕生させている。

筍（たけのこ）掘り　安部幼稚園の園庭には、竹林もある。4月中旬から5月中旬にかけて、約1カ月の間に筍（たけのこ）がつぎつぎと出てくる。

子どもたちは、たけのこが出てきて、日ごとのびていくことに感動する。

「自由な生活場面で、ずんぶんに筍とかかわった上で、どの筍を掘ろうかと相談し、筍を手掘りし、筍ごはんや姫皮（筍の先端のやわらかい皮）をみじんにきざんで味噌汁を作ったりします。ここでの感動や喜びを背景に、筍の絵を描いたり、筍にまつわる絵本の読み聞かせをしたりします。[15]」

これが「筍掘り」の実践である。

短期計画の実践は、予測をこえて、次々と創造的な活動を生みだしていくのである。

三層の活動は連動する

安部幼稚園の保育活動には「土台となる活動」「中心となる活動」「課業的活動」の3層の活動がある。その3層はそれぞれかかわりあい連動しあって、各層の活動を豊かにしていく。これは、久保田浩から学んだ保育計画とその実践である。（第三章参照）

一つの活動が、次への活動へと子どもたちの興味・関心をひきだし、発展させていく保育実践である。

前述したように、「自由場面」で「縄文土器の破片掘り」に夢中になっていた子どもたちは、「縄文土器の写真集」に興味をもったり、園外保育での博物館の見学から「竪穴式住居」にも興味をもったりして、自分たちで「竪穴式住居」づくりにとりくむようになる。

「筍掘り」の実践では、竹林にたけのこが生えてきていることに感動した子どもたちが「筍掘り」をは

(15) 同右、81頁。

じめて、それが「筍ごはんづくり」や「筍味噌汁づくり」にとなっていく。

このように、「自由場面」で自然に接した子どもたちは、それに興味・関心をもち、「中心となる活動」（共通の課題をもった協同活動）へと発展させているのである。

この「自由場面」から「中心となる活動」への発展を媒介するものが「課業的活動」である。先の「竪穴式住居」づくりの実践でも、写真集や絵本を見たり、博物館を見学したりするということが媒介となって、いっそう興味・関心をかきたてられ、自分たちも作って見ようということになったのである。「課業的活動」と呼ばれる媒介項は欠かすことはできない。

安部幼稚園での畑づくり

安部幼稚園では「畑づくり」（第五章の「稲づくり」参照）がしばしばとりあげられている。安部は次のように述べている。

畑で育てている、なすやきゅうり、赤かぶが子どもの感動を背景に「課業的活動」としての描画活動の対象になり、その経験のなかで、野菜の成長への関心が高まり、「畑づくり」が子どもたち自身の活動として展開されます。「課業的活動」が「中心となる活動」の糸口となり、その「活動」を支え、そのなかで「課業的活動」のねらいが一層ゆたかに成就されるのです。「中心となる活動」が「課業的活動」に恰好（かっこう）の題材を提供し、「課業的活動」のなかで培われたものを見る目が「中心となる活動」を確かなものとしていく。「中心となる活動」や「課業的活動」のなかでの経験が日常化され、「土台となる生活」のなかに定着していくのです。[16]

（16）同右、133頁。

以上のように、安部は「土台となる生活」を保育実践の「土台」としながら、それから「課業的活動」が生まれ、「課業的活動」は「中心となる活動」の「糸口」をつくり、さらに「中心となる活動」が題材を提供することで「課業的活動」へと発展し、いっそう「中心となる活動」を確かなものに変え、「中心となる活動」と「課業的活動」との連動する経験が日常化され「土台となる生活」に定着されていくというメカニズムを明らかにしたのである。

話しあい（伝えあい）と保育実践

「筍（たけのこ）掘り」の実践でも、「自由場面」で「存分に筍とかかわり、その驚きを仲間に伝えあい」、そうしてみんなと「筍掘り」にとりくむことになる。どの場合も「話しあい」（伝えあい）は、次の場面への展開の鍵（かぎ）となるものである。

安部は次のように、述べている。

「自由場面におけるひとりひとりの発見の驚きやよろこびを大切にします。そこから伝えあいが、自然に生れる場合もあれば、教師が仲立ちになって、そこに居合わせた子どもたち相互の伝えあいを組織することもあります。そこでの感動を背景に、子どもたちが生活のなかで発見した題材を生かし、彼らの意欲に依拠して、造形活動、音楽活動、文学活動などの『課業的活動』が組織されていきます。[17]」

以上のように、安部幼稚園の保育実践では、「話しあい」（伝えあい）は、実践をすすめるための重要な方法原理となっている。

ことばによる話しあいは、相互の理解をふかめ、共通のルールを確認しあい、コミュニケーションを活発にさせ、集団生活を活性化させていく。それは、多方面にわたる協同活動をつくりだし、発展させていくことになり、「集団づくり」の基礎となる。

(17) 同右、180頁。

安部幼稚園と「集団づくり」

子どもたちは、子どもたちの興味・関心・要求にもとづく協同活動を通して、「仲間と共感していく力、仲間の立場に立って考える力、仲間と力を合わせていろいろなつまずきや課題を克服していく力、仲間に自分の考えや想いをしっかり主張する力[18]」を形成しようとするのが安部幼稚園の「集団づくり」の保育実践なのである。

「集団づくり」といっても、特別な保育を導入しようとしているのではない。子どもたち一人ひとりの要求を大事にしながら、集団生活での「かかわり合う行動のなかで、かかわる意識を育てる」ようにしていることである。

樫野弘子「社会性をゆたかに培う保育実践」（安部富士男編著『子どもらに強くやさしく生きる力を─社会性発達試論』文化書房博文社、1984年）は、新入園児である3歳児組の1年間の保育実践である。以下、この実践を手がかりに、「集団づくり」の実践の様子を紹介したい。

入園当初、3歳児たちは不安でいっぱいである。樫野は「幼稚園って楽しいなと思えるようにすること」を、まず、めざしている。幼稚園にはブランコもすべり台もある。ブロックやぬいぐるみなど子どもたちの喜びそうなおもちゃもたくさん用意している。ところが、子どもたちは、すこしずつ園生活になれてくるとそれぞれが自己主張をはじめトラブルがおこりはじめてくる。ブランコに夢中になっていると「かわって」と要求する子がでてくる。どうしたらいいのか。どこの園でもみられる光景である。安部幼稚園では、こうしたトラブルを大事にして、子どもたちに考えさせ、その解決法をみつけあうように指導している。そのていねいな指導が、「集団づくり」の第一歩となる。そして、3歳児組後半には「少人数でいっしょに一つのことを楽しむ」ばかりでなく、年中組の子どもたちと

(18) 同右、187頁。

グループをつくって、園庭の各所でいろいろな「遊び場づくり」にとりくんだことなど、「クラス全体で一つのことをする楽しさを知る」ようになってくる。樫野の実践記録は、3歳児組の1年間で終わるが、それが、年中、年長の子どもたちのプロジェクト活動へとつながっていく。「共同的探究活動」の展開である。

保育は幼稚園が地域に根ざし家庭との協同

安部幼稚園が、地域に根ざし、地域の父母たちに支えられながら運営していこうとする努力は並々ならぬものがある。

安部は父母との連携の方法について次のように述べている。(19)

① 園だより、クラスだより、学年会だより、実践記録などの文書を通して、父母に語りかける。

② 家庭訪問、個別面接、クラス懇談会、学年懇談会、地区懇談会、各種のオリエンテーションなど言葉で伝えること。

③ 保育参観や一日保育体験日や「親子で遊ぼう」など子どもたちの姿を直接、まの当たりにして伝えあうこと。

④ 母親大学・母親教室など父母の会活動の場を生かして伝えること。

⑤ ふとした出会いの中での何げない語らいを通して伝えあうこと。

以上、①～⑤のようなことを通して、父母との連携を図っているが、特に毎月出される「園だより」は園から父母たちへの主要な通信となっている。

「園だより」(20)では次のような内容となっている。

① 今月の子どもたちの生活を、彼らの言葉や行動をそのまま綴って父母に伝えること。

(19) 安部富士男（1990年）前掲、189頁。
(20) 安部富士男（1983年）前掲、138頁。

② 現在の子どもの状況につなげて、私たちの保育目標を子どもたちの姿で父母に語りかけること。
③ 来月に予想される子どもたちの行動を素描しておくこと。
④ 「子育ての会」「親と子の映画鑑賞会」「親子で遊ぼう」「(月刊誌の)『ちいさななかま』『芽』の読書会」など文化を守る活動や子育てをともに考える会の活動を予告しておくこと。

こうした『園だより』『クラスだより』をはじめとする通信は、幼稚園の状況を、ありのままに、父母たちに伝えるとともに、「父母とともに子育ての喜びを分かち合う」ことを目ざすものとなっている。

また、以上のような父母たちとの連携をはかろうとする活動が、安部幼稚園の保育実践を支えているのである。

3 レッジョ・エミリアと安部幼稚園の保育カリキュラムを比較する

これまで、イタリアのレッジョ・エミリア市の幼児学校と日本の横浜市の安部幼稚園の保育カリキュラム─特にプロジェクト活動について、それぞれ紹介してきたが、ここでは「まとめ」として、両者を比較して考察してみたい。

レッジョ・エミリアの保育カリキュラム観

前述したように、レッジョ・エミリアの保育カリキュラムは、生成発展する「発生的カリキュラム」とか、ドキュメンテーション(記録作成)を通して再構成される「予測型カリキュラム」とも呼ばれている。[21]

それは、従来のように、教師がその教育目標のもとに計画をたて、計画どおり実践。目標に達したかどうかを評価するというカリキュラムではなく、子どもたちの活動(作業)の状

(21) 木下龍太郎(2008年)前掲、81頁。加藤繁美『対話的保育カリキュラム』上(2007年)ではイマージェント・カリキュラムに触発された「生成発展カリキュラム」を幼児後期の保育カリキュウム」を幼児後期の保育カリキュウムの中核においている。

況をよく観察し、「その観測に基づいて、子どもとの対話のキャッチボールを重ね、子どもと同僚と一緒に曲折のある有意味な活動の進路をつむぎ出していくところにある」[22]とされている。

安部幼稚園のカリキュラムも、「週・日案」を重視、そこには「今週の子どもたちの生活を子どもの姿で具体的にとらえ、そこにひそんでいる発達課題を押さえ、それに対応するものとしての次週の保育の課題を明らかにし、その課題を具体化すると予想される活動」[23]が記述される。それは、次週の「予想される活動」であり、レッジョ・エミリアの「予測型カリキュラム」と共通するあり方が、ここには見られる。

主題（課題）のある保育

レッジョ・エミリアでは前述したように、「群衆」を主題とした実践が有名である。教師の頭のなかでは夏休み前にだしていた宿題―「海や山で宝もの（小石や貝殻など）をみつけてくる」が、主題となるはずであった。が、それはやめて「群衆」となっていったのである。[24]

主題は「あらかじめ定められた計画に従って、教師の側から提案されたものでなく、子どもたちの興味・関心にしたがって選択」されるものである。

安部幼稚園には「中心となる活動」がある。「中心となる活動」というのは、「目あてをもった活動」のことであり、「一つの目標」のもとに、それなりの期間で「ひとりひとりの要求に依拠しながら、クラスなど特定の集団が全体で取り組む遊び・労働（しごと）」[25]のことである。主題（課題）をもった活動と言ってよいであろう。

安部幼稚園の代表的な「中心となる活動」は「畑づくり」である。

(22) 同右、82頁。
(23) 安部富士男『感性を育む飼育活動』あゆみ出版、1989年、115頁。
(24) 木下龍太郎（2000年）前掲。
(25) 安部富士男（1983年）前掲、130頁。

「畑づくり」を子どもたちに強制しようとするものではない。3〜4歳児たちは、幼稚園の自然が大好きである。そこで「虫探し」や「鬼ごっこ」をしたりして、楽しんでいる。そして、5歳児たちの「畑づくり」を見ていたりして、「ぼくたちも畑をつくって、ご馳走をつくろう」「すいかをつくって食べたい」という畑への「動機づくり」を大事にしている。そして、やりたい子どもたちから始まるのである。

レッジョ・エミリアも安部幼稚園も、子どもたちの興味・関心・要求をもとに、グループやクラスが協力してとりくむ活動―それが主題（課題）であり、「中心となる活動」であり、保育活動の「中心」に位置づけていることに共通するものがある。

「話しあい」は保育活動の鍵

レッジョ・エミリアでは主題がきまり、その目標と計画がたてられプロジェクト活動がはじまっても、その過程で、問題がでてきたときは、かならず話しあいが行われ、その解決法が探求される。とくに、活動が一段落した時には、次の課題を明確にするために、時間をかけて話しあう。結果を急がない。結果よりも過程が重視されるのである。

安部幼稚園でも話しあい（伝えあい）を重視することでは、レッジョ・エミリアと共通するものがある。

安部幼稚園の「畑づくり」では、「いろいろ工夫して土を盛り、木枠をつけ、田畑をつくり、子どもたち同士で要求を出し合い、話し合って二十日大根、きゅうり、なす、落花生、里芋、じゃがいも、さつまいもなどを作っていきます[26]」ということである。子どもたちはどんな野菜をつくるのか「話しあって」作業をすすめて行く。

安部は「ひとりひとりのその子なりのイメージを強靭に培う『すみっこ』とともに、それ

(26) 同右、148頁。

らを仲間と情感や言葉で伝え合う『ひろば』を大切にします。『ひろば』で身につけたイメージが、『すみっこ』の活動を豊かにし、『すみっこ』での発見の喜びが『ひろば』で伝え合いを豊かにします」[27]と「言葉で伝え合う『ひろば』」を大切にしている。

「話しあい」は、レッジョ・エミリアでも安部幼稚園でも、子どもたちの活動を開く鍵なのである。

課業的活動は媒介項か

安部幼稚園の場合、「自由場面」における自由あそびが、描画活動のような「課業的活動」となり、それが媒介となって「中心となる活動」が誕生するというケースが多く見られる。

たまたま経験したことが、描画や絵本などによって、その関心が高められ、見るだけでなく、自分たちでもやってみたいという意欲がつくられる。

前述したように、安部は畑で育てた「赤かぶ」が、子どもの感動を呼び、「課業的活動」の描画活動の対象となり、「課業的活動」が、野菜への関心を高め、「畑づくり」へと連動、「畑づくり」が子ども自身の活動として展開されていくと述べている。[28]

「課業的活動」は、「中心となる活動」を生みだす媒介項として大きな役割を果たしている。しかし、それだけではない。「課業的活動」は同時に「子どもの感応、表現の力を系統的に豊かにする活動」として位置づけられなければならないものである。

レッジョ・エミリアにおいては、言語による伝えあいばかりでなく、「図像的表現」が積極的にとり入れられている。それは、子どもたち一人ひとりの「アイデアを明確にし、より伝達可能なものに変えていく手立て」として不可欠だからというばかりではない。「図像的表現の技法」を学ぶことは、この時期の子どもたちの「学習課題」であるからであるとレッジョ・エミリアは考えているのである。[29]

(27) 同右、94頁。
(28) 同右、133頁。

このレッジョ・エミリアの考えは、安部幼稚園が「課業的活動」をきちんとおさえていることと、共通するものがある。

安部幼稚園の三つの活動層と二つの軸

安部幼稚園の保育構造では、三つの活動層を主軸にした保育活動を構想している。どの活動に重点をおこうとするのかは、子どもたちの年齢や生活のなかでの興味・関心で、異なるものがあると考えなければならないものであるが、この三つの活動層をおさえて、その連動する活動のなかで保育が展開されるということは繰り返し、安部富士男の強調するところである。しかも、安部幼稚園の保育構造には、もう一つ「基本的生活習慣の形成」を底辺とする「集団づくり」という軸がある。三つの活動層を横軸とすれば、「集団づくり」は縦軸ということになる。「集団づくり」の軸は、入園したばかりの子どもたちが、それぞれがばらばらな遊びをしている状況にあることから出発して、保育者との関わりもあって、子どもたちは次第に友だち関係をつくり、一緒に楽しくあそぶかたまりができてくる。こうした集団生活の発展（第四章参照）への配慮があって、三つの活動層も充実してくると考えられている。「中心となる活動」における子どもたちの共同活動は、「集団づくり」の実践にも支えられて展開されていることにも注目しなければならない。こうした構造的なカリキュラムは、戦前の倉橋らの『系統的保育案の実際』や、戦後の久保田らの『幼児教育の計画』を受けつぎ、発展させるものであり、日本の保育カリキュラムの特長といってよいであろう。

保育者と父母たちとの共同

安部幼稚園では「保育は幼稚園と家庭との共同のいとなみ」という考えのもとに、前述したように、いろいろな方法で父母たちとの連携をすすめている。

---

(29) 木下龍太郎（2008）前掲、77頁。

レッジョ・エミリアも同じである。レッジョ・エミリアにおける「ドキュメンテーション」(記録作成)の実践は特に注目されている。それは、子どもたちの活動を記録する写真やビデオが保育者のコメントをつけて、保育室や廊下に展示されていることである。子どもたちはもちろんのこと親たちも、毎日のように変る子どもたちの展示を見ながら、子どもと親との対話が生れ、父母も子どもといっしょになって、そのプロジェクト活動に入りこんでいく姿が見られる。(30)

レッジョ・エミリアと日本の保育は共通するものがあるが、なお、「画像的表現」活動と父母との連携など、日本が学ばなければならないものが、たくさんあるように思う。

(30) 木下龍太郎(2006)前掲、183頁。

〔参考文献〕

・全国保育問題研究協議会編『乳幼児の集団づくり』新読書社、1988年。
・「恵那の教育」資料集編集委員会編『ほんものの教育を求めつづけて「恵那の教育資料集1945~1999」全3巻、桐書房、2000年。
・斎藤公子・山崎定人『さくらんぼ坊やの世界』労働旬報社、1983年。
・斎藤公子・(写真)川島浩『あすを拓く子ら―さくら/さくらんぼ保育園の実践』あゆみ出版、1976年。
・斎藤公子・山崎定人『さくら・さくらんぼの子どもたち』労働旬報社、1985年。
・宍戸健夫・秋葉英則・小泉英明・太田篤志・原陽一郎・石木和子『子育て錦を紡いだ保育実践―ヒトの子を人間に育てる』エイデル研究所、2011年。
・安部富士男『幼児に土と太陽を―畑づくりから造形活動へ』あゆみ出版、1980年。
・安部富士男『遊びと労働を生かす保育』国土社、1983年。

・田辺敬子「子どもの楽園を見つけた―レッジョ・エミリア市の幼児教育」掘真一郎編著『世界の自由学校―子どもを生かす新しい教育』麦秋社、1985年。
・木下龍太郎「イタリアの保育―レッジョ・エミリアを中心に」亀谷和史・宍戸健夫・丹羽孝編著『原題保育論』かもがわ出版、2006年。
・角尾和子編著『プロジェクト型保育の実践研究』北大路書房、2008年。

終章　改めて保育カリキュラムとは何かを考える
――まとめとして

1　保育構造にもとづく保育カリキュラムの編成

保育カリキュラム（保育課程、保育計画）とは、保育園、幼稚園における保育目的・目標にむけての全体的な保育計画のことである。そのためには、「子どもの状況を観察しながら、どのような援助を行ったら良いか、保育者によって綿密に検討され、保育内容が配列され組み立てられる」[1]と理解されている。

安部富士男も――「（安部幼稚園の）保育課程は、保育の構造と年間を単位とした大きな保育の流れ、それらを支えるものとして父母の会の活動と地区活動への基本的姿勢からなりたっている」と述べている。また、保育カリキュラムが前提としているものは、「子どもの現実の生活」であり、「その生活の構造に対応するものとして、保育の構造があり、その実践の姿が保育形態といえる」[2]ものである。すなわち、保育の構造は教育課程の前提であるとされている。

そのために、保育全体（とくに保育内容）を網羅的・羅列的ではなく、子どもにとって意味のある内容とは何か、もっと構造的に把握されなければならないのではないかという実践的研究が安部富士男らによって進められてきている。

（1）岡田正章ほか『現代保育用語辞典』フレーベル館、1997年、387頁。
（2）安部富士男「保育構造と保育形態とのかかわり」日本保育学会編『保育学年報1981年版』フレーベル館、1981年、77頁。

倉橋惣三らの「系統的保育案」

保育カリキュラムを構造的に考えようとした試みは戦前の倉橋惣三らの『系統的保育案の実際』（以下、『系統的保育案』）にはじまる。このとき、倉橋は「刊行の辞」として、「保育案」（保育カリキュラム）について次のように述べている。

「（幼稚園は）幼児の生活に出発し、幼児の生活に帰着する。その幼稚園の生活を、発展せしめ、充実せしめ、その正しき発展を経過せしめる途が保育案である」のであって「単なる保育項目（保育5項目のこと）の時間的配当でもなく、況や項目内容の選択と羅列に止まるものではない[3]」と。

以上のように倉橋は保育項目を「羅列」しているような保育案を批判している。ここから構造的な「系統的保育案」が生れるのである。

倉橋らの「系統的保育案」を戦後受けつぐのは、久保田らの『幼児教育の計画―構造とその展開』（以下、『幼児教育の計画』）であった。

戦前、倉橋が「保育5項目」を並列させる保育に反対したように、久保田は、戦後の『幼稚園要領』（文部省）の「保育6領域」論を批判して、「もともと〝構造的〟にとらえていない項目である。どんなに工夫しようとその組み立てはみせかけにすぎず、バラバラの内容を、子どもたちにおしつける保育になることを、まぬかれることはできないはずである[4]」と述べている。

それは、「まるで積木を積み上げるような」ものであって、それでは保育計画を作ることにはならないし、それで保育ができるとは思われないと久保田は批判するのである。

倉橋『系統的保育案』と久保田『幼児教育の計画』を比較する

（3）東京女子高等師範学校付属幼稚園編『系統的保育案の実際』日本幼稚園協会、1935年、3頁。

（4）久保田浩『根を育てる思想』誠文堂、新光社、1983年、246頁。

倉橋らの『系統的保育案』と久保田らの『幼児教育の計画』とは、戦前と戦後とで異なるところが当然あるものの、その構造は基本的なところで共通している。

倉橋らの『系統的保育案』と久保田らの『幼児教育の計画』のそれぞれの構造案は、第三章の〔図表8〕〔図表9〕のようである。

両者の共通する第一は——

『系統的保育案』では「A生活」、『幼児教育の計画』であれば「基底になる生活」というようにである。両者とも「基本的生活」がおさえられており、そこには「自由あそび（自由遊戯）」を含めた「土台」となる活動がしっかりと存在していることである。

両者の共通の第二は——

『系統的保育案』が「誘導保育案」とよび、『幼児教育の計画』では「中心になる活動」とよんでいる活動である。「誘導保育案」は「主題にむけて誘導する」活動であり、いっぽう「中心になる活動」とは、「（一定のグループでとりくむ）単元化された遊び活動」のことであり、両者とも主題（テーマ）をもった組織的・計画的な活動であり、プロジェクト活動と呼んでいいものである。ということは、両者ともプロジェクト活動を保育構造の中軸に位置づけているということである。

第三に、両者の共通点は——『系統的保育案』が「課程保育案」と呼び、久保田らの『幼児教育の計画』では「領域別活動—系列を主とする活動」とよんでいる活動の位置づけも共通している。

倉橋は「課程保育案」について、「幼稚園にも、練習を主とする方面があり、各保育項目（保育5項目のこと）の教育的期待効果を強調せんとすることもあり、全然誘導保育案のみではそれが出来難い。課程保育案も亦入用である」[5]とその「解説」で述べている。久保田の「系

（5）東京女子高等師範学校付属幼稚園編、同右、6頁

列を主とする活動」は、倉橋の「課程保育案」のことであり、それは倉橋も必要な活動として認めていたのである。

以上のように、久保田らの『幼児教育の計画』は、戦前の倉橋らの『系統的保育案』と共通の構造案をもちながら、戦後の保育実践を切り拓いていったと言ってよいであろう。

安部幼稚園の構造論と各活動層のかかわり

安部幼稚園では、久保田浩『幼児教育の計画』に学んで、子どもたちの生活を「土台となる生活」「中心となる活動」「課業的活動」の三つの層によって形成されるものとして把握している。（第五章〔図表2〕参照）

そして、三つの活動層は、ばらばらなものでなく、「相互に深く連なって機能し合う三つの層[6]」としている。

「土台となる生活」は、子どもたちの生活の土台である。とくに「土台」としての「自由場面における遊び、労働（仕事）」は「あらゆる保育の出発点[7]」である。

ここには、「（子どもたちの）多様な要求、興味、関心を培い、それらの質を高め、彼らの自発的活動を生み出す大切な糸口をふんだんに提供している[8]」ものである。

たとえば、安部幼稚園では、「自由場面」における畑づくりへの関心・興味が、畑づくりという「中心となる活動」を生みだし、ここでの体験が「課業的活動」へと発展し、そのことが「土台となる生活」をいっそう豊かなものにしていく――と考えられている[9]。

以上のように「土台となる生活」「中心となる活動」「課業的活動」の3層が、それぞれかかわりあいながら、「子どもの人格形成にくいこんでいく[10]」。それが安部幼稚園の保育活動の展開なのである。

（6）安部富士男「保育構造と保育形態とのかかわり」同右、77頁。
（7）同右、78頁。
（8）同右、78頁。
（9）安部富士男『遊びと労働を生かす保育』国土社、1983年、133頁。
（10）同右、134頁。

3層の活動層のかかわりあい（連動とも呼ばれているが）を重視する保育に、安部幼稚園の特長がある。

このことを私なりに遊び活動を中心にその連動関係を図にしてみると、〔図表1〕のようになるのではないかと思う。

Aは「土台となる生活①」であり、主として室内における個別的活動（コーナー活動、遊具・教具にかかわる活動、自由な造形的表現活動など）である。

Bは「土台となる生活②」であり、主として室外における個別活動（自然にかかわる活動、園庭での自由遊びなど）である。

Cは「課業的活動」であり、保育者の意図により、クラス全員を対象とする課業的活動（課題活動、設定保育、テーマ活動など）である。

Dは「中心となる活動」であり、クラス全員が主体的にとりくむ計画的・協同的なプロジェクト活動（共同作業、生活単元活動、総合的活動、行事など）である。

以上、ABCDは、それぞれかかわりあいながら、それぞれの活動を発展させていくことになる。

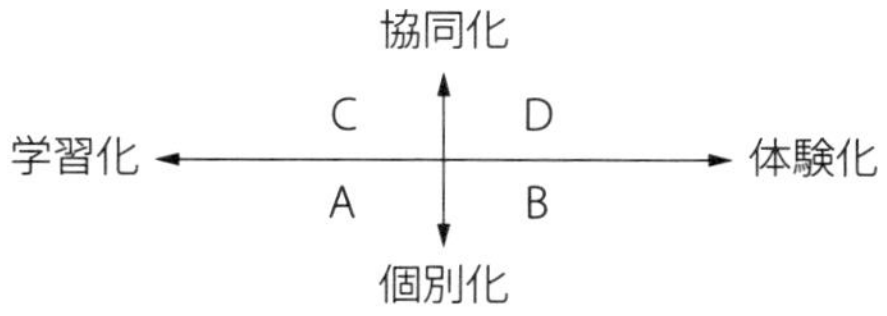

A　主として室内における個別的活動（コーナー活動、遊具・教具にかかわる活動、自由な造形的表現活動など）

B　主として室外における個別活動（自然にかかわる活動、園庭での自由遊びなど）

C　保育者の意図により、クラス全員を対象とする課業的活動（課題活動、設定保育、テーマ活動）

D　クラス全員が主体的にとりくむ計画的・協同的なプロジェクト活動（共同作業、生活単元活動、総合的活動、行事など）

〔図表1〕遊びの連動的発展を意図する保育構造

2　話しあいの保育過程

戦後、間もなくの頃、保育者の間に「話しあい保育」という名の実践がひろがったことがある。この実践は、戦後の焼け跡のなかで、子どもたちをどう指導したらいいのかの問題であったと同時に、戦前の倉橋らの「系統的保育案」（この保育案は「主題」をたての「誘導保育」であったが）で提起された「主題」にむけて、子どもたちをどのように「誘導」したらいいかという保育展開の問題でもあった。

第四章では、海卓子、畑谷光代らの実践のなかで、子どもたちの集団生活のなかで生まれる問題に対して、その問題解決法として「話しあい」保育の実践が展開されたことについて述べている。「話しあいから行動へ、行動から話しあい」へ――と子どもたちの要求（興味・関心）をふまえた保育過程を重視し、実践していたのである。

この実践は集団生活の中で問題が起きたとき、保育者が当事者である子どもたちを呼んで、事情を聞いて、その解決法を保育者が指示するということが、当時、一般的であったなかで、当事者だけでなく、その問題を見ていたり、かかわった子どもたちも含めて、どうしたらいいのか、話しあい、子どもたち自身が一つの結論をだした上で、やってみる（行動）、やってみてどうだったのか、これでほんとうに解決したと言えるのか話しあう、「行動から話しあいへ」ということになる。もう一度、「話しあい」という過程を何回かくり返すなかで、どうしたらいいのかというルールを発見し、みんなのものにしていこうとする試みであった。

こうした実践は、問題が起こったから「話しあい」をするだけでなく、もっとこうしたいという子どもたちの「要求」をだしあい、それを集約し、それを実行する実践――a〈やりたい〉―提案する、b〈どうしたらやれるか〉話しあい、考えあう、c〈計画をたてる〉―目的をきめ、そのために必要な準

備を分担しあう、d〈あとしまつ〉―計画どおりにできたかを点検しあう―という実践へと発展していったのである。(1)

また、海卓子は「話しあい保育の要点」として次のように、その保育過程を明らかにしている。(2)

① 具体的な生活場面で問題を先ず発見する。
② 対立した意見や事実と比べさせる。
③ 各々の理由をたしかめたり、考えたりする。
④ 「もしかすると○○かもしれない」という仮説を立てて実際にためしてみる。
⑤ 予想に反した場合、また新しい仮説を立てる。
⑥ 以上の繰返しによって、次第にものごとのすじみちを（子どもたちは）発見してゆく。

これらは、「集団生活の発展」にかかわる実践方法にとどまるものではなく、課題（主題）をテーマとする保育活動の展開過程すなわち新しい保育過程を明らかにするものであり、それは、また、子どもたちの主体的な活動を発展させるうえでの「話しあいから行動へ、行動から話しあいへ」という保育過程の原則に立つ実践でもあった。

3 「主題」を中心とする保育過程の展開

子どもたちの興味・関心のもとに「主題（課題）」（安部幼稚園では「中心となる活動」）のある活動が、クラス全体でとりくまれ、展開されていく。

この展開過程は、どのようなプロセスをたどるのか、それぞれの「主題（課題）」について、第五章などで述べてきた。

(1) 畑谷光代『つたえあい保育の誕生』文化書房博文社、1968年、268頁。
(2) 海卓子『幼児の生活と教育』フレーベル館、1965年、264頁。

第五章では、中津川（恵那）での「池づくりから畑づくりへ」、また、「うさぎ小屋づくり」をはじめとするさくら・さくらんぼ保育園の実践について、そして、安部幼稚園における「稲づくり」の実践とその展開過程について述べている。それぞれ「主題（課題）」に応じた特色のある実践であり、その展開過程もユニークなものである。しかし、どの実践においても、保育者をふくめた子どもたちの「話しあい」が重視されているように共通するものもある。この保育過程を簡単に一般化することはむずかしいが、次に保育過程の一般化への道を探ってみよう。プロジェクト活動は「結果」ではなく、「過程（プロセス）」が重視されてきている実践であるからである。

教育方法学の様式（デザイン）から学ぶ

佐藤学は教育方法学の立場から、学習過程には二つの様式（デザイン）のあることを指摘している。一つは、「教科」を単位とする「目標・達成・評価」の様式であり、もう一つは「主題（課題）」を単位とする「主題・探究・表現」の様式である。(3)

前者は、「教科」を系統的に学習しようとする場合の「一斉授業」様式であり、後者は、「総合学習」のように「主題」にむけて多様なアプローチをとる協同的なプロジェクト型の様式である。後者のプロジェクト型は幼児保育にも参考となる。そこで、後者の場合の具体的な実践を紹介しておきたい。

① 「主題」とは何か――

佐藤は「ヤゴ」を主題とし、「トンボが飛んだ日」という小学校4年生の総合学習を紹介している。(4) この実践は小学校4年生の一人がドブ川でヤゴが羽化していることの発見からはじまる。ヤゴに興味をもった子どもたちは、学校のプールにもいることを発見する。

（3）佐藤学『教育の方法』放送大学教育振興会、1999年、103頁。

（4）佐藤学「カリキュラムをデザインする」秋田・佐藤編著『新しい時代の教職入門』有斐閣、2006年、70頁。

② 「探究」とは何か――

クラスで「ヤゴ」をテーマにする総合学習がはじまる。子どもたちは、トンボの専門家から学びながら、プールに草やいかだを浮かべて産卵場所をつくったりする。しかし、プールでは、中途はんぱになってしまう。そこで、校庭の片隅にある池を、ヤゴが育ち羽化するにふさわしいビオトープ（池づくり）に改造する計画をたて実行する。「探究」とは以上のように「主題」をめぐって「多様で総合的なアプローチが奨励される」[5]ことである。

③ 「表現」とは何か――

総合学習の結果は「テストで測定されるのではなく、学習リポートや本作りとして表現され、教室の中で交流され、共有される方式がとられる」[6]ということである。上記「ヤゴ」の場合は、ビオトープづくりをレポートにまとめるとともにそれを全校集会で発表している。

以上が、「主題」を中心とする「主題・探究・表現」の学習様式でもあり、「協同的な学び」の学習過程でもある。

佐藤学は、このようなプロジェクト型の学習様式について、「それは、教育内容の核となる主題を設定し、子どもたちが多様なアプローチで活動的・協同的に探究活動を展開し、その成果を表現し、共有し合う学びの創造である」[7]と述べている。

これは、レッジョ・エミリアのプロジェクト活動を主軸とする保育実践と比較するとどうだろうか。「表現」を重視することをはじめ、共通するものがあると言ってよいであろう。日本の小学校の実践のなかで、「総合学習」としてこのようなプロジェクト活動が展開されていることにあらためて注目したい。

（5）佐藤学『教育の方法』同前、103頁。
（6）同右、103頁。
（7）佐藤学『授業を変える 学校が変わる――総合学習からカリキュラムの創造へ』小学館、2000年、130頁。

安部幼稚園の保育過程

それでは、安部幼稚園の「中心となる活動」における保育過程は、どのようなものであったのか、「稲づくり」の実践と関わらせて考えてみたい。

安部は「畑づくり」についての保育過程について、次のように定式化している。(8)

① 子どもたちは共感を背景に、興味・関心を伝えあい、共通の課題を発見する。

② 子どもたちは、一緒に課題を追究する喜びを体験する。

③ 子どもたちは、体験した喜びを表現する楽しさを経験する。

以上のように、3過程としている。

これを「稲づくり」の実践と関わらせると次の様になる。

① 共通の主題(課題)の発見—5月の連休あけ、保育者は、田舎からもらってきた「もみ」を子どもたちに見せて話しあう。田んぼで米づくりをやってみようということになる。

② 主題(課題)の追究—苗代に池から水を入れて「もみ」をまく→田植えをする→スズメ対策→稲刈り→「代用脱穀機」で脱穀→一升ビンで精米

③ 体験した喜びを表現する—園の秋祭りに、「稲」をテーマに、紙芝居、踊り、ミュージカルをそれぞれのグループで発表。

「主題」を中心とする保育過程—まとめ

以上のような主題(課題)を中心とする保育過程の実践は、それぞれの状況やテーマのちがいによって、多様な過程があっていいのではないかと私は思う。しかし、これまで、実践されてきた保育過程を私なりに仮説としてまとめてみると次のようになるのではないだろうか。

---

(8) 安部富士男『遊びと労働を生かす保育』同前、177頁。

① 共通の主題（課題）の発見

子どもたちの具体的な生活のなかから、興味・関心のあるテーマについて話しあい、クラス全体で意欲的にとりくめる共通の主題（課題）を発見する。

② 協同的な探究活動の展開

a．課題の解決・成功にむけてのプランについて意見を出しあう。

b．課題にむけて、それぞれ分担してとりくむグループをつくり、グループごとに話しあい、とりくむ。

c．問題にぶつかり、その解決について、図鑑などで調べたり、話しあったり、ときには専門家の知見を借りたりする。

d．仮説をもとに新しい計画にとりくむ。

③ まとまった成果の発表

a．みごとに成功する場合も、失敗する場合もある。これまでの経過をふり返り、話しあったり、絵で表現しあったり、学びあったりする。

b．これまでの活動を、他のクラスの子どもたちや父母たちに、ドラマや紙芝居などにして発表する。

④ 次の活動にむけて

みんなで力をあわせて、一つの課題にとりくみ、一定の成果があったことをみんなで喜び、次の主題（課題）にむけてのとりくみに意欲をもつ。

以上、私なりの保育過程（案）である。あまり形式にこだわると子どもたち一人ひとりの要求を見失うおそれもある。急がずゆっくりと時間をかけて展開していくことが肝要である。

る。

4　プロジェクト活動は協同的活動

第五章「日本におけるプロジェクト活動の展開」において、三つのプロジェクト活動をとりあげている。

その一つ目は、1960年代における岐阜県中津川（恵那）の「池づくりから畑づくりへ」である。金魚鉢のなかの魚が死んでしまったのは、小さな金魚鉢に原因があるのではないか、魚を大きな池の中で育てようとクラス全体が盛りあがり、池づくりが始まった。

そしていろいろ試行錯誤しながらも、とうとう池を完成させたのである。そこで、子どもたちは「一人でできないことをみんなでやりとげたことの喜びと自信をつくり出す」ことができたのである。その「池づくり」は、新しい「畑づくり」へと発展していく。

その二つ目は、1970年代の埼玉県深谷市郊外にあるさくら・さくらんぼ保育園の「うさぎ小屋づくり」の実践である。それは、動物園にうさぎ小屋の見学にいくところから始まって10ヵ月をかけて、とうとう完成する。このほかにも、この園での「鯉のぼりづくり」「切り絵によるパノラマづくり」などの実践を紹介した。

この園の斎藤公子園長は、「(子どもたちに) 先生の教える通りにやりなさいというような保育は絶対に避けたい、そうではなくて子どもたちと一緒に考え合い、一緒に協力し合って、一つの目標に向って活動を展開する。そういう創造的な活動を援助したり、協力したりするのが保育者の立場である」と述べるとともに、「(このような活動は) すばらしいなあという成功感を味わえる。自分はたった一つしかつくらなかったけれど、こうして集まったときにすばらしい作品になる。こういう喜びは人間的な喜びだと思うんです。この喜びを味わわして、保育園を送り出してやりたいとせつに思うんです」と語っている。ここにも、プロジェクト活動の精神があった。

三つ目の実践は、1970年代後半の神奈川県の安部幼稚園の「稲づくり」の実践である。苗代に池から水をひき、もみをまく。そして、田植え。そのために、田植えの見学をしたり、その仕方を農家のおじさんに教えてもらったりする。稲は育ち、いよいよ稲刈りをする。そして、いよいよ脱穀にとりかかろうとするが、脱穀機がどこにもない。子どもたちは工夫して自分たちで脱穀に成功する。半年をかけての大プロジェクト活動である。

担任の金丸久子は「(子どもたちは)事件や問題に直面しても、自分なりに考え、友だちの意見にも耳をかたむけ、みんなの知恵を出し合って、自分たちで解決していけるようになった。また、素材の美しさに感動し、表現意欲が高まり、物をつくることの喜びを知ることができた」と語っている。

これこそが、プロジェクト活動の成果であった。

以上のような子どもたちのプロジェクト活動は、丸尾ふさがあげているような「協同活動」(第四章参照)でもある。プロジェクト活動には、この「協同活動」を支える要因をいろいろあげることができるであろう。

ここでは、とくに三つの活動を挙げておきたい。一つは子どもたちの集団あそびの実践であり、二つには、子どもたちの集団生活の向上にむけての「集団づくり」の実践であり、三つ目には、主題(課題)を創造する見通し路線の実践である。次に、この3点について、つけ加えたい。

子どもたちの集団あそびの実践

中津川(恵那)、さくら・さくらんぼ保育園、安部幼稚園も、子どもたちの自由な遊び活動を尊重し、あそび活動の質を向上させていくうえでの配慮が十分なされていることである。とくに、三者ともに、子どもたちの自然にかかわる遊びを十分に保障していることがある。

安部富士男は、プロジェクト活動の前提には、虚構遊び（ごっこ遊び）やルールのある競技的遊びがあると指摘している。

「子どもたちは、虚構あそびのなかで、労働成立（畑づくりのような）の必須の条件である状況や物をこえて思考する力を身につけていきます。すいか畑を作るとき、まず子どもの目の前にあるのは土です。その土を耕やし、そこに落葉や腐葉土を混ぜながら、子どもたちは、教師の助言や仲間の発見を媒介に収穫されるはずのすいかをイメージし、それをみんなで分かち合って楽しく食べる姿を心に浮かべ、そのことによって畑づくりの見通しをつかみ自分たちの行動を制御していくことができます[1]」──と安部富士男は述べている。

虚構遊びや競技的遊びのなかで、「ルールを守る力」や「分業を組む力」だけではなく、すいかをイメージして「状況や物をこえて思考する力」を育てていることが、畑づくりのようなプロジェクト活動に取りくむ力になっていることを指摘しているのである。

集団生活を発展させる「集団づくり」の実践

プロジェクト活動において「分業・協業を組む力」は不可欠である。

この力は、「家事労働にかかわって母親の手伝いをしたり、幼稚園のなかで昼食前後の教師の手伝いをしながら、また、3歳児であってもお弁当の時、机をふいたり牛乳をくばったり、後片付けをしたりといった当番活動にそれなりに取り組んだりしながら、分業・協業を理解する土台となる経験を子どもたちは身につけていく[2]」ことで育っていくことを安部は指摘している。

久保田浩『幼児教育の計画』（1970年）のなかでも、「集団づくり」という項目で、その計画を明

（1）安部富士男『遊びと労働を生かす保育』同前、104頁。

らかにしている。

この計画では、4歳児になると「グループでの活動を育てていくことと、そのなかで当番の位置づけをはっきりさせていくことが、この月（7月）のしごとになる。……グループのなかで、当番にあたったものが、自分を意識して、行動することを指導していかなければならないが、同時に、そのほかのものも、当番の仕事を理解し、協力していくように指導することもたいせつである[3]」と述べられている。

久保田の「集団づくり」は「基底になる生活」のなかでの重要な活動として位置付けられ、「集団づくり」とは、個人的な生活の場から「集団生活へと発展」していくことであり、「なかまとの生活をすすめていくために、ルールをまもり、役割をうけもち、交代でしごとをする意識をたしかめ、ちからを育てていくことをめざす[4]」活動とされている。

また、「集団づくり」のその後の実践は、当番や係りというようなクラス運営にかかわる活動だけでなく、子どもたちの協同的な活動をふくむ保育活動全体に広がっている。

すなわち、「（「集団づくり」とは）各人のさまざまな願いを交流して取り組む確認を（子どもたちが）自分たちで決め、相互に援助・協力して、これに取り組みつつ、課題が達成できたか、どうかを総括し、さらに今後どう取り組めばよいのかの見通しも明らかにするといった自治的活動ができるような集団をめざす[5]」実践なのである。

管理主義的な集団ではなく、こうした子どもたちの自治的・民主的な集団の形成をめざす実践が「集団づくり」であり、プロジェクト活動と重なりあうところが大きい。

見通し路線と集団生活の発展

第4回全国保育団体合同研究集会（1972年、於山之内温泉郷）で小川太郎神戸大学教

（2）同右、104頁。

（3）久保田浩『幼児教育の計画—構造とその展開』誠文堂新光社、1970年、199頁。

（4）同右、18頁。

（5）久田敏彦・岡喬子・大阪保育研究所編著『集団づくりの「見取り図」を描く』かもがわ出版、2013年、159頁。

授は「生活に根ざし生活をかえる教育をつくりだすために」というテーマで記念講演をしている。

この講演のなかで「労働（しごと）」ということにふれ、小川教授は――

「子どもは非常に仕事が好きなはずなんです。このことも、みなさんの報告の中にたくさん出ているわけですけれども、どういう仕事が好きかと言うと、自分たちで、目的を立てる、自分たちでしくみを作る、自分たちで手立てを整える。そして、責任を分かち合って協力して、やり遂げて、最初の目的を実現する。そして、それを自分たちで評価するというような、初めからしまいまで、一貫して自分たちのものであるような労働ならば、これは非常に喜びと張り切りをもたらすものです[6]」と述べている。

この1970年はじめに、幼児期の「労働（しごと）」、すなわちプロジェクト活動の意義について小川は明らかにしていたのである。

その後、小川教授は、幼児保育の実践にふれながら「見通し路線の発展」という論文を書いている[7]。幼児期の集団的行動は、遊びのように「子どもたちを自然に夢中にさせる活動」からはじまる。そして、それが「半月なり一ヶ月なりという先を見通して、クラスの誕生会を楽しい、すばらしいものにするために、班ごとに創意をこらした出しものを準備する」ような活動へと発展していく。

これは「近い見通し」から「中ぐらいの見通し」への発展である。また、その先は「遠い見通し」も可能となってくる。これは、「共同の目的を共同で実現していく」活動であり、「明日のよろこび」を実現する見通し路線とよぶことができる。

「遊びや文化・体育活動」のような子どもたちが夢中となるような活動を出発点としながら「集団とは

（6）小川太郎「生活に根ざし生活をかえる教育をつくりだすために」『第4回全国保育団体合同研究集会報告集「国民の保育要求の実現をめざして」第4集』1972年。

（7）『小川太郎教育学著作集』第4巻、青木書店、1980年。

何であるか、集団の規律とは何であるか、責任とか協力とかいうものは何故自分のことなのかといったことがらが、わかるようになるのである。……その活動のなかで、人間的な目的で結合した集団の一員としての人間的な成長がとげられるという教育的な意味をもつものとして注目すべきであろう(8)」――というのが「見通し路線」である。これは、プロジェクト活動の大きな展開過程を明らかにするものであると言えるであろう。

5　おわりにひとこと

プロジェクト活動は、「池づくり」にせよ、「電車づくり」にせよ、面白そうだから、私の園でもやってみようということで、子どもたちに保育者が働きかけて生れるというものではない。プロジェクト活動の出発点は、所属する園の子どもたちの生活であり、その生活から生れた子どもたちの興味、関心、要求である。あくまでも、子どもたちの生活に依拠し、子どもたちの声に耳をかたむけ、子どもたちと共に考えあい、共通の主題（課題）を子どもたちと共に発見し、子どもたちがその主題（課題）にむけて、意欲的にとりくむ子どもたちの主体的な活動であることがプロジェクト活動の根本でなければならない。

以上のような意味で、プロジェクト活動は、これまでの課業的活動（設定保育）とは異なり、小学校の「総合学習」に近いものである。保育者の側から与えられるものではなく、あくまでも、子どもたちの主体的な活動であるということである。（第三章補論参照）

その取り組む活動は、子どもたちの熱のある話しあいの結果、えらばれたテーマであり、その活動の過程（プロセス）では、「もっとどうしたらいいのだろうか」と話しあい、考えあい試行錯誤して展開されていくものである。この活動をとおして、子どもたちは、協力して文化を創造

（8）同右、165頁。

することの喜びを学び、将来に向けての生きる基本的な力を形成しようとするものである。

プロジェクト活動は、こうした新しいタイプの保育活動なのである。すでに完成され、一定のプログラムができているものではない。子どもたちと保育者とがいっしょになって考えあい、創造していくカリキュラムである。

これからの保育実践に期待したい。

あとがき——本書の構成と初出について

本書は、日本の保育カリキュラムとその発展について、歴史的な経過とその課題を明らかにしようとしたものである。

日本の保育カリキュラムは、序論で述べているように、3つの類型がある。それに、今日のプロジェクト型の保育カリキュラムを加えると4つの類型ということになる。この4つの保育カリキュラムは、歴史的な時代のなかで論争がくりかえされ、私たちは、どれかを選ばなければならない思いをさせられるということはたびたびであった。

4つの類型は、対立させられるものではなく、それぞれが、その特長を生かされ、実践のなかで相互に関連し、連動されるものである。これまでの多くの実践も、1つのパターンにこだわることなく、子どもたちの要求に応じて活動を変転させ、豊かな保育実践を創造してきている。

それでは、保育カリキュラムとは何か。本書が追求している大きな課題である、本書は、戦前から戦後にかけて4つの保育カリキュラムの類型のもとで、どのようにして、カリキュラムの統一的な把握が可能になったのかを明らかにしようとするものである。

戦後の久保田浩編著『幼児教育の計画』は、幼児の生活は、どういう生活から構成されているのかと生活全体を把握しつつ、それぞれの生活活動の質や特徴のちがいに応じた、保育カリキュラムの三層の構造を構想した。これは戦後の保育カリキュラム研究に、大きな一石を投じたものと言ってよいであろう。本書は、久保田らの『幼児教育の計画』（第三章参照）に学びながらも、「集団生活の発展」を軸とする三木安正の『年間保育計画』（第四章参照）にも注目しつつ、それらの成果を受けつぎながら、最近のプロジェクト活動を主軸とする保育カリキュラム（第五章参照）にも関心をはらい、これからの新しい保育カリキュラムの課題を明らかにすることをめざした。皆さんのご批判を待ちたいと思う。

保育カリキュラムは、子どもたちをどのように育てたらいいのか、という未来にかかわる大きな課題にこたえるものであると同時に、保育者が子どもたちと共に、創造していく保育活動をたすけるものでなければならない。そのためには、これまでの先輩たちの成果に学びつつ、いっぽう、現代の子どもたちの将来へとつながる保育活動を積み重ねなければならない。

本書は、そのための参考となり、多少ともお役に立つことができれば、幸いだと思う。

本書の執筆に際して、多くの先輩や仲間たちから、助言と励ましをいただいている。私の研究スタイルは、学術書に頼るというよりは、現場の保育実践から学ぶことであり、日本の保育実践を通して、実践を前進させるような理論をつくりあげようと努力してきた。

とくに、現場の保育者たちが集う保育問題研究会をはじめとする研究会への参加は、私の研究の源泉である。本書が生れたのは、多くの諸先輩、多くの保育実践者たちのおかげであり、深く感謝するものである。

本書の構成と初出について

本書の各章のテーマとその初出について、以下述べたい。

序章

日本の保育カリキュラムには、３つの潮流がある。第１には、課業活動（設定保育）を軸とするものであり、第２には遊びとその発展を軸とするものであり、第３には、集団生活の発展を軸とするものである。

そして、もう1つの新しい潮流として「プロジェクト型保育カリキュラム」の潮流が、1990年代に入って生れてきていることについて述べている。

【初出】宍戸健夫「保育学の過去・現在・未来―保育カリキュラムを中心に」(日本保育学会『保育学研究』第39巻第1号、2001年)に加筆、修正した。

第一章　日本における保育カリキュラムの誕生

明治時代のはじめ、幼稚園が創立(明治9年)されると各種の恩物(教具)を小学校の「教科」のように並べた課業活動中心型の保育カリキュラムがつくられ、実践された。

しかし、その後、それを批判する多くの主張・理論や実践が生れ、それを保育カリキュラムとして完成させたのが、東京女子高等師範学校附属幼稚園編『系統的保育案の実際』である。

【初出】宍戸健夫「日本における保育カリキュラムの誕生」(『同朋大学論叢』第90号、2006年)

第二章　保育問題研究会と「保育案」の研究

この章では保育問題研究会(保問研)の「保育案」(保育カリキュラム)の研究をとりあげた。保育活動は「子供の自然である利己的生活を共同的生活へと指導していく」ものであるとし、その指導原理を「社会協力」とするものであった。しかし、戦時下、研究は完成せず、戦後へともちこされるものとなった。

【初出】本章は書下しであるが、重複するものに宍戸健夫『日本の幼児保育―昭和保育思想』上巻(青木書店、1988年)がある。

第三章　戦後保育カリキュラムの展開―和光幼稚園を中心に

この章でとりあげた和光幼稚園は、和光小学校とともに、コア・カリキュラム連盟（戦後、カリキュラム研究の第一線に立った民間研究組織）の実験園、実験校であった。ここでは、「自由あそび」を「基底」に位置づけながらも、中心課程（単元活動、中心になる活動）を主軸にして問題解決的思考を育てる構造的、統合的な教育カリキュラムを構想し実践した。

【初出】宍戸健夫「戦後保育カリキュラムの展開―和光幼稚園を中心に」（『同朋福祉』第14号、2008年）

なお、［補論1］宍戸「和光学園における幼稚園・小学校の連携―プロジェクト活動を中心に」は、鎧屋（一見）真理子代表「生涯発達能力を育む幼少連携のあり方に関する国際比較研究」（平成21年度科研費・課題番号21530867）で報告された論文である。

第四章　集団生活の発展を軸とする保育

この章では、戦前の保育問題研究会の「社会協力」論（第二章参照）を受けつぎ、戦後の岸和子、海卓子、畑谷光代らの3つの保育実践などを背景としながら作成された三木安正編著『年間保育計画』（1959年）をとりあげている。

【初出】書下ろしであるが、宍戸「第4章戦後保育の思想」（『保育幼児教育体系』第5巻、労働旬報社、1987年）、宍戸『日本の幼児保育―昭和保育思想史』下巻（青木書店、1989年）などが重複している。

第五章　日本におけるプロジェクト活動と保育カリキュラム

この章では、岐阜県中津川（恵那）、北埼玉のさくら・さくらんぼ保育園、横浜市の安部幼稚園の3地区の保育実践を日本におけるプロジェクト活動の実際として具体的にとりあげている。

【初出】この章は書下ろしである。しかし、中津川（恵那）の「池づくり」「畑づくり」については、全国保育問題研究協議会編『乳幼児の集団づくり』（新読書社、１９８８年）のなかで、「戦後、集団づくりの歩み」や「池づくりの実践」を宍戸が書いている。また、「戦後の保育実践―畑づくりの実践を中心に」をテーマに日本保育学会第62回大会（２００９年5月）での発表をしている。さくら・さくらんぼ保育園の実践では、宍戸ほか『子育て錦を紡いだ保育実践―ヒトの子を人間に育てる』（エイデル研究所、２０１１年）がある。また、宍戸『日本の幼児保育―昭和保育思想史』下巻（青木書店、１９８９年）のなかでも「さくらんぼ保育園の実践」をとりあげている。

終章　改めて保育カリキュラムとは何かを考える―まとめとして

この章では、プロジェクト活動の実践で世界的に有名になったレッジョ・エミリアの保育実践をとりあげるとともに、日本の安部幼稚園の保育実践と比較し、それぞれ独自なものをもちながら、共通するものがあることを明らかにした。

【初出】本章は書下ろしである。

り

れ

ろ

わ

ひ

ふ

へ

ほ

ま

み

む

も

や

ゆ

よ

く

け

こ

さ

し

す

索　引

小山みずえ『近代日本幼稚園教育実践史の研究』学術出版、2012年。

太田素子・浅井幸子編『保育と家庭教育の誕生1890—1930年』藤原書店、2012年。

久田敏彦・岡喬子・大阪保育研究所編著『集団づくりの「見取り図」を描く』かもがわ出版、2013年。

社会福祉法人新瑞福祉会編『まあるくなあれ　わになれ—みんなでつくるみんなの保育』新読書社、2013年。

豊田和子編『幼児教育の方法』みらい書房、2013年。

勅使千鶴・亀谷和史・東内瑠里子編『「知的な育ち」を形成する保育実践』全2巻、新読書社、2013〜2016年。

清原みさ子『手技の歴史—フレーベルの「恩物」と「作業」の受容とその後の理論的、実践的展開』新読書社、2014年。

宍戸健夫『日本における保育園の誕生—子どもたちの貧困に挑んだ人びと』新読書社、2014年。

小田豊『幼保一体化の変遷』北大路書房、2014年。

松島のり子『「保育」の戦後史—幼稚園・保育所の普及とその地域差』六花出版、2015年。

師岡章『保育カリキュラム総論』同文書院、2015年。

永井優美『近代日本保育者養成史の研究—キリスト教系保姆養成機関を中心に』風間書房、2016年。

山本理絵編『子どもとつくる5歳児保育』ひとなる書房、2016年。

日本保育学会編『保育学講座』全5巻、東京大学出版会、2016年。

房、2004年。

永田桂子『変貌する現代絵本の世界』高文堂、2004年。

戸田雅美『保育をデザインする一保育における「計画」を考える』フレーベル館、2004年。

加藤繁美編著『5歳児の協同的学びと対話的保育』ひとなる書房、2005年。

永井理恵子『近代日本幼稚園建築史研究一教育実践を支えた園舎と地域』学文社、2005年。

国吉栄『日本幼稚園史序説　関信三と近代日本の黎明』新読書社、2005年。

全国保育問題研究協議会編『人と生きる力を育てる一乳児期からの集団づくり』新読書社、2006年。

橋本宏子『戦後保育所づくり運動史一「ポストの数ほど保育所を」の時代』ひとなる書房、2006年。

宍戸健夫・玉方弘子・神田英雄編著『乳児の保育を豊かに一乳児の保育計画と実践』ルック、2006年。

加藤繁美『対話的保育カリキュラム』全2巻、2007〜2008年。

角尾和子編『プロジェクト型保育の実践研究』北大路書房、2008年。

河邉貴子編『教育課程・保育課程論』東京書籍、2008年。

是澤博昭『教育玩具の近代一教育対象としての子どもの誕生』世織書房、2009年。

中村強士『戦後保育政策のあゆみと保育のゆくえ』新読書社、2009年。

宍戸健夫『実践の目で読み解く新保育所保育指針』かもがわ出版、2009年。

神田英雄・村山祐一編著『保育とは何か一その理論と実際（保育の理論と実践講座1）』新日本出版、2009年。

浅井春夫・渡邉保博編著『保育の質と保育内容一保育者の専門性とは何か（保育の理論と実践講座2)』新日本出版、2009年。

日本保育学会編『戦後の子どもの生活と保育』相川書房、2009年。

2010-2016年

林若子・山本理絵編『異年齢保育の実践と計画』ひとなる書房、2010年。

大宮勇雄『学びの物語の保育実践』ひとなる書房、2010年。

宍戸健夫・渡邉保博・木村和子・西川由紀子・上月智晴編著『保育実践のまなざし一戦後保育実践記録の60年』かもがわ出版、2010年。

小川博久『遊びの理論』萌文書林、2010年。

前村晃・高橋清賀子・野里房子・清水陽子『豊田芙雄と草創期の幼稚園教育』健帛社、2010年。

高月教恵『日本における保育実践史研究一大正デモクラシー期を中心に』御茶ノ水書房、2010年。

竹内通夫『戦後幼児教育問題史』風媒社、2011年。

宍戸健夫・秋葉英則・小泉英明・太田篤志・原陽一郎・石木和子『子育て錦を紡いだ保育実践一人の子を人間に育てる』エイデル研究所、2011年。

金村美千子編『新保育課程・教育課程論』同文書院、2011年。

福島大学附属幼稚園（大宮勇雄・白石昌子・原野明子）『子どもの心が見えてきた一学びの物語で保育は変わる』ひとなる書房、2011年。

松村和子・近藤幹生・椛島香代『教育課程・保育課程を学ぶ』ななみ書房、2012年。

河合隆平『総力戦体制と障害児保育論の形成一日本障害児保育史研究序説』緑蔭書房、2012年。

年。

宍戸健夫『保育の森―子育ての歴史を訪ねて』あゆみ出版、1994年。

宍戸健夫・村山祐一・藤村美津・吉田れい・安部富士男・園田とき『保育計画の展開-3・4・5歳児の保育実践』あゆみ出版、1994年。

岡本夏木・高橋恵子・藤永保編『講座幼児の生活と教育』全5巻、岩波書店、1994年。

加用文男『忍者にであった子どもたち―遊びの中間形態論』ミネルヴァ書房、1994年。

河崎道夫『あそびのひみつ』ひとなる書房、1994年。

汐見稔幸『その子らしさを生かす・育てる保育―新しい時代の保育をめざす保育者のための教育学』あいゆうぴい、1995年。

「戦後保育50年史」編集委員会編『戦後保育50年史』全5巻、栄光教育文化研究所、1997年。

加藤繁美『自分づくりと保育の構造』ひとなる書房、1997年。

射場美恵子・神田英雄『納得と共感を育てる保育-0歳から就学までの集団づくり』新読書社、1997年。

三宅興子編著『日本における子どもの絵本成立史』ミネルヴァ書房、1997年。

渡邉保博『生活を大切にする保育の胎動』新読書社、1998年。

田中まさ子『幼児教育方法史研究』風間書房、1998年。

玉置哲淳『人権保育のカリキュラム研究』明治図書、1998年。

勅使千鶴『子どもの発達とあそびの指導』ひとなる書房、1999年。

2000-2009年

金田利子・諏訪きぬ・土方弘子編著『「保育の質」の探究―「保育者―子ども関係」を基軸として』ミネルヴァ書房、2000年。

佐藤学『授業を変える学校が変る―総合学習からカリキュラムの創造へ』小学館、2000年。

佐藤学『教育改革をデザインする』岩波書店、2000年。

立浪澄子・青木倫子・風間節子・長谷川孝子・坂口やちよ・降旗美佳子『保育カリキュラムをつくるはじめの一歩―長野県短期大学付属幼稚園の実践』新読書社、2000年。

宍戸健夫『保育実践をひらいた50年』草土文化、2000年。

湯川嘉津美『日本幼稚園成立史の研究』風間書房、2001年。

小川博久編著『「遊び」の探究』生活ジャーナル、2001年。

鳥越信編『はじめて学ぶ日本の絵本史』全3巻、ミネルヴァ書房、2001～2002年。

笠間浩幸『〈砂場〉と子ども』東洋館出版、2001年。

小田豊・神長美津子編著『教育課程総論』北大路書房、2003年。

松本園子『昭和戦中期の保育問題研究会―保育者と研究者の共同の軌跡／1936―1943』新読書社、2003年。

神谷栄司『幼児の世界と年間保育計画』三学出版、2003年。

清原みさ子・豊田和子・原友美・井深淳子『戦後保育の実際―昭和30年代はじめまでの名古屋市の幼稚園・保育所』新読書社、2003年。

宍戸健夫『実践の質を高める保育計画―保育カリキュラムの考え方』かもがわ出版、2003年。

児玉依子『倉橋惣三の保育論』現代図書、2003年。

橋川喜美代『保育形態論の変遷』春風社、2003年。

小林恵子『日本の幼児保育につくした宣教師』全2巻、キリスト新聞社、2003～2009年。

磯部裕子『教育課程の理論―保育におけるカリキュラム・デザイン』萌文書林、2003年。

保育計画研究会編（代表渡邉保博）『実践に学ぶ保育計画のつくり方・いかし方』ひとなる書

宍戸健夫・田代高英編『保育入門』有斐閣、1979年。

1980-1989年

土方康夫『保育とはなにか一明日にむけて生きる力を』青木書店、1980年。

東京都公立保育園研究会編・発行『私たちの保育史一東京市託児場から都立、区立保育園まで』1980年。

神戸大学教育学部附属幼稚園研究部『3才から7才までの教育課程』明治図書、1980年。

安部富士男『幼児に土と太陽を』あゆみ出版、1980年。

岡田正章・久保いと・坂元彦太郎・宍戸健夫・鈴木政次郎・森上史朗編『戦後保育史』全2巻、フレーベル館、1980年。

浦辺史・宍戸健夫・村山祐一著『保育の歴史』青木書店、1981年。

土方弘子・勅使千鶴編著『乳幼児のあそび一幼稚園・保育所における遊びの指導』ミネルヴァ書房、1981年。

日本保育学会編『写真集幼児保育百年の歩み』ぎょうせい、1981年。

城丸章夫『幼児のあそびと仕事』草土文化、1981年。

宍戸健夫・村山祐一編著『保育計画の考え方・作り方』あゆみ出版、1982年。

浦辺史・浦辺竹代『道づれ一新しい保育を求めて』草土文化、1982年。

埼玉県保育史編纂委員会編『埼玉県保育史』埼玉県保育協会、1982年。

金田茂郎『子どもの現代史』総合労働研究所、1982年。

秋野勝紀『生活づくりと保育の創造』駒草出版、1983年。

安部富士男『遊びと労働を生かす保育』国土社、1983年。

河崎道夫編著『子どものあそびと発達』ひとなる書房、1983年。

東京保育問題研究会編『伝え合い保育25年』文化書房博文社、1983年。

森上史朗『児童中心主義の保育』教育出版、1984年。

髙浜介二・秋葉英則・横田昌子監修『年齢別保育講座』全6巻、あゆみ出版、1984年。

社会福祉法人二葉保育園編・発行『二葉保育園85年史』1985年。

日名子太郎『保育の過程・構造論』学芸図書、1986年。

横山浩司『子育ての社会史』勁草書房、1986年。

「保育幼児教育体系」編集委員会（代表青木一・深谷鋿作・土方康夫・秋葉英則）『保育幼児教育体系』全6巻12冊、労働旬報社、1987年。

小川博久編著『保育実践に学ぶ』建帛社、1988年。

全国保育問題研究協議会編『乳幼児の集団づくり』新読書社、1988年。

全国保育団体連絡会編『戦後の保育運動』草土文化、1988年。

宍戸健夫『日本の幼児保育一昭和保育思想史』全2巻、青木書店、1988～1989年。

全国保育団体連絡会編『戦後の保育運動』草土文化、1988年。

全国保育団体連絡会編『ちいさいなかま保育の本』全37巻、草土文化、1989年。

1990-1999年

諏訪義英『日本の幼児教育思想と倉橋惣三』新読書社、1990年。

岸井勇雄『幼児教育課程総論』同文書院、1990年。

上笙一郎『日本子育て物語一育児の社会史』筑摩書店、1991年。

宍戸健夫・木下龍太郎・勅使千鶴編著『幼児保育学の初歩』青木書店、1992年。

森上史朗『子どもに生きた人・倉橋惣三一その生涯・思想・保育・教育』フレーベル館、1993

横山明・田代高英・丸尾ふさ・宍戸健夫・土方康夫共著『現代保育入門』風媒社、1967年。

船木枳郎『日本童謡童画史』文教堂、1967年。

柴田善守、碓井隆次監修『保育所のあゆみ1909—1945』大阪市民生局、1967年。

日本保育学会編『日本幼児保育史』全6巻、フレーベル館、1968～1975年。

畑谷光代『つたえあい保育の誕生』文化書房博文社、1968年。

梅根悟編『保育原理』誠文堂新光社、1968年。

国民教育研究所編『日本の幼児』明治図書、1968年。

文部省『幼稚園教育90年史』ひかりのくに昭和出版、1969年。

浦辺史『日本保育運動小史』風媒社、1969年。

大場牧夫『保育の実践と理論』ひかりのくに昭和出版、1969年。

坂元彦太郎編『幼児教育の課程とその展開』フレーベル館、1969年。

荘司雅子『幼児教育の原理と方法』フレーベル館、1969年。

1970-1979年

鈴木信政『保育課程（保育学講座2）』フレーベル館、1970年。

広岡キミエ『自由遊び』幼教出版、1970年。

久保田浩『幼児教育の計画—構造とその展開』誠文堂新光社、1970年。

岡田正章・宍戸健夫・水野浩志編『保育に生きた人々』風媒社、1971年。

碓井隆次『乳幼児の保育原理』家政教育社、1971年。

天野章『つたえあい保育の展開』文化書房博文社、1972年。

久保田浩『あそびの誕生』誠文堂新光社、1973年。

宮下俊彦・岡田正章監修『年齢別保育実践シリーズ』全6巻、全国社会福祉協議会、1973～1974年。

田代高英『現代幼児集団づくり入門』東方出版、1974年。

髙瀬慶子『保育の探求』新読書社、1974年。

大場牧夫編著『幼児の生活とカリキュラム』フレーベル館、1974年。

五島貞次『保育思想の潮流—保育制度の理想像を求めて』ひかりのくに、1975年。

小松福三『体当たりの幼児教育』あすなろ書房、1975年。

齋藤公子・川島浩『あすを拓く子ら—さくら／さくらんぼ保育園の実践』あゆみ出版、1976年。

守屋光雄『保育学原論』朝倉書店、1976年。

浦辺史『日本の児童問題』新樹出版、1976年。

矢川徳光・城丸章夫編『幼児教育（講座日本の教育11）』新日本出版、1976年。

日本保育学会編『保育学の進歩』フレーベル館、1977年。

神戸市保育園連盟編・発行『神戸の保育園史』1977年。

岡田正章・阿部明子編『カリキュラムのたて方・生かし方（保育実践講座4）』第一法規、1978年。

全国幼年教育研究協議会集団づくり部会編『幼年期の集団づくり—理論と実践』1978年。

植山つる・浦辺史・岡田正章編『戦後保育所の歴史』全国社会福祉協議会、1978年。

文部省『幼稚園教育百年史』ひかりのくに、1979年。

兵庫県保育所連盟編・発行『兵庫県保育所のあゆみ』1979年。

下山田裕彦『幼児保育の基礎理論』理想社、1979年。

西久保礼造・吉田雅子『保育の形態とその展開』教育出版、1979年。

参考文献一覧（本書とかかわる保育史および保育カリキュラム関係を主とする）

1930-1939年

和田実『実験保育学』フレーベル館、1932年。

倉橋惣三・新庄よしこ『日本幼稚園史』東洋図書、1934年。

倉橋惣三『幼稚園保育法真諦』東洋図書、1934年。

東京女子高等師範学校附属幼稚園編『系統的保育案の実際』日本幼稚園協会、1935年。

城戸幡太郎『幼児教育論』賢文館、1939年。

1940-1959年

古木弘造『幼児保育史』巌松堂、1949年。

東京教育大学内教育学研究室編『幼稚園教育（教育大学講座第9巻）』金子書房、1950年。

秋田美子・井坂行男・周郷博・山下俊郎企画『幼児保育講座』全5巻、国民図書、1950～1952年。

全国保育連合会中央カリキュラム委員会編『標準保育カリキュラム』昭和出版、1951年。

新標準保育カリキュラム委員会『新しい保育計画』ひかりのくに昭和出版、1953年。

奈良女子大学教育研究会『幼稚園の教育計画』ひかりのくに社、1954年。

高橋さやか『家庭と保育の歴史』博文社、1954年。

小川正通『保育原理』金子書房、1955年。

木田文夫・周郷博・三木安正編『幼児教育講座』全2巻、国土社、1955年。

教師養成研究会幼児教育部会（三木安正）『幼児の教育課程』学芸図書、1956年。

お茶の水女子大学附属幼稚園幼児教育研究会編『改訂幼児の保育内容とその指導』フレーベル館、1957年。

岸和子『幼児時代』麦書房、1957年。

月刊保育カリキュラム編集委員会『生活指導に即した新しい保育計画』ひかりのくに昭和出版、1958年。

三木安正編著『年間保育計画』フレーベル館、1959年。

津守真・久保いと・本田和子『幼稚園の歴史』恒星社厚生閣、1959年。

1960年-1969年

長田新企画・梅根悟・皇至道・荘司雅子編著『幼児教育学（教育学テキスト講座10)』御茶ノ水書房、1962年。

一番ケ瀬康子・泉順・小川信子・宍戸健夫『日本の保育』医歯薬出版、1962年。

高橋さやか『幼年教育課程論―保育カリキュラムを中心として』博文社、1963年。

浦辺史『日本の保育問題』ミネルヴァ書房、1963年。

坂元彦太郎『幼児教育の構造』フレーベル館、1964年。

上笙一郎・山崎朋子『日本の幼稚園』理論社、1965年。

海卓子『幼児の生活と教育』フレーベル館、1965年。

小川正通『世界の幼児教育―歴史・思想・施設』明治図書、1966年。

宍戸健夫『日本の集団保育』文化書房博文社、1966年。

基督教保育連盟編・発行『日本キリスト教保育80年史』1966年。

東京都編・発行『東京の幼稚園』1966年。

［著者紹介］
宍戸健夫（ししど・たけお）
1930年　横浜市に生まれる。
1959年　東京大学大学院人文科学研究科教育学専攻博士課程修了。
　　　　博士（教育学）。
1996年　愛知県立大学定年退職。同大学名誉教授。
現在　　佛教大学教授を経て、同朋大学客員教授。

主な著書
『日本の保育』（共著）医歯薬出版（ドメス出版）、1962年。

『日本の集団保育』（単著）文化書房博文社、1966年。

『保育入門』（共著）有斐閣、1979年。

『戦後保育史』全2巻（共著）フレーベル館、1980年。

『保育の歴史』（共著）青木書店、1981年。

『日本の幼児保育―昭和保育思想史』全2巻（単著）青木書店、1988・1989年。

『幼児保育学の初歩』（共著）青木書店、1992年。

『保育計画の展開―3・4・5歳児の保育実践』（共著）あゆみ出版、1994年。

『保育の森―子育ての歴史を訪ねて』（単著）あゆみ出版、1994年。

『保育思想の潮流（戦後保育50年史Ⅰ）』（共著）栄光文化研究所、1997年。

『子どもとつくる保育実践』（共著）あゆみ出版、1999年。

『保育実践をひらいた50年』（単著）草土文化、2000年。

『実践の質を高める保育計画―保育カリキュラムの考え方』（単著）かもがわ出版、2003年。

『保育小辞典』（共編著）大月書店、2006年。

『現代保育論』（共著）かもがわ出版、2006年。

『保育で育ち合う―子ども・父母・保育者のいい関係』（共著）新読書社、2009年。

『保育実践のまなざし―戦後保育実践記録の60年』（共著）かもがわ出版、2010年。

『保育の散歩道』（単著）新読書社、2012年。

『日本における保育園の誕生』（単著）新読書社、2014年。


日本における保育カリキュラム―歴史と課題―

2017年7月18日　初版第1刷発行
2022年10月10日　初版第3刷発行

著　者　　宍戸　健夫
発行者　　伊集院　郁夫

発行所　東京都文京区本郷5-30-20
電話　03-3814-6791
FAX　03-3814-3097
㈱新読書社

乱丁・落丁本はお取り替えいたします。　組版／藤家 敬　印刷・製本／日本ハイコム㈱
ISBN 978-4-7880-2120-4